工业和信息化高职高专"十二五"
规划教材立项项目

审计学原理

Principles of Auditing

潘罡 冷雪艳 ◎ 主编
王晓华 李真 崔婧 ◎ 副主编

世纪高等职业教育财经类规划教材

财务会计类

Financial Accounting

人 民 邮 电 出 版 社
北 京

图书在版编目（ＣＩＰ）数据

审计学原理 / 潘罡，冷雪艳主编. -- 北京 ：人民
邮电出版社，2011.2（2018.9 重印）
21世纪高等职业教育财经类规划教材. 财务会计类
ISBN 978-7-115-24735-3

Ⅰ. ①审… Ⅱ. ①潘… ②冷… Ⅲ. ①审计学—高等
学校：技术学校—教材 Ⅳ. ①F239.0

中国版本图书馆CIP数据核字(2011)第003008号

内 容 提 要

　　审计学原理是会计、财务管理、审计专业的专业基础课，本教材以现代审计理论和方法程序为基本结构，以审计发展的需要为目标，全面介绍了审计的理论和方法。全书遵循应用型人才培养模式导向，贯彻"理论适度够用，强化实践应用"的原则，以审计活动为主线，培养学生德智体全面发展，使之具有较系统的审计学的基本理论，基础知识和专业技能。每章由学习目标、案例导入、相关知识、实训与练习等内容构成，为初学者设计了一个科学的知识体系，以帮助其更轻松、有效地学习审计知识。

　　本教材可作为高职高专会计、财务、审计管理等专业的教材，也可作为专升本考试、自学考试、注册会计师考试及审计专业技术资格考试参考用书。

- ◆ 主　　编　潘　罡　冷雪艳
　　　副主编　王晓华　李　真　崔　婧
　　　责任编辑　李育民
- ◆ 人民邮电出版社出版发行　　北京市丰台区成寿寺路 11 号
　　邮编　100164　　电子函件　315@ptpress.com.cn
　　网址　http://www.ptpress.com.cn
　　北京虎彩文化传播有限公司印刷
- ◆ 开本：700×1000　1/16
　　印张：14.25　　　　　　　　　2011 年 2 月第 1 版
　　字数：271 千字　　　　　　　2018 年 9 月北京第 9 次印刷

ISBN 978-7-115-24735-3

定价：25.00 元

读者服务热线：**(010) 81055256** 印装质量热线：**(010) 81055316**
反盗版热线：**(010) 81055315**
广告经营许可证：京东工商广登字 20170147 号

近 30 年来，我国取得巨大的进步，靠的是改革开放带来的经济腾飞。经济的发展使得财经类学科一时成为显学，财经类专业也成为了大中专院校的热门专业。

当前，企业对财经类人才的需求又开始呈现增长的态势，但同时企业对财经类人才的要求与以往相比也越来越高。因此，能够培养出数量充足，而且素质和技能较高、能够充分适应和满足企业需求的财经类人才，已成为未来高职高专院校亟待探索和解决的问题。

何谓高层次的财经人才，首先，应该有科学、完整、宽厚、扎实的专业知识，现在市场细分，岗位细分，越是细分，就对人才的要求越综合，就越需要具备综合知识，以做好细分后的工作；其次，需要有较强的实践能力，能够高质量地承担第一线工作，并且能够在实践中不断地发展自己。要培养出这样一支高素质、高技能的应用型、技术性人才队伍，就要摸索出一套有效的人才培养模式，做好高校人才培养工作。

教材建设在高校人才培养中占有重要的地位。基于这一点，人民邮电出版社在广泛征求全国高职高专财经类专家、学者和教师意见的基础上，组建了 21 世纪高等职业教育财经类规划教材编写委员会，以课题研究的形式，组织全国多所知名财经院校教师，召开了多次教材建设研讨会，从而确立了系列规划教材的编写思路和编写体例，并对系列规划教材的大纲和内容进行了深入研讨和论证，几易其稿，终能付梓。

本系列规划教材涉及财务会计、财政金融、市场营销、工商管理、经济贸易、物流管理、电子商务等多个方向，其内容既体现教育部发布的 16 号文件精神，又与高职高专院校教学实践相结合，具有鲜明的编写特色。

1. 整体策划，项目推进。本系列规划教材注重专业整体规划，从分析专业工作岗位入手，获得专业核心技能和岗位核心技能，进而来组织教材选题，安排教材结构和内容。同时，本系列教材采用项目研究、整体推进的形式，可以有效保证各专业教材内部之间的衔接性和系统性。

2. 定位准确，紧扣改革。本系列规划教材紧扣教学改革的最新趋势，体现教育部发布的《关于全面提高高等职业教育教学质量的若干意见》的文件精神，专业核心课程以应用知识为主，重点是培养学生解决实际问题的能力，满足培养应用型人才的教学需求。

3. 理论够用，突出技能。本系列规划教材遵循"以就业为导向，工学结合"的原则，以实用为基础，根据企业的岗位需求进行课程体系设置和教材内容选取，理论知识以"够用"为度，突出工作过程导向，突出技能的培养。在编写体例上将案例教学方式和项目教学方式与不同的课程合理结合，以期能够更贴近教学实际。

为了提升教学效果和满足学生的学习需求，本系列规划教材大部分还建设了配套的立体化教学辅助资源，包括多媒体课件、电子教案、实训资料、习题及答案、生动的教学案例及案例分析，部分教材还配有图片、动画和视频等教学资源。

期望通过本系列规划教材的推出，能够为推动财经类专业职业教育教学模式、课程体系和教学方法的改革贡献一份力量。同时，我们也希望能有更多的专家和老师参与到本系列规划教材的建设中来，对教材提出宝贵的意见和建议。

审计学原理以注册会计师报表审计为主线，着重介绍注册会计师审计的业务流程，同时还介绍了政府审计、内部审计的相关内容。通过本教材的学习，使学生掌握审计的基本理论和方法，能够运用审计学、会计学和其他学科的知识，分析和解决问题，基本做到能够收集、鉴定审计证据，编写审计工作底稿，提出审计报告，具备从事审计工作（含政府审计、内部审计和注册会计师审计）的业务技能。

本教材主要由审计理论构成，包括审计总论、执业准则、职业道德守则、审计目标、审计计划、审计证据、审计工作底稿、审计抽样、风险评估与风险应对、审计报告等内容。

本教材不仅系统地讲授审计的基本理论与方法，教学内容新颖，而且很好地反映了该课程的基本要求和该学科的最新进展。在最新的教学大纲和教材中，已包括审计最新研究领域及其进展的内容。同时，考虑到后安然时代的变化，本教材对审计的国际最新动态作了适当的介绍，其教学内容兼顾理论与应用、基础知识与先进技术，并很好地处理了与相关课程的关系。本教材可作为高职高专会计、审计、财务管理等专业的教材，也可作为专升本考试、自学考试、注册会计师考试及审计专业技术资格考试参考用书。

本书由潘罡、冷雪艳主编，王晓华、李真、崔婧副主编，本书在编写过程中，得到了唐文君、田原、刘进涛等学者的大力支持和帮助，在此深表感谢！

同时，编者还参考了国内外许多同类教材和著作，由于篇幅所限，未能一一注明，敬请原谅。

由于时间仓促，编者水平和经验有限，书中难免有欠妥和错误之处，恳请读者批评指正。

编 者
2011 年 1 月

目　录

1

第1章

总　论

学习目标

- 了解审计的产生与发展
- 理解和掌握审计的概念、对象、职能和作用
- 明确审计假设和目标
- 掌握审计的分类，掌握审计程序和方法。

案例导入

英国政府于 1710 年创立了南海股份公司，从事殖民地贸易。南海公司经过近 10 年的惨淡经营，表现平平。1719 年，英国政府允许中奖债券总额的 70%，即约 1 000 万英镑，与南海公司股票可进行转换。该年底，董事们开始对外散布各种所谓的公司利好消息，即南海公司在年底将有大量利润可实现。这一消息的宣布，加上公众对股价上扬的预期，促进了债券转换，进而带动了股价上升。1719 年中，南海公司股价为 114 英镑。到了 1720 年 3 月，股价劲升至 300 英镑以上。而从 1720 年 4 月起，南海公司的股票更是节节攀高，到了 1720 年 7 月，股票价格已高达 1 050 英镑。随着南海股价的扶摇直上，一场投机浪潮席卷全国。

从 7 月份开始，外国投资者首先抛出南海股票，撤回资金。随着投机热潮的冷却，南海股价一落千丈，从 1720 年 8 月 25 日到 9 月 28 日，南海公司的股票价格从 900 英镑下跌到 190 英镑。12 月份最终仅为 124 英镑。当年底，政府对南海公司资产进行清理，发现其实际资本已所剩无几。那些高价买进南海股票的投资者遭受了巨大损失，政府逮捕了布伦特等人，另有一些董事自杀。

1720 年 9 月，英国议会组织了一个由 13 人参加的特别委员会，对"南海泡沫"事件进行秘密查证。在调查过程中，由于牵涉到许多财务问题及会计记录，特别委员会特邀了一位精通会计实务的会计师，此人名叫查尔斯·斯内尔。查尔斯通过对南海公司账目的查询、审核，提交了一份报告，在该份报告中，查尔斯指出了公司存在舞弊行为、会计记录严重不实等问题。议会根据这份查账报告，将南海公司董事之一的雅各希·布伦特以及他的合伙人的不动产全部予以没收。

英国南海公司的舞弊案例，对世界民间审计史具有里程碑式的影响。查尔斯·斯内尔是世界上第一位民间审计人员，他所撰写的查账报告，是世界上第一份民间审计报告。而英国南海公司的舞弊案例，也被列为世界上第一起比较正式的民间审计案例。

1.1　审计的产生与发展

1.1.1　政府审计的产生与发展

1. 我国政府审计的发展状况

据《周礼》记载，我国在西周时期就出现了带有审计性质的财政经济监察工作。当时，"宰夫"一职，负责审查"财用之出入"，并拥有"考其出入，而定刑赏"的职权。这是我国国家审计的萌芽。其后，秦、汉两代都曾采用"上计制度"，即皇帝亲自听取和审核各级地方官吏的财政会计报告，以审查监督财物收支有无错弊，并借以评价有关官吏政绩的制度。但秦汉官制中，尚无专司审计职责的官员，也无专职审计机构。隋唐在刑部之下设"比部"，建立了比较独立的能司审计之职的机构。到了唐代，由于经济发达，政治稳定，审计地位的提高，对中央和地方的财物收支实行定期的审计监督，国家审计有了明显发展。宋代设立审计司，是我国审计机构定名之始，使审计这个名词正式出现。到了元、明、清三代未设专门的审计机构。明初，比部虽一度恢复，但不久即取消，直至清末再未设置。辛亥革命后，北京的北洋政府在 1914 年设立审计院，颁布《审计法》；1928 年，南京国民政府设立审计院，后改为审计部隶属监察院。

第二次国内革命战争时期，在中国共产党领导下的革命根据地中，1932 年成立中央苏维埃政府审计委员会以后，1934 年颁布《审计法》，实行了审计监督制度。中华人民共和国成立后，在较长一段时间内未设独立的专职审计机构，对财政经济的监督由财政、银行、税务等部门通过其业务分别在一定范围内进行。在 1982 年第五届全国人民代表大会第五次会议上通过的《中华人民共和国宪法》（以下简称《宪法》）中，规定了实行审计监督制度。据此，1983 年 9 月 15 日，国务院正式设立审计署，地方各级政府的审计机关相继建立，我国审计工作得到了迅速发展。

2. 西方国家政府审计的发展

在西方国家，最早出现政府审计萌芽的是奴隶制度下的古罗马、古希腊和古埃及等国家，政府设有官厅审计机构，审计人员以"听证"方式对掌管国家财物和税赋的官吏进行考核，成为具有审计性质的经济监督工作。封建社会时期，也设有审计机构和人员，但是当时的审计，无论在组织机构还是审计职权、审计方式上，都处于很不完善的阶段。到了资本主义时期，西方政府审计也有了进一步的发展和完善，西方国家的政府审计在审计理论和实务上有了长足的发展，已从传统的财务审计向现代的经济效益审计发展。

1.1.2　注册会计师审计的产生与发展

1. 西方国家注册会计师审计的产生于发展

（1）注册会计师审计的起源。注册会计师审计起源于 16 世纪的意大利的合伙制企业。当时合伙制企业的合伙人都是出资者，但是有的合伙人参与企业的经营管理，有的合伙人则不参与，所有权和经营权开始分离。那些参与企业经营管理的合伙人有责任向不参与企业经营管理的合伙人说明财务状况。在这种情况下，客观上需要独立的第三者对合伙企业进行监督、检查，人们开始聘请会计专家来担任查账和公证的工作。这样，在 16 世纪意大利的商业城市中出现了一批具有良好的会计知识、专门从事查账和公证工作的专业人员，他们所进行的查账与公证，可以说是注册会计师审计的起源。

（2）注册会计师审计的形成。18 世纪，英国的资本主义经济得到了迅速发展，企业的所有权与经营权进一步分离。于是英国出现了第一批以查账为职业的独立会计师。他们受企业主委托，对企业会计账目进行逐笔检查，目的是查错防弊，检查结果也只向企业主报告。因为是否聘请独立会计师进行查账由企业主自行决定，所以此时的独立审计尚为任意审计。

股份有限公司的兴起，使公司的所有权与经营权进一步分离，绝大多数股东已完全脱离经营管理，他们出于自身的利益，非常关心公司的经营成果。因此，在客观上产生了由独立会计师对公司财务报表进行审计，以保证财务报表真实可靠的需求。1844 年英国政府于颁布了《公司法》，规定股份公司必须设监察人，负责审查公司的账目。1853 年，苏格兰爱丁堡创立了第一个注册会计师的专业团体——爱丁堡会计师协会。该协会的成立，标志着注册会计师职业的诞生。

从 1844 年到 20 世纪初，是注册会计师审计的形成时期。在这一时期英国注册会计师审计是一种详细的审计，其主要特点是：注册会计师审计的法律地位得到了法律确认；审计的目的是查错防弊，保护企业资产的安全和完整；审计的方法是对会计账目进行详细审计；审计报告使用人主要为企业股东等。

（3）注册会计师审计的发展。20 世纪早期的美国，在美国产生了帮助贷款人及其他债权人了解企业信用的资产负债表审计（Balance Sheet Audits），即美国式注册会计师审计。资产负债表审计产生的原因可以从银行、借款人和注册会计师之间的关系进行解释，银行要求借款人提供经注册会计师审计的资产负债表，以充分了解借款人的偿债能力；同时借款人则希望审计收费较低，于是资产负债表审计就发展起来了。

从1929年到1933年，资本主义世界经历了历史上最严重的经济危机，大批企业倒闭，投资者和债权人蒙受了巨大的经济损失。这在客观上促使企业利益相关者从只关心企业财务状况转变到更加关心企业的盈利水平，产生了对企业利润表进行审计的客观要求。美国1933年《证券法》规定，在证券交易所上市的企业的财务报表必须接受注册会计师审计，向社会公众公布注册会计师出具的审计报告。美国注册会计师协会与证券交易所合作的特别委员会与纽约证券交易所上市委员会于1936年发表了《独立注册会计师对财务报表的检查》，明确规定应当检查全部财务报表，并向股东报告，尤其强调利润表审计。从这一点看，美国注册会计师审计的重点已从保护债权人为目的的资产负债表审计，转向以保护投资者为目的的利润表审计。

2. 我国注册会计师审计的产生和发展

中国注册会计师审计的历史比西方国家要短得多。1918年9月，北洋政府农商部颁布了我国第一部注册会计师法规——《会计师暂行章程》，并于同年批准著名会计学家谢霖先生为中国的第一位注册会计师，谢霖先生创办的中国第一家会计师事务所——"正则会计师事务所"也获准成立。

在新中国建立初期，注册会计师审计在经济恢复工作中发挥了积极作用。当时，由于不法资本家囤积居奇、投机倒把造成了极为险恶的财政状况，负责财经工作的陈云同志大胆雇用注册会计师，依法对工商企业查账，这对平抑物价、保证国家税收、争取国家财政经济状况好转做出了突出贡献。但后来由于我国推行苏联高度集中的计划经济模式，注册会计师便悄然退出了经济舞台。

1980年12月23日，财政部发布《关于成立会计顾问处的暂行规定》，标志着我国注册会计师职业开始复苏。1981年1月1日，"上海会计师事务所"宣告成立，成为新中国第一家由财政部批准独立承办注册会计师业务的会计师事务所，其服务对象主要是三资企业。1985年1月实施的《中华人民共和国会计法》规定："经国务院财政部门批准组成会计师事务所，可以按照国家有关规定承办查账业务"。1988年11月15日，财政部借鉴国际惯例成立了中国注册会计师协会，随后各地方相继组建省级注册会计师协会。

1.1.3 内部审计的产生与发展

内部审计的历史几乎与国家审计一样悠久，奴隶社会是内部审计的萌芽时期。进入中世纪后，内部审计有了进一步的发展，主要标志是出现了独立的内部审计人员。中世纪的内部审计继承了奴隶社会内部审计的思想，而且为近代内部审计奠定了坚实的基础。这一时期，内部审计主要采取寺院审计、城市审计、行会审计、银行审计和庄园审计诸形式。近代内部审计产生于 19 世纪末期，随着资本主义经济的发展，企业之间的竞争日益激烈，跨国公司也迅速崛起，引起企业内部管理层次增加，从而产生对企业内部经济管理控制和监督的需要。20 世纪初，内部审计首先在美国产生，后来在英国、日本有所发展。近代内部审计的发展经历了 3 个阶段：一是以保护财产、查错防弊为主要目标，以事后监督为主，是近代内部审计发展的初级阶段；二是以加强企业内部控制制度为主要目标，以评价活动为主要内容，是近代内部审计的发展阶段；三是以提高企业经营管理水平和经济效益为主要目标，以经营及效益评价为主要内容，是近代内部审计发展的新阶段。在近代内部审计的发展中，形成了经营审计，管理审计和效益审计。内部审计的职能，也从监督、控制转向评价，由事后审计，发展到事前监督和评价。我国现代内部审计起步于 1984 年，是我国经济体制改革的产物，并随着商品经济的发展，社会主义市场经济的建立而发展、壮大。内部审计已经成为我国现代企业管理中不可缺少的组成部分。

1.2　审计的概念、对象、职能和作用

1.2.1　审计的概念和本质

1. 审计的概念

审计经过不断的完善和发展，现在已经形成一套比较完备的科学体系。对于审计的概念，最具代表性的是美国会计学会审计基本概念委员会发表于 1973 年的《基本审计概念说明》，该说明将审计定义为："审计是一个系统化过程，即通过客观地获取和评价有关经济活动与经济事项认定的证据，以证实这些认定与既定标准的符合程度，并将结果传达给有关使用者。"

我国对于审计的概念，比较认同的是："审计是国家授权或接受委托的专职机构和人员，依照国家法规、审计准则和会计理论，运用专门的方法，对被审计单位的财政、财务收支、经营管理活动及其相关资料的真实性、正确性、合规性、合法性、效益性进行审查和监督，评价经济责任，鉴证经济业务，用以维护财经法纪、改善经营管理、提高经济效益的一项独立性的经济监督活动。

任何审计都具有 3 个基本要素，即审计主体、审计客体和审计授权或委托人。审计主体是指审计行为的执行者，即审计机构和审计人员，为审计第一关系人。审计客体指审计行为的接受者，即被审的资产代管或经营者，为审计第二关系人。审计授权或委托人指依法授权或委托审计主体行使审计职责的单位或人员，为审计第三关系人。一般情况下，审计第三关系人是财产的所有者，而审计第二关系人是资产代管或经营者，他们之间有一种经济责任关系。第一关系人——审计组织或人员，在财产所有者和受托管理或经营者之间，处于中间

人的地位，这要对两方面关系人负责，既要接受授权或委托对被审计单位提出的会计资料认真进行审查，又要向授权或委托审计人财产所有者）提出审计报告，客观公正地评价受托代管或经营者的责任和业绩。为此，审计组织或审计人员进行审计活动，必须具有一定的独立性，不受其他方面的干扰或干涉，这是审计区别于其他管理的一个根本属性。

2. 审计的本质

审计的本质具有两方面含义：其一是指审计是一种经济监督活动，经济监督是审计的基本职能；其二是指审计具有独立性，独立性是审计监督的最本质的特征，是区别于其他经济监督的关键所在。审计与经济管理活动、非经济监督活动以及其他专业性经济监督活动相比较，主要具有以下几方面的基本特征。

（1）独立性特征。独立性是审计的本质特征，也是保证审计工作顺利进行的必要条件。

国内外审计实践经验表明，审计在组织上、人员上、工作上、经费上均具有独立性。为确保审计机构独立地行使审计监督权，审计机构必须是独立的专职机构，应单独设置，与被审计单位没有组织上的隶属关系。为确保审计人员能够实事求是地检查、客观公正地评价与报告，审计人员与被审计单位应当不存在任何经济利益关系，不参与被审计单位的经营管理活动；如果审计人员与被审计单位或者审计事项有利害关系，应当回避。审计人员依法行使审计职权应当受到国家法律保护。审计机构和审计人员应依法独立行使审计监督权，必须按照规定的审计目标、审计内容、审计程序，并严格地遵循审计准则、审计标准的要求，进行证明资料的收集，做出审计判断，表达审计意见，提出审计报告。审计机构和审计人员应保持职业中精神上的独立性，不受其他行政机关、社会团体或个人的干涉。审计机构应有自己专门的经费来源或一定的经济收入，以保证有足够的经费独立自主地进行审计工作，不受被审计单位的牵制。

（2）权威性特征。审计的权威性，是保证有效行使审计权的必要条件。审计的权威性总是与独立性相关，它离不开审计组织的独立地位与审计人员的独立执业。审计的权威性主要来自两个方面，一方面是法律赋予的权威，另一方面是自身工作树立的权威，二者缺一不可。

（3）公正性特征。与权威性密切相关的是审计的公正性。从某种意义上说，没有公正性，也就不存在权威性。审计的公正性反映了审计工作的基本要求。审计人员理应站在第三者的立场上，进行实事求是的检查，做出不带任何偏见的、符合客观实际的判断，并做出公正的评价和进行公正的处理，以正确地确定或解除被审计人的经济责任，审计人员只有同时保持独立性、公正性，才能取信于审计授权者或委托者以及社会公众，才能真正树立审计权威的形象。

1.2.2 审计的对象

审计的对象是指审计的客体，一般是指被审计单位的经济活动。具体而言，它包括以下两个方面的内容。

（1）被审计单位的财务收支及其有关的经营管理活动（审计对象的本质）。

（2）被审计单位的各种作为提供财务收支及其有关经营管理活动信息载体的会计资料及其相关资料（审计对象的现象）。

国家审计的对象或客体，即参与审计活动关系并享有审计权力和承担审计义务的主体所作用的对象，它是对被审计单位和审计的范围所作的理论概括。根据我国《宪法》第 91 条和第 109 条的规定，以及《中华人民共和国审计法》的具体规定，我国国家审计对象的实体，即被审计单位是指所有作为会计单位的中央和地方的各级财政部门、中央银行和国有金融机构、行政机关、国家的事业组织、国有企业、基本建设单位等。

根据《中华人民共和国注册会计师法》及有关规章的规定，我国社会审计的对象主要是社会审计组织（会计师事务所），接受国家审计机关、企事业单位和个人的委托，可承办财务收支的审计查证事项，经济案件的鉴定事项，注册资金的验证和年检，以及会计、财务、税务和经济管理的咨询服务等。

根据《审计署关于内部审计工作的规定》，我国内部审计的对象是本部门、本单位及其所属单位的会计账目、相关资产，以及所反映的财政收支和财务收支活动，同时还包括本部门、本单位与境内外经济组织兴办合资、合作经营企业以及合作项目等的合同执行情况，投入资金、财产的经营状况及其效益。

1.2.3　审计的职能

1. 经济监督职能

经济监督是审计的基本职能。它主要是指通过审计，监察和督促被审计单位的经济活动在规定的范围内、在正常的轨道上进行；监察和督促有关经济责任者履行经济责任，同时借以揭露违法违纪、稽查损失浪费，查明错误弊端，判断管理缺陷和追究经济责任等。审计工作的核心是通过审核检查，查明被审计事项的真相，然后对照一定的标准，做出被审计单位经济活动是否真实、合法、有效的结论。从依法检查、到依法评价、直到依法做出处理决定以及督促决定的执行，无不体现了审计的监督职能。

2. 经济鉴证职能

审计的经济鉴证职能是指审计机构和审计人员对被审计单位会计报表及其他经济资料进行检查和验证，确定其财务状况和经营成果是否真实、公允、合法、合规，并出具书面证明，以便为审计的授权人或委托人提供确切的信息，并取信于社会公众的一种职能。

3. 经济评价职能

审计的经济评价职能是指审计机构和审计人员对被审计单位的经济资料及经济活动进行审查，并依据一定的标准对所查明的事实进行分析和判断，肯定成绩，指出问题，总结经验，寻求改善管理、提高效率和效益的途径。审计的经济评价职能包括评定和建议两个方面。经济效益审计是最能体现审计经济评价职能的一种审计。

上述职能中，经济监督是审计的基本职能，经济鉴证和经济评价职能是以经济监督为基础而派生出的职能。审计职能客观地存在于审计之中，但审计职能能否实现，主要取决于审计单位的工作效率、审计人员的素质、社会的重视程度和审计工作环境等几个因素的共同作用。

1.2.4　审计的作用

审计的作用和审计的职能紧密相连，是履行审计职能、实现审计目的的过程中所产生的客观效果。审计的作用主要包括审计的制约和审计的促进。

1. 审计的制约作用

制约作用又称防护性作用。通过审核检查，对被审计单位的财政财务收支及其他有关经济活动进行鉴证和监督，可以体现党和国家的政策方针的贯彻执行情况，揭露损失浪费现象，制止和查处违法乱纪、贪污舞弊、失职渎职等行为，从而维护财经法纪，促进廉政建设，保障经济秩序，确保社会主义市场经济健康有序的运行。

2. 审计的促进作用

促进作用也称建设性作用。通过审核检查，对被审计单位的财政财务收支和有关经济活动进行评价，对被审计单位建立和健全内部控制制度、改善经营管理、提高经济效益，以及加强宏观调控起到建设性作用。

审计作用的发挥要受到审计职能的制约，而审计任务完成的如何，又决定着审计作用的大小。

1.3　审计假设

1.3.1　审计假设的定义与特点

审计假设是人们从长期的审计实践中总结出来的，是对审计工作及其涉及的有关方面所作的合乎逻辑的论断，是公认的理性认识，它是审计工作的前提，是审计理论的基石。审计实践是形成审计假设的客观基础；审计假设是一种公理，而不是一种定理，因而无法从逻辑上证明其正确性。审计假设是审计实践经验的结晶，具有较高的正确性。作为从审计实践上抽象出来的审计假设，一般具有以下特点。

1. 概括性

审计假设是从大量的审计实践中归纳、总结出来的，理应具有综合性和代表性，是对审计工作及其涉及的有关方面所作的高度概括。同时，审计假设的表述也应该简明扼要，言简意赅。

2. 系统性

从审计实践中高度概括出来的审计假设有各种各样的内容，共同构成了审计假设的体系。存在于审计假设体系中的各种假设，虽然不能相互包含、互相重复，但它们之间却存在着逻辑上的联系，具有鲜明的系统性。随着审计实务的发展，审计假设系统也会不断完善。

3. 实用性

审计假设是对审计实践的理性认识，可以用来指导审计实务工作，具有一定的实用性和可操作性。如果审计假设只是一种空洞的、无意义的理论表述，其本身就不能称为审计假设。

4. 相对性

审计假设指导审计实务的有效性只是相对的，而不是绝对的。在特殊情况下，它不一定有效或正确；随着审计实务的发展，原来的一些假设也可能失去作用，必须进行不断的修正、补充或提出新的假设。由此也可以看出，审计假设并不是一成不变的，它会随着审计实务的发展而不断变化。

1.3.2　我国审计基本假设

审计基本假设是指适合于各种审计项目与审计全过程的假设，它是建立审计制度与进行审计工作的基础，是主要反映审计必要性、可能性与目的性方面的假设。

1. 审计必要性假设

审计是有目的的经济监督活动，其必要性和目的性应建立在假设经济责任关系和经济责任人存在的基础上。

当生产资料所有者与经营者分离以后，经营者接受所有者的资源，为所有者管理受委托的事项，这样经营者对所有者就负有经济责任或会计责任。人们普遍认为，财产的经营者对财产的所有者应负的这种经济责任是理所当然的。正是因为这种经济责任和经济责任人的存在，审计工作才有存在的必要，才具有鲜明的目的性与针对性。审计就是监督检查被审计单位是否履行了它的经济责任或会计责任，并借以加强被审计单位的会计责任感。

2. 审计对象可证实性假设

审计工作之所以能进行，就是因为大家都假设：会计资料及其他经济资料、经济业务与经营活动是可以查得清的，对经营人员应负的经济责任是能够确定的。如没有这样的假设，也就没有进行审计的必要，因为被审计的对象无法证实，审计人员也就无法对被审对象表示任何意见。有了可证实性假设，审计人员就会使用有效的审计方法，去搜集能证实问题的各种审计证据，同时也促使了对审计证据与审计方法的理论研究和经验总结。证实是否存在、证实优劣状况、证实责任大小等，均要凭严格的证据说话。而整个审计过程实质上也就是取得充分证据，并据以判明受审对象状况与责任归属的过程。

3. 错误与弊端存在性假设

在审计目的性和可证实性假设的基础上，就可以对错误与弊端的存在、性质、原因，形成过程等进行假设。这样便于确定审计的范围和重点，实施必要的程序技术，以利于查明问题与提高工作效率。

从审计对象整体上看，一般假设为内部控制健全可以减少错误与弊端，现代审计的检查范围和施用方法，则取决于被审计单位内部控制是否健全和完善。如果没有这样假设，认为不论在什么样的单位内，在什么样的情况下，错误和弊端无处、无时不存在，这就无法进行合理的审计。事实上只要内部控制措施严密和得到很好的贯彻，无意识的错误和有意识的合伙舞弊现象必然会减少。根据错误和弊端存在可能性的假设，在进行审计时，应首先检查内部控制的健全与贯彻情况，然后根据评价结果决定进一步审计的范围、重点、程序和方法，这样做有利于提高审计工作效率，把审计人员从大量的"数学游戏"中解放出来。

根据上述假设，还可以进一步假定：如果被审计单位内部控制与以往相比没有改变，则以往的差错可能会增加本期的差错概率；同样，若以往没有差错，则会减少本期产生差错的概率。有了这一假设，审计人员就可以根据以往的检查情况，来确定本期应该检查的范围及重点、程序与方法，这样有助于减少审计风险，增加审计结论的可靠性。

4. 行为衡量标准假设

行为衡量标准假设主要是指依据什么去衡量会计人员行为方面的假设。会计人员进行记录、计算与报告时理应遵循公认的会计准则，即要正确地运用会计原理、原则与方法，客观地、前后一致地如实反映单位的财务状况与经营成果。审计人员在进行审计时，如果发现被审计单位的会计工作是按照会计原理、原则与方法进行反映与报告的，各时期所采用的会计标准又是先后一致的，则可以认为其会计报告和会计资料是真实与公允的。有了这一假设，审计人员在进行工作时，就可以把精力放在对会计行为过程的检查上，而不必放在对行为结果方面的检查上，即要查明会计工作对各项财经法规、会计制度、会计原理等贯彻执行情况，并据此来判定其结果的真实与否。

5. 无反证判定假设

审计理应重证据，但有时又很难找到合理的证据。在这种情况下，如果对于准备判定的问题提不出任何反对的证据，则可以以"提不出反对的证据"为理由进行判定；在另一种情况下，如果难以找到正面证据，倒有很多反面证据，则可以根据反面证据进行判定。

根据上述假设，可以认为过去已被认为是真实的问题，在以后未发现任何明显的反证时，则还将保持这种看法，例如，审计人员过去检查过的问题，在以后检查时又无发现明显的反证，则可以认为过去的检查是可信的。有了以上假定，审计工作就具有了连续性，前后一致，并且审计人员的责任也有了一个合理的界限，以减低审计风险。

1.4 审计的分类

按照一定的标准，将性质相同或相近的审计活动归属于一种审计类型的做法，即为审计分类。对审计进行科学的分类，有助于加深对各种不同审计活动的认识，探索审计规律；有利于更好地组织审计工作，充分发挥审计的作用。研究审计的分类，是有效地进行审计工作的一个重要条件。

1.4.1 按照审计主体分类

按照不同的审计主体所实施的审计可分为国家审计、部门和单位审计及社会审计。

1. 国家审计

国家审计一般是指国家组织和实施的审计，确切地讲，是指国家专设的审计机关所进行的审计。我国国务院审计署及派出机构和地方各级人民政府审计厅（局）所组织和实施的审计，均属于国家审计。我国国家审计机关代表政府实行审计监督，依法独立行使审计监督权。审计署有权对中央预算执行情况进行审计监督，地方各级审计机关有权对本级预算执行情况进行审计监督。审计署对中央银行的财务收支进行审计监督。审计机关有权对国有金融机构的资产、负债、损益，国有资产占控股地位或者主导地位的企业，国家建设项目预算的执行情况和决算，社会保障基金、社会捐赠资金以及其他有关基金、资金的财务收支，国际组织和外国政府援助、贷款项目的财务收支进行审计监督；审计机关还有权对与国家财政收支有关的特定事项，向有关地方、部门、单位进行专项审计调查。国家审计机关还有要求报送资料权、监督检查权、调查取证权、建议纠正有关规定权、向有关部门通报或向社会公布审计结果权、经济处理权、经济处罚权、建议给予有关责任人员行政处分权以及一些行政强制措施权等。同时，国家审计机关还可以进行授权审计和委托审计。

2. 部门和单位审计

部门和单位审计是指由本部门和本单位内部专职的审计组织，对系统内和单位内所实施的审计。该种审计属于内部审计，其审计组织独立于财会部门之外，直接接受本部门本单位最高负责人领导，并向最高负责人报告工作。部门和单位审计的主要目的是查错防弊、改善经营，以提高管理素质、工作效率及经济效益。部门和单位审计所涉及的范围广泛，其审计方式也较为灵活，一般是根据本部门和本单位经营管理的需要而定。该种审计又可以进一步分为部门审计和单位审计。

部门审计是指由政府部门或企业主管部门的审计机构或专职审计人员，对本部门及其所属单位的财政收支及经济活动所进行的审计监督。部门审计的主要任务是在贯彻执行国家审计机关和上级主管部门规定的任务的前提下，依照本部门工作需要，监督国家的方针、政策、法律、法规及本部门制度规定的贯彻执行；定期或不定期地组织对财政收支及经济核算质量的审计，藉以维护财经法纪，提高核算质量和健全规章制度；经常性地开展经济效益审计，组织经验交流，总结教训，以促进本系统经济效益的提高；针对管理中出现的带普遍性的倾向性问题，进行行业同步审计，并根据审出的问题进行综合研究，提出改进措施；正确组织和引导所属单位的内部审计工作。部门审计具有行业性强、针对性强以及灵活、及时的特征。例如，部门审计可以根据本系统的特点和需要，组织同步审计、相互审计、对口审计、重点或专项审计，能及时地了解系统的经营状况，并能根据需要和可能采取必要的措施，纠正错误、改善经营。

单位审计是由企事业单位内部设置的审计机构或专职审计人员，对本单位范围的经济活动所进行的审计。

3. 社会审计

社会审计是指由社会注册会计师所进行的独立审计。我国的社会审计组织主要是会计师事务所。会计师事务所主要承办海外企业、横向联合企业、集体所有制企业、个体企业的财务审计和管理咨询业务；接受国家审计机关、政府其他部门、企业主管部门和企事业单位的委托，办理经济案件鉴定、纳税申报、资本验证、可行性方案研究、解散清理以及财务收支、经济效益、经济责任等方面的审计。

1.4.2 按照审计内容和目的分类

按照审计的内容和目的，我国一般将审计分为财政财务审计和经济效益审计两大类。

1. 财政财务审计

财政财务审计也称为传统审计，在西方国家叫做财务审计或依法审计。它是指对审计单位财政财务收支活动和会计资料是否真实、正确、合法和有效所进行的审计。财政财务审计的主要内容是财政财务收支活动，目的是审查财政财务收支活动是否遵守财经方针、政策、财经法令和财务会计制度、会计原则，是否按照经济规律办事，借以纠正错误、防止弊病，并根据审计结果，提出改进财政财务管理、提高经济效益的建议和措施。财政财务审计不仅要审核检查被审计单位的会计资料，而且要审核检查被审计单位的各项资金及其运动。财政财务审计、按照其对象不同，又可分为财政预算审计、财政决算审计和财务收支审计。

2. 经济效益审计

经济效益审计是以审查评价实现经济效益的程度和途径为内容，以促进经济效益提高为目的所实施的审计。经济效益审计的主要对象是生产经营活动和财政经济活动能取得的经济效果或效率，它通过对企业生产经营成果、基本建设效果和行政事业单位资金使用效果的审查，评价经济效益的高低。经营情况的好坏，并进一步发掘提高经济效益的潜力和途径。经济效益审计不仅是国家审计的一项重要目标，更是内部审计的主要目标和日常工作的内容。根据我国国情的需要，实施经济效益审计，有利于促进国民经济各部门、各企事业单位以及各级政府机关和科研单位围绕提高经济效益和工作效益改进自己的工作，加强内部控制，实现最佳管理；有利于改善社会主义经济各方面的关系，维护正常的经济秩序；同时也利于提高财务审计的质量和巩固财经法纪审计的成果。

1.4.3 按审计时间分类

按审计时间分类，审计可分为事前审计、事中审计和事后审计。

1. 事前审计

事前审计是指在经济业务发生之前所进行的审查、评价活动。这种审计的优点是事前明确责任，因而可以防患于未然，减少或杜绝损失、浪费和违纪、违法的可能性。审计内容主要是针对单位计划、方案或预算的编制，承包合同和其他经济合同的签订，投资方案的选择以及经营方针的制定等。

2. 事中审计

事中审计是指在经济业务进行过程中所进行的审查、评价活动。这种审计较多地用于某些基建项目进度的检查。此外，对生产经营期间所进行的审计也可归为这一类审计。事中审计的优点是可以随时了解掌握经济业务的进展情况或经济责任的履行情况，及时发现问题，及时进行纠正。

3. 事后审计

事后审计是在经济业务完成后所进行的审计。财政财务审计就属于事后审计，经济责任审计中的离任审计也属于事后审计。

1.4.4 按审计内容的范围分类

按审计内容的范围分类，审计可分为全部审计和专项审计。

1. 全部审计

全部审计或称全面审计，是指对被审单位一定期间内的财务收支和其他经济活动所进行的全面的审查、评价或证明活动。一般年终的财务审计就属于这类审计。经济责任审计要审查责任履行的各方面，所以也属于全部审计。

2. 专项审计

专项审计或称专题审计、特种审计，是指对特定的审计项目所进行的审查或鉴定活动，与此项目无关的经济业务则一般不进行审查。例如，审查某一营私舞弊或偷盗贪污行为，就围绕这一特定项目进行审查，无关的效益方面的问题就不审查；审查预算外的收支，就不审查预算内的收支情况。

1.4.5 按审计地点不同分类

按审计地点不同分类，审计可分为就地审计和报送审计。

1. 就地审计

就地审计是指审计机构委派审计人员到被审单位现场所进行的审查活动。这种审计的优点是可以深入实际、调查研究，易于全面了解和掌握情况。因此，实际审计工作中经常使用这种审计方式。

2. 报送审计

报送审计是指被审单位按照审计机关的通知，将有关财务会计资料如期报送审计机关进行审查的监督形式。对行政事业单位有的就采用了这种审计。

除以上审计种类外，还可以按审计依据不同将审计分为强制审计与任意审计，按审计时期不同将审计分为定期审计与不定期审计等。

1.5 审计程序与方法

1.5.1 审计程序的含义与作用

1. 审计程序的含义

审计作为一种独立的经济监督活动，是由各种存在着内在逻辑关系的工作所组成的一个完整的运动过程。在对任何一个审计项目的完整审计过程中，先做什么工作，后做什么工作，必须按照一定的顺序进行。

所谓审计程序，是指审计监督活动中，审计机关和被审计单位双方必须遵循的顺序、形式和期限等。这是实现审计规范化，使审计监督有条不紊地顺利进行的重要保证，也是依法审计原则和独立审计原则的基本要求。审计程序说明在一定时期内审查具体的对象或项目所需要的步骤，一般包括3个阶段，即准备阶段、实施阶段和终结阶段，有时还包括行政复议阶段和后续审计阶段。每个阶段又分别包括若干具体工作内容。

2. 审计程序的作用

由权威性机构制定出的规范而科学的审计程序，不仅是分配审计工作的具体依据，也是控制审计工作的有效工具。

（1）有利于保证审计质量。审计程序规定了为实现目的所必须实施的各项具体步骤，不仅可使审计负责人随时掌握审计工作的进度，还可以保证审计人员不至于忽略重要的审计步骤和主要事项，以便从审计程序的角度，保证审计工作质量。

（2）有利于提高工作效率。严格而灵活的审计程序，有利于提高工作效率，保证审计人员在较短的时间内，取得充分有效的审计证据，从而正确表达意见，做出恰当的结论，避免可能发生的失误。

（3）有助于提高熟练程度。规范而科学的审计程序，可以使审计工作有条不紊地进行，使审计工作经验不多的审计人员可以较好地把握审计工作的基本环节；使审计工作经验较多的审计人员，可以腾出更多的时间，考虑审计中随时可能遇到的更为复杂的问题。

（4）有利于审计工作规范化。规范而科学的审计程序，也是使审计工作逐步实现规范化、制度化、法制化的一项重要内容。法定的审计工作程序，是保证审计法律关系主体正确地行使权利，承担义务的基本保证，是贯彻依法审计原则的主要形式，审计人员和被审计单位必须严格遵循。自律性的行业规范确认的审计程序，是保证审计业务工作按照公认的规则正常开展的基本步骤。正确地实施审计程序，是保证审计业务质量，提高审计工作信誉的前提条件，是社会审计工作者依法执业的具体表现。

　　总之，严格而灵活、规范而科学的审计程序对审计实践活动意义重大。我国的国家审计机关早在 1985 年 10 月 4 日就颁发了《审计工作试行程序》，1995 年 1 月 1 日起开始施行的《审计法》第 5 章又对审计工作程序做了详细的规定。随着社会主义市场体制的建立发展，审计程序将会更加科学和规范，特别是适应市场经济需要的内部审计和社会审计的审计程序将会更加完善。

1.5.2　国家审计的程序

　　按照审计法规定的基本原则和《审计法实施条例》第 36 条至第 48 条的具体规定，审计机关和审计人员在实施项目审计时，应当遵循的审计程序主要分审计准备阶段、实施阶段、审计组提出报告阶段和审计机关审定审计报告、做出处理、处罚阶段。

1. 审计的准备阶段

　　审计的准备阶段是指审计机关从审计项目计划开始，到发出审计通知书为止的这一段时间。准备阶段是整个审计过程的起点和基础，准备阶段的工作做得是否充分细致，对整个项目审计工作都会产生很大的影响。准备阶段一般可分为审计机关的准备工作和审计组的准备工作两个方面。

　　（1）审计机关的准备工作。

　　① 编制审计项目计划，确定审计事项。审计机关应当根据法律、法规和国家其他有关规定，按照本级人民政府和上级审计机关要求，确定年度审计工作重点，对审计对象进行预测和分类，科学地编制审计计划，并确定审计事项。审计项目计划一般是年度计划，也就是审计机关本年度对辖区内哪些部门、单位进行审计监督的统筹安排。审计事项就是指审计项目计划中确定的具体审计事项。

　　② 委派审计人员组成审计组。审计组是审计机关特派的实施审计活动的基本单位。审计事项确定以后，审计机关应根据审计事项的特点和要求，组织一定数量和质量的审计人员组成审计组。审计组实行组长负责制，其他组员在组长领导和协调下开展工作，并对分担的工作各负其责。审计组长对审计组工作全面负责，包括制定审计方案和具体实施审计检查、组织撰写审计报告等。

　　③ 签发审计通知书。审计机关签发的《审计通知书》是审计指令，不仅是对被审计单位进行的书面通知，而且也是审计组进驻被审计单位执行审计任务，行使国家审计监督的凭据和证件。根据审计法和实施条例的规定，审计机关在实施审计 3 日前，向被审计单位送达审计通知书。审计机关发送审计通知书时，应附审计文书送达回证。被审计单位收到审计通知书后，填好审计文书送达回证送（寄）回审计机关。直接送达的，以被审计单位在回执上注明的签收日期为送达日期；邮寄送达的，以回执上注明的收件日期为送达日期。

　　审计通知书的内容包括被审计单位名称，审计的依据、审计范围、内容、方式和时间，审计组长及其他成员的名单，对被审计单位配合审计工作的要求和审计机关公章及签发日期。审计机关认为需要被审计单位自查的，应当在审计通知书中写明自查内容、要求和期限。其格式如表1-1所示。

表 1-1 　　　　　　　　　　　　　**审计通知书的格式**

＊＊＊＊＊（审计机关全称）

审 计 通 知 书

审 通 ＊[＊＊＊]＊ 号

关于对 ＊＊＊ 进行审计的通知

＿＿＿＿＿＿：

　　根据 ＊＊＊＊，决定派出审计组，自 ＊ 年 ＊ 月 ＊ 日起，对你单位 ＊＊进行审计。请予积极配合，提供有关资料和必要的工作条件。

审计组长：

审计组员：

　　　　　　　　　　　　　　　　　　　　　＊＊＊＊＊（审计机关全称印章）

　　　　　　　　　　　　　　　　　　　　　　　　　　＊ 年 ＊ 月 ＊ 日

抄送：＊＊＊＊＊＊

　　审计通知书在发送给被审计单位的同时，还应抄送给被审计单位的上级主管部门和有关部门。

　　审计机关发送审计通知书时附的审计文书送达回证，是为了适应审计法关于审计程序中有关时限的规定以及行政复议的要求而设的。它主要适用于审计机关发送审计通知书、审计报告征求意见和复议决定等审计文书。审计文书送达回证应写明受送达人、送达地点、发送单位、事由和文书名称。受送达人是指被审计单位、有关单位和个人；送达地点是指接受审计文书的地点；发送单位是指审计机关；事由是指发送文书的原因。其格式如表1-2所示。

表 1-2 　　　　　　　　　　　　　**审计文书送达回证的格式**

＊＊＊＊＊＊（审计机关全称）

审计文书送达回证

受送达人				
送达地点				
发送单位				
事　由				
文书名称	页　数	送件人	收件人	收件日期
备　注				

　　　　　　　　　　　　　　　　　　　　　　　　＊＊＊＊＊（审计机关全称）

　　　　　　　　　　　　　　　　　　　　　　　　　　＊ 年 ＊ 月 ＊ 日

审计机关向被审计单位送达审计通知书时，应当书面要求被审计单位法定代表人和财务主要人员就与审计事项有关的会计资料的真实性、合法性作出承诺。在审计过程中，审计组还可以根据情况向被审计单位陆续提出书面承诺要求。审计组应将承诺书列入取证清单，作为证据编入工作底稿。

（2）审计组的准备工作。

① 明确审计任务，学习法规，熟悉标准。审计负责人接到任务后，应召集全组审计人员，说明该次审计的主要任务、目的和要求，提出自己的认识和打算，引导大家思考，集思广益。审计组成员还要组织学习完成审计任务可能涉及的财经法纪、审计法规及审计工作纪律，准确掌握审计法规标准，以便恰如其分地评价被审计单位的经济活动。

② 进行初步调查，了解被审计单位基本情况。审计组成员在其负责人的组织下，根据审计任务的要求，通过收集查阅被审计单位平时上报的资料，走访有关部门，如主管部门、财税部门、工商、银行、物价等部门，听取各方面的情况介绍，初步了解被审计单位的业务性质、生产经营特点、组织机构设置等。如系再次审计，可以通过查阅原来的审计工作底稿、审计报告、审计决定等档案资料，了解被审计单位过去的经济情况，发生过哪些问题，是如何处理的。

③ 拟定审计工作方案。审计工作方案是实施审计的总体安排，是保证审计工作取得预期效果的有效措施，也是审计机关据以检查、控制审计工作质量、进度的依据。审计工作方案是在综合已经取得的资料和掌握的情况，以及明确审计的重要问题的基础上形成的。其主要内容包括审计项目名称、被审计单位名称，审计目标，审计方式，编制依据，审计的范围和内容，审计要点、步骤和方法，时间进度和人员分工等。审计方案的格式如表 1-3 所示。

编制审计方案应当根据重要性原则，围绕审计目标、确定审计的范围、重点。审计工作方案在制定时还应留有适当余地，以便实际情况发生变化时，做出相应的调整。审计工作方案经审计组所在部门领导或审计机关主要领导批准后，由审计组负责实施。

审计组成员需准备好审计时所必需的各种物品，如审计工作记录、计算工具等。

2. 审计的实施阶段

审计实施阶段是审计组进驻被审计单位，就地审查会计凭证、会计账簿、会计报表，查阅与审计事项有关的文件、资料，检查现金、实物、有价证券，并向有关单位和人员调查，以取得证明材料的过程。它是将审计工作方案付诸实施、化为实际行动的阶段，是审计全过程的最主要阶段。实施阶段主要应做好以下几项工作。

（1）深入调查研究，调整审计方案。

审计组实施审计时，首先应深入了解被审计单位的管理体制、机构设置、职责或经营范围、业务规模、资产状况等。其次，对内部控制制度进行评估，根据评估结果，确定审计范围和采用的方法。必要时，修改原来制定的审计方案。其主要步骤如下。

17

表 1-3　　　　　　　　　　　**审计方案的格式**

审计方案格式

被审计单位名称		审计方式	
审计项目名称		编制人员	
编制依据		编制日期	
被审计单位基本情况：			
审计目标、范围、内容与重点：			
审计项目名称		编制人员	
编制依据		编制日期	
审计方法与实施步骤：			
预定时间：			
审计组组长及成员：			
人员分工：			
部门负责人审批：			
主管领导审批：			

① 听取被审计单位情况介绍。审计组进驻被审计单位后，应与被审计单位领导取得联系，说明本次审计的范围、内容与目的要求，争取他们的支持；约请被审计单位领导和有关部门负责人共同确定工作部署，确定与审计组的联系人和提供必要的资料等问题，听取被审计单位负责人及有关职能部门对单位情况的介绍；并采用适当方式，使单位职工了解审计目的、内容，以取得支持和协助。

② 索取、收集必要的资料。审计组应当根据情况介绍和审计工作需要，向被审计单位索取有关资料，要求其提供银行存款账户，进行必要的资料收集工作。常规审计一般需要索取、收集的资料主要有：被审计单位有关的规章、制度、文件、计划、合同文本；被查期间的各种审计资料、分析资料，上年度财务报表、分析资料以及以往接受各种检查、审计的资料；各种自制原始凭证的存根，未粘附在记账凭证上的各种支票、发票、收据等存根，以及银行账户、银行收账单、备查簿等相关的经济信息资料。

在索取、收集资料时，一定要做好登记、清点移交工作。收集的资料要当面清点，注意残缺页码，并列表登记，注明资料来源。移交与接收双方都要在移交表或调阅单上签名。

③　深入调查研究，全面了解内部控制状况。为了全面深入地了解被审计单位业务活动的一些具体规定、手续以及内控制度的执行情况，审计组在收集资料以后，应当通过查阅资料、观察、咨询等方式了解被审计单位的有关情况。特别是了解被审计单位的各项业务处理手续，有关财务会计业务处理和现金、物资管理方面的内控制度建立完善情况和实际贯彻执行情况。

④　适时调整原审计方案。在深入调查确定、初步评价被审计单位内控制度的基础上，审计组应当重新审查原拟订的审计方案，如发现原方案确定的审计范围、重点具体实施步骤和方法等与实际情况相差太远，必须修改审计方案时，应按规定的程序进行修改，经派出审计组的审计机关主管领导同意后组织实施。

（2）进行控制测试。现代审计的最大特征是以评价内部控制制度为基础的抽样审计，实行的是制度基础审计。因此，在审计实施阶段，首先必须全面了解被审计单位的内控制度，并进行评价。其目的是进一步确定审计的范围、内容重点以及有效的方法。

评价内控制度，一是进行内控制度健全性调查，二是进行内控制度控制测试，三是对内控制度的有效性进行综合评价，从中发现内控制度的强点和弱点，并分析原因。根据内部控制的强弱点，对审计方案进行适当调整。将审查重点放在内部控制制度的弱点上，面对强点则进行一般审查，以尽可能高效、高质量地取得审计证明材料，提高审计工作效率。

（3）实施实质性测试，搜集证明材料。

①　分析经济业务特点。

②　审查有关的会计资料和经济活动，收集、鉴定审计证明材料。

《审计法》第38条规定："审计人员通过审查会计凭证、会计账簿、会计报表，查阅与审计事项有关的文件、资料，检查现金、实物、有价证券，向有关单位和个人调查等方式进行审计，并取得证明材料"。根据以上规定，审计人员应做以下各项工作。

第一、审查分析会计资料。

对会计资料的审查分析，包括对会计凭证、账簿和报表的分析，主要包含以下内容。

● 审查分析财务报表，一是要对其外观形式进行审查，看被审单位所编制的各种财务报表是否符合规定和要求，表页、表内项目、指标是否齐全；二是要审阅各报表之间的勾稽关系；三是要审查各报表内相关数字间的勾稽关系。

● 审查分析各类账户，一是判断容易发生差错或易于弄虚作假的账户；二是审查分析各类账户记录的增减变动情况，判断业务的真实性和数据的真实性，如果材料账户的记录长期无变动，则应考察材料是否确实存在或是否能利用；三是核实账户余额，包括总账和明细账，特别是结算类账户和跨期摊配账户。

● 抽查有关凭证，以确定账簿记录的真实性，以及数据所反映的经济业务是否合理、合法。

- 复算，审计人员要对被审单位所计算的结果进行复算，以确定是否有故意歪曲计算结果的弊端或无意造成的计算差错。

- 询证，审计人员在审查中，发现有疑点时，可向有关单位和个人以函询或面询的方式进行调查。审计人员向有关单位和个人进行调查时，应当出示审计人员的工作证件和审计通知书副本，审计人员不少于两人。

第二、实物盘点与资产清查。

审计人员在审查分析有关书面资料后，还应对有关盘存的账户所记录的内容进行实物盘点，以取得实物证据，如库存现金盘点、库存材料盘点、低值易耗品盘点、在产品盘点、产成品盘点、固定资产盘点等。如实物较多，审计人员应按可能性、必要性、重要性的原则，有选择地进行重点盘点。

审计人员实施实质性测试时，应当按照下列规定办理。

- 搜集、取证能够证明审计事项的原始资料、有关文件和实物等；不能取得原始资料、有关文件和实物的，可以采取复制拍照等方法取得证明材料。

对与审计事项有关的会议和谈话内容要做出记录，或者根据审计工作需要，要求提供会议记录。

审计人员向有关单位和个人调查取得的证明材料，应当有提供者的签名或者盖章。未取得提供者签名或者盖章的，审计人员应当注明原因。

（4）编制审计工作底稿。对审计中发现的问题，应做出详细、准确的记录，并注明资料来源。在审计过程中，审计人员必须有详细的工作记录，以便反映出审计工作的全部过程。这些记录，有些可以直接作为正式的审计工作底稿，有些则要重新编写。审计工作底稿是审计证明材料的汇集，在汇集证明材料时，应注明证明材料的来源。审计工作底稿是撰写审计报告的基础，是检查审计工作质量的依据，也是行使复议乃至再度审计时需要审阅的重要资料。

审计组及其审计人员实施审计时，可以利用经检察后的内部审计机构或者社会审计组织的审计成果。审计组在利用社会审计组织审计成果前，应当依照有关法律、法规和规章的规定，对社会审计组织的审计业务质量进行监督检查。

3. 审计的报告阶段

审计的报告阶段，也叫审计的终结阶段，是审计工作的总结阶段。这一阶段的工作主要是编制审计报告，做出审计决定，其主要步骤如下。

（1）整理和分析审计工作底稿。审计组长应当对审计人员的审计工作底稿进行必要的检查和复核，对审计组成员的工作质量和审计工作目标完成情况进行监督。审计工作就是不断搜集审计证据，整理分析证据，运用审计证据的过程。通过检查、复核和整理审计工作底稿，对汇集的审计证据进行认真审查，鉴定证明材料的客观性、相关性和合法性，检查审计组是否已经收集到足以证明审计事实真相的证明材料，以便及时采取补救措施，保证审计组收集的证明材料的充分性。

（2）审计组编写审计报告。按照《审计法》第 39 条规定，审计组对审计事项实施审计后，应当向审计机关提出审计报告。审计组编写的审计报告应当征求被审计单位的意见，由审计组长签字后，连同被审计单位的书面意见等一同报送审计机关。

4. 审计机关审定审计报告阶段

按照审计法及其实施条例的规定，审计机关审定审计报告阶段的主要工作有 4 个方面：一是审定报告，对审计事项做出评价；二是出具审计意见书；三是对违反国家规定的财政收支、财务收支行为，需要依法给予处理、处罚的，在法定职权范围内做出审计决定或者向有关主管机关提出处理、处罚意见；四是提出审计结果报告和审计工作报告。

在完成审计报告审定工作后，就要进行资料处理和审计小结工作。例如，全部归还借阅的资料，整理审计过程中形成的资料；应将永久保存的资料、长期保存的资料、短期保存的资料立卷归档，移交档案部门管理，将无保存价值的资料造册登记后销毁。

所有工作结束后，审计组应及时进行总结，以利于工作水平的不断提高。

5. 审计行政复议

审计机关的审计决定送达后，被审计单位对地方审计机关做出的具体行政行为不服的，可以先向上一级审计机关或者本级人民政府申请复议；但对地方性法规规定或者本级人民政府交办的事项审计不服的，应当先向本级人民政府申请复议；对审计署做出的具体行政行为不服的，应当先向审计署申请复议。审计机关按照《行政复议条例》和其他有关法律、法规的规定，办理审计复议事项。被审计单位、个人对复议决定不服的，可以依法向人民法院起诉。

审计行政复议是指审计机关在行使审计职权做出具体审计行政行为时，与作为审计行政相对人的公民、法人或其他组织发生争议，根据审计行政相对人的申请，由审计行政复议机关对引起争议的具体审计行政行为进行审查并做出裁决的活动。简单地说，审计行政复议就是审计行政复议机关根据审计行政相对人的申请，依法解决审计行政争议的活动。

1.5.3 社会审计的程序

社会审计的程序与国家审计的程序有很多相似之处，但也有自身的特点。在 3 个阶段中其主要工作是签订审计业务约定书，编制审计计划，内部控制制度测评，运用审计方法获取审计证据，编制审计工作底稿，完成审计外勤工作和出具审计报告等。

1. 签订审计业务约定书

注册会计师应当在了解被审单位基本情况的基础上，由会计师事务所接受委托，签订审计业务约定书。这是由会计师事务所与委托人共同签订的，据以确认审计业务的受托与委托关系，明确委托的目的、审计范围及双方责任与义务等事项，最终形成书面合约的活动。审计业务约定书一旦签订便具有法定的约束力，因此签约活动必须按下列程序和要求进行。

（1）签约前业务洽谈。在签订审计业务约定书之前，会计师事务所应当委派注册会计师了解被审计单位的基本情况，初步评价审计风险。接受委托之前应当了解被审计单位的业务性质、经营规模和组织结构，经营情况及经营风险，以前年度接受审计的情况，财务会计机构及工作组织以及其他与签订业务约定书相关的基本情况。在初步了解情况、评价审计风险并充分考虑自身承受委托能力的基础上，与委托人就约定事项进行商谈。例如，洽谈审计的目的与范围，审计中所采用的程序与方法，完成的工作量与工作时限，要求客户提供的工作条件和配合的方法、程度，双方的权利与义务，收费标准和付费方式等。商谈双方就约定事项达成一致意见后，即可接受委托，正式签订审计业务约定书。

（2）签订审计业务约定书。提出业务委托并与社会审计组织签订审计业务约定书的可以是单位，也可以是个人。签订审计业务约定书应由会计师事务所和委托人双方的法定代表人或其授权的代表签订，并加盖委托人和会计师事务所的印章。审计业务约定书应当包括签约双方的名称、委托目的、审计范围、会计责任与审计责任、签约双方的义务、出具审计报告的时间要求、审计报告的使用责任、审计收费、审计业务约定书的有效时间、违约责任、签约时间以及签约双方认为应当约定的其他事项等内容。

2. 编制审计计划

审计计划是指注册会计师为了完成年度会计报表审计业务，达到预期的审计目的，在具体执行审计程序之前编制的工作计划。审计计划包括总体审计计划和具体审计计划。总体审计计划是对审计的预期范围和实施方式所做的规划，是注册会计师从接受审计委托到出具审计报告整个过程基本工作内容的综合计划。具体审计计划是依据总体审计计划制定的，对实施总体审计计划所需要的审计程序的性质、时间和范围所做的详细规划与说明。注册会计师在整个审计过程中，应当按照审计计划执行审计业务。

（1）编制审计计划前的准备工作。在编制审计计划前，注册会计师应当了解被审计单位的年度会计报表，合同、协议、章程、营业执照，重要会议记录，相关内部控制制度，财务会计机构及工作组织，厂房、设备及办公场所，宏观经济形势及其对所在行业的影响以及其他与编制审计计划相关的重要情况。在编制审计计划前，注册会计师还应当查阅上一年度审计档案，关注上一年度的审计意见类型、审计计划及审计总结、重要的审计调整事项、管理建议重点、上一年度的或有损失以及其他有关重要事项。如属首次接受委托，注册会计师可以同被审计单位的有关人员就审计计划的要点和某些审计程序进行讨论，并协调审计程序与被审计单位有关人员的工作，总之，注册会计师在编制审计计划之前，应当尽可能多地了解被审计单位的有关情况，并充分考虑其对本期审计工作的影响。

（2）审计计划的内容与编制。审计计划的繁简程度取决于被审计单位的经营规模和预定审计工作的复杂程度。因此，在编制审计计划时，注册会计师应当对审计的重要性、审计风险进行适当评估。在编制计划时，要特别考虑一些基本因素，如委托的目的、审计范围及审计责任，被审计单位的经营规模及其业务复杂程度，被审计单位以前年度的审计情况，被审计单位在审计年度内经营环境、内部管理的变化及其对审计的影响，被审计单位的持续经营能力，经济形势及行业政策的变化对被审计单位的影响，关联者及其交易，国家新近颁发的有关法规对审计工作产生的影响，被审计单位会计政策及其变更，对专家、内部审计人员及其他审计人员工作的利用，审计小组成员业务能力、审计经历和对被审计单位情况的了解程度等。

总体审计计划的基本内容包括被审计单位的整体情况，审计目的、审计范围及审计策略，重要会计问题及重点审计领域，审计工作进度及时间、费用预算，审计小组组成及人员分工，审计重要性的确定及审计风险的评估，对专家、内部审计人员及其他审计人员工作的利用以及其他有关内容。

具体审计计划应当包括各具体审计项目的一些基本内容，如审计目标、审计程序、执行人及执行日期、审计工作底稿的索引以及其他有关内容。具体审计计划的制订，可以通过编制审计程序表完成。

（3）审计计划的审核

审计计划应当经会计师事务所的有关业务负责人审核和批准。对总体审计计划，应审核审计目的、审计范围及重点审计领域的确定是否恰当，对被审计单位的内部控制制度的依赖程度是否恰当，对审计重要性的确定及审计风险的评估是否恰当，对专家、内部审计人员及其他审计人员工作的利用是否恰当等。

对具体审计计划，应审核审计程序能否达到审计目标，审计程序是否适合审计项目的具体情况，重点审计领域中审计项目的审计程序是否恰当，重点审计程序的制订是否恰当。

审计计划经会计师事务所的有关业务负责人审核后，应将审核和批准的意见记录于审计工作底稿。审计计划应当在具体实施前下达到审计小组的全体成员。注册会计师应当在执行中视审计情况的变化及时对审计计划进行修改、补充。审计计划的修改、补充意见，应经会计师事务所的有关业务负责人同意，并记录于审计工作底稿中。

3. 内部控制制度测评

注册会计师执行审计、对被审计单位进行审计时，应当研究和评价被审计单位的相关内部控制制度，据以确定实质性测试的性质、时间和范围。在对审计过程中发现的内部控制制度的重大缺陷，应当向被审计单位报告，如有需要，可出具管理建议书。注册会计师主要对会计控制制度进行测试，也是对控制环境、会计制度和控制程序等方面进行测试，然后据以确定内部控制可依赖的程度。为了取得满意的测试效果，注册会计师应正确地进行抽样和对抽样结果进行评价。

4. 运用审计方法获取审计证据

注册会计师在审计时，除运用审计抽样的方法进行控制测试和实质性测试获取审计证据外，还可以运用抽查、监盘、观察、查询及函证、计算、分析性复核等方法，以获取充分、适当的审计证据。抽查是指注册会计师对会计记录和其他书面文件可靠程度的审阅与复核。

监盘是指注册会计师现场监督被审计单位各种实物资产及现金、有价证券等的盘点，并进行适当的抽查。注册会计师监盘实物资产时，应对其质量及所有权予以关注。观察是指注册会计师对被审计单位的经营场所、实物资产和有关业务活动及内部控制的执行情况等所进行的实地查看。查询是指注册会计师对有关人员进行的书面或口头的询问。函证是指注册会计师为印证被审计单位会计记录所载事项而向第三者发函询证。如不能通过函证获取必要的审计证据，应实施替代审计程序。计算是指注册会计师对被审计单位原始凭证及审计记录中的数据所进行的验算或另行计算。分析性复核是指注册会计师对被审计单位的重要比率或趋势进行的分析，包括调查异常变动以及这些重要比率或趋势与预期数额和相关信息的差异。对于异常变动项目，注册会计师应当重新考虑其所采用的审计程序是否恰当，必要时应当追加适当的审计程序。注册会计师在获取证据时，可以同时采用上述方法。

注册会计师应当对所获取的审计证据进行分析和评价，以形成相应的审计结论；对所获取的审计证据在审计工作底稿中予以清晰、完整的记录；对审计过程中发现的、尚有疑虑的重要事项，应进一步获取审计证据，以证实或消除疑虑，如在实施必要的审计程序后，仍不能获取所需要的审计证据，或无法实施必要的审计程序，注册会计师应出具保留意见或拒绝表示意见的审计报告。

5. 编制审计工作底稿

审计工作底稿是注册会计师在审计过程中形成的审计工作记录和获取的资料。审计工作底稿应如实反映审计计划的制订及其实施情况，包括与形成和发表审计意见有关的所有重要事项，以及注册会计师的专业判断。

（1）编制与复核。注册会计师编制审计工作底稿，应当包括被审计单位名称、审计项目名称、审计项目时点或期间、审计过程记录、审计标识及其说明、审计结论、索引号及页次、编制者姓名以及编制日期、复核者姓名及复核日期以及其他应说明事项。审计工作底稿中由被审计单位、其他第三者提供或代为编制的资料，注册会计师除应注明资料来源外，还要在实施必要的审计程序过程中，形成相应的审计记录。

会计师事务所应当建立审计工作底稿复核制度。各复核人在复核审计工作底稿时，应做出必要的复核记录，书面表示复核意见并签名。在复核中，各复核人如发现已执行的审计程序和做出的审计记录存在问题，应指示有关人员予以答复、处理，并形成相应的审计记录。

（2）所有权和保管。审计工作底稿的所有权属于接受委托进行审计的会计师事务所。

审计工作底稿一般分为综合类工作底稿、业务类工作底稿和备查类工作底稿。注册会计师应对审计工作底稿进行分类整理，形成审计档案。审计档案分为永久性档案和当期档案。会计师事务所应当建立审计档案保管制度，以确保审计档案的安全、完整。

（3）保密与查阅。会计师事务所应当建立审计工作底稿保密制度，对审计工作底稿中涉及的商业秘密保密。法院、检察院以及其他部门依法查阅，并按规定办理了必要手续的不属于泄密。注册会计师协会对执行情况进行检查时查阅审计工作底稿也不属于泄密。因审计工作需要，并经委托人同意，不同会计师事务所的注册会计师可以按照规定要求查阅审计工作底稿。拥有审计工作底稿的会计师事务所，应当对要求查阅者提供适当的协助，并根据审计工作底稿的内容及性质，决定是否允许要求查阅者阅览其审计工作底稿，及复印或摘录有关内容。

6.　完成审计外勤工作

在审计报告编制之前，注册会计师应当向被审计单位介绍审计情况，如有必要，应以书面形式向其提出调整会计报表等建议。最后，注册会计师应当根据审计外勤工作获取的审计证据撰写审计总结，概括地说明审计计划的执行情况以及审计目标是否实现。

7.　出具审计报告

注册会计师应当在实施必要的审计程序后，以经过核实的审计证据为依据，形成审计意见，出具审计报告。审计报告应说明审计范围、会计责任与审计责任、审计依据和已实施的主要审计程序等事项。审计报告应当说明被审计单位会计报表的编制是否符合国家有关财务会计法规的规定，在所有重大方面是否公允地反映了其财务状况、经营成果和资金变动情况，以及所采用的会计处理方法是否遵循了一贯性原则。注册会计师根据情况，出具无保留意见、保留意见、否定意见和拒绝表示意见审计报告时，应当明确说明理由，并在可能情况下，指出其对会计报表反映的影响程度。

1.5.4　内部审计程序

内部审计程序既不同于社会审计程序，也与国家审计程序存在着一定的区别。从形式上看，内部审计工作程序的几个基本阶段同国家审计程序大体相同，但其工作程序的具体繁简程度则主要取决于单位内部管理层根据需要做出的具体规定。

1.　准备阶段

部门、单位内部审计机构所进行的内部审计，在准备阶段的工作内容与国家审计大体相同，但审计项目的确定、审计计划制订的依据，更多的是本部门、本单位实际经济情况，以及本部门、本单位领导交办的案件。内部审计人员一般熟悉本部门、本单位的内部情况，因此，可以不需要做很多的准备工作，便能迅速地转入实施阶段。同时，因内部审计人员是本部门、本单位内部的成员，所以，审计工作方案可以比较机动灵活，并且可以随时补充修改。

2.　实施阶段

内部审计人员实施具体的审计工作，一般应事先通知被审计单位，但无须做初步调查，也无须对内控制度进行健全性调查、控制测试和有效性评价。内部审计人员依靠自己对本部门、本单位的了解，已经积累了对审计环境的认识，一般足以使他们于实施阶段一开始便着手深入地进行审核检查工作对审计过程中发现的问题，可随时向有关单位和人员提出改进的建议。

3. 终结阶段

内部审计的审计报告需由经办内部审计的审计人员提出后，征求被审计单位意见，并报送本部门、本单位领导审批。经批准的审计意见书和审计决定，送达被审计单位。被审计单位必须执行审计决定。对主要项目要进行后续审计，检查采纳审计意见后执行审计决定的情况，被审计单位对审计意见书和审计决定如有异议，可以向内部审计机构所在单位负责人提出，该负责人应当及时处理。国家审计机关派驻部门的审计机构代行所驻部门内部审计机构的职能，其做出的审计报告还应报送派出的审计机关。

1.5.5 审计方法

1. 审计方法的含义

审计方法是指审计人员为了行使审计职能、完成审计任务、达到审计目标所采取的方式、手段和技术的总称。

关于审计方法概念的表达，归纳起来大致有两种不同的观点：一种是狭义的审计方法，即认为审计方法是审计人员为取得充分有效审计证据而采取的一切技术手段；另一种是广义的审计方法，即认为审计方法不应只是用来收集审计证据的技术，而应将整个审计过程中所运用的各种方式、方法、手段、技术都包括在审计方法的范畴之内。

2. 审计的一般方法

审计的一般方法也称审计的基本方法，是指与检查取证的程序和范围有关的方法。审计人员进行任何一项审计时，首先就应该考虑到从哪些查起，按照什么样的顺序去进行检查；应该检查哪些内容，在什么样的范围内进行取证。其实质上就是审计的基本思路问题，这种基本思路虽然不是直接用来取证，但它是从系统的整体出发去构想应采取的一般方法。审计的一般方法又可分为程序检查法和范围检查法两类。程序检查法是指按照什么样的顺序依次进行检查的方法，如顺查法、逆查法等；范围检查法是指采用什么样的审计手续在什么样的范围之内进行检查取证的方法，如详查法、抽查法等。

（1）程序检查法。

① 顺查法。顺查法是指按照会计业务处理的先后顺序依次进行检查的方法。顺查法也称正查法。会计人员处理会计业务的顺序是：首先取得经济业务的原始凭证，审核无误后编制记账凭证；然后根据记账凭证分别记入明细账、日记账和总账；最后根据账簿记录编制会计报表。

顺查法主要运用审阅和核对的技术方法，通过对凭证、账簿和报表的审阅与核对，借以发现问题，寻找原因并查明真相。采用顺查的取证方法，审查仔细而全面，很少有疏忽和遗漏之处，并且容易发现会计记录及财务处理上的弊端，因而能取得较为准确的审计结果。但是，顺查法费时、费力，成本高、效率低，同时也很难把握审计的重点。因此，在现代审计中已经很少使用顺查法。顺查法一是适用于规模小、业务量少的被审单位；二是适用于管理混乱、存在严重问题的被审计单位；三是适用于特别重要或特别危险的被审计项目。

② 逆查法。逆查法亦称倒查法或溯源法，是指按照与会计业务处理程序完全相反的方向，依次进行检查的方法。逆查法主要采用了审阅和分析的技术方法，并根据重点和疑点，逐个进行追踪检查，直到水落石出。因此与顺查法相比，逆查法不仅取证的范围小，而且有一定的审查重点，能够节约审计的时间和精力，有利于提高审计的工作效率，是现代审计实务中较为普遍采用的一种方法。由于逆查法不对被审计的资料进行全面而有系统的检查，仅仅根据审计人员的判断而做重点审查，因此不能进行全面取证，也不能全面地揭露会计上的各种错弊。如果审计人员能力不强、经验不足，很难保证审计的质量，其失误的可能性比使用顺查法时大得多。逆查法本身的优缺点决定了它适合于对大型企业以及内部控制健全的企业进行审计，而不适合于对管理混乱的单位以及重要和危险的项目进行审计。

值得提出的是，顺查法和逆查法各有优缺点，在实际审计工作中应将两者结合起来运用，根据需要，逆查法和顺查法交互使用，尽可能做到取长补短，保证审计质量，提高审计工作效率。

（2）范围检查法。

① 详查法。详查法又称为精查法或详细审计法，它是指对被审计单位被查期内的所有活动、工作部门及其经济信息资料，采取精细的审计程序，进行细密周详的审核检查。详查法与全面审计不同。全面审计指审计的种类，是按审计范围大小的不同对审计进行的具体分类；详查法指审计检查的方法，是按检查手续对检查方法的分类。并且，在全面审计中的某些审计项目，根据需要既可以进行详查，也可以不进行详查。

详查法在具体做法上，通常采取逐笔检查核对的办法。

详查法最大的优点是对会计工作中的错弊行为，均能揭露无遗，因而能够做出较精确的审计结论。但其应用费时、费力，工作效率很低，审计工作成本昂贵。因此，在业务量多而复杂的单位进行审计时，一般不可能对全部资料和业务应用详查法进行检查。有时，即便是用了详查的方法，也会因涉及的面过大而难以抓住重点，从而疏漏一些错弊行为。事实上，随着管理水平的提高，单位内部控制的加强，再进行全面的详细审计是毫无必要的了。一般说来，除了对经济活动简单、业务量极少的小单位，以及对审计目标有重大影响，且认为产生错误或舞弊的可能性很大的审计项目进行审计时采用详查法外，其余场合不宜采用。在实际工作中，通常将详查法同抽查法结合起来应用。

② 抽查法。抽查法是指从作为特定审计对象的总体中，按照一定方法，有选择地抽出其中一部分资料进行检查，并根据其检查结果来对其余部分的正确性及恰当性进行推断的一种审计方法。抽查法也称抽样审计法。抽查法与局部审计（或专题审计）不同。局部审计指审计种类，是按审计范围大小或项目多少不同，对审计进行的分类；抽查法指审计检查的方法，是按检查手续对检查方法的分类。并且，在局部审计中的

某些审计项目，根据需要，既可以进行抽查，又可以进行详查。

抽查法最大的优点是能使审计人员从简单而繁杂的数字中解脱出来，极大地提高工作效率，并降低审计成本。但是，运用抽查法做出的审计结论，与被审计单位的实际情况往往会有偏差，审计风险较大。一般说来，对于要求审计的时期长、业务内容多、规模大的单位审计时，除个别对审计目标有重大影响的，或是认为存在错误和舞弊行为可能性大的审计项目，应采用详查法外，其余宜采用抽查法。总之，在使用抽查法审计时，并不完全排除进行详细检查，只有把两者有机地结合起来，才能做到既可以保证审计质量，又可以节约审计资源。

实训与练习

一、名词解释

1. 审计
2. 审计对象
3. 详查法
4. 逆查法

二、单选题

1. 审计的本质特征是（　　）。

    A. 独立性 　　　　B. 权威性 　　　　C. 公平性 　　　　D. 经济鉴证

2. 审计对象的正确表述为（　　）。

    A. 被审计单位的会计报表

    B. 被审计单位的会计资料和其他有关资料

    C. 被审计单位的财政、财务收支和有关经营管理活动

    D. 被审计单位特定时期的会计报表和其他有关资料及其所反映的经济活动

3. 审计的职能不包括（　　）。

    A. 经济监督 　　　B. 经济评价 　　　C. 经济鉴证 　　　D. 经济咨询

4. 按照《审计法》的规定，审计机关应在实施审计的（　　）前，向被审计单位下达审计通知书。

    A. 1 日 　　　　　B. 3 日 　　　　　C. 5 日 　　　　　D. 7 日

5. 对特定的审计项目所进行的审查或鉴定活动被称为（　　）。

    A. 就地审计 　　　B. 全面审计 　　　C. 事后审计 　　　D. 专项审计

6. 顺查法不适用于（　　）。

    A. 规模较小、业务量少的审计项目

B. 内部控制制度较差的审计项目

C. 规模较大、业务量较大的审计项目

D. 重要的审计事项

7. 下列各项中，不属于抽查法优点的是（　　）。

A. 审计成本较低　　　　　　　　B. 能明确审查重点

C. 审计风险较小　　　　　　　　D. 审计效率较高

三、多选题

1. 审计的独立性具体是指（　　）。

A. 组织独立　　　B. 人员独立　　　C. 经济独立　　　D. 工作独立

2. 我国审计组织由（　　）构成。

A. 国家审计机关　B. 内部审计机构　C. 社会审计组织　D. 资产评估机构

3. 按政府审计的目的和内容分类，审计可以分为（　　）。

A. 财政财务审计　B. 经济效益审计　C. 经济责任审计　D. 内部审计

4. 按审计的业务范围分类，审计可以分为（　　）。

A. 全部审计　　　B. 综合审计　　　C. 局部审计　　　D. 专项审计

5. 下列各项中，属于国家审计程序的是（　　）。

A. 制订审计项目计划，组成审计小组

B. 下达审计通知书

C. 了解被审计单位的基本情况，接受委托

D. 签订审计业务约定书

E. 行政复议、后续审计

6. 审计的基本特征包括（　　）。

A. 独立性　　　　B. 合理性　　　　C. 权威性　　　　D. 公正性

7. 审计的基本职能有（　　）。

A. 经济监督　　　B. 经济建设　　　C. 经济评价　　　D. 经济鉴证

四、判断题

1. 审计就是查账。　　　　　　　　　　　　　　　　　　　　（　　）

2. 我国政府审计与国家审计是两个完全不同的概念。　　　　　（　　）

3. 局部审计的优点是审查详细彻底，缺点是审计工作量大，审计成本高。（　　）

4. 民间审计人员只有与委托单位保持实质上和形式上的独立，才能够以客观、公正的心态表示意见。　　　　　　　　　　　　　　　　　　　　　（　　）

5. 审计的职能不是一成不变的，它是随着经济的发展而发展变化的。（　　）

6. 审计程序一般包括准备阶段、实施阶段和终结阶段。　　　　（　　）

第 2 章

执 业 准 则

⊙ 学习目标

- 掌握执业准则体系
- 掌握鉴证业务基本准则和会计师事务所质量控制准则的含义、目的及要素

⊙ 案例导入

A 上市公司通过伪造购销合同，伪造出口报关单，虚开增值税专用发票，伪造免税文件和伪造金融票据等手段，虚构主营业务收入，虚增利润高达 7.7 亿元。面对这样一家超级造假公司，为它审计的 B 会计师事务所是如何审计办案的呢？B 会计师事务所规模很大，执业注册会计师近 100 人，经批准获得证券业务资格的注册会计师有 40 余名，承担国内 60 多家上市公司的审计业务。对 A 上市公司年度报表进行审计的注册会计师刘××、徐××，在 A 公司年度利润和每股收益过度增长的不合理情况下，缺少应有的职业谨慎，审计态度随意。对一些自己没有把握的，又对报表有重大影响的事项，没有向专家请教和聘请专家协助工作，直接发表无保留意见审计报告。该事务所也没有建立相应的政策和制度对审计项目的质量进行监控和复核。

真相大白之后，A 上市公司进入"ST"公司的行列。B 会计师事务所信誉全失，已经解体。签字注册会计师刘××、徐××被吊销注册会计师资格；事务所的执业资格被吊销，其证券、期货相关业务许可证被吊销。

请分析对 A 上市公司的审计中，注册会计师存在的缺陷有哪些？

2.1 鉴证业务基本准则

中国注册会计师执业准则体系受注册会计师职业道德守则统御，包括注册会计师业务准则和会计师事务所质量控制准则，注册会计师执业准则包括鉴证业务准则和相关服务准则，如图 2-1 所示。

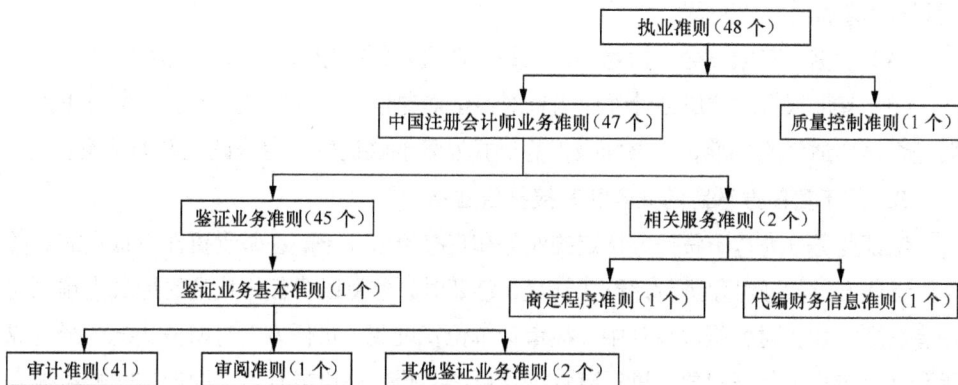

图 2-1 注册会计师执业准则体系

鉴证业务准则由鉴证业务基本准则统领，按照鉴证业务提供的保证程度和鉴证对象的不同，分为中国注册会计师审计准则、中国注册会计师审阅准则和中国注册会计师其他鉴证业务准则（以下分别简称审计准则、审阅准则和其他鉴证业务准则）。其中，审计准则是整个执业准则体系的核心。

审计准则用以规范注册会计师执行历史财务信息的审计业务。在提供审计服务时，注册会计师对所审计信息是否不存在重大错报提供合理保证，并以积极方式提出结论。

审阅准则用以规范注册会计师执行历史财务信息的审阅业务。在提供审阅服务时，注册会计师对所审阅信息是否不存在重大错报提供有限保证，并以消极方式提出结论。

鉴证业务基本准则是鉴证业务准则概念框架，旨在规范注册会计师执行鉴证业务，明确鉴证业务的目标和要素，确定审计准则、审阅准则、其他鉴证业务准则适用的鉴证业务类型。

2.1.1 鉴证业务的定义、要素和目标

1. 鉴证业务的定义

鉴证业务是指注册会计师对鉴证对象信息提出结论，以增强除责任方之外的预期

使用者对鉴证对象信息信任程度的业务。鉴证对象信息是按照标准对鉴证对象进行评价和计量的结果。

2. 鉴证业务的要素

鉴证业务要素是指鉴证业务的三方关系、鉴证对象、标准、证据和鉴证报告。

（1）三方关系。三方关系分别是注册会计师、责任方和预期使用者。

（2）鉴证对象。鉴证对象具有多种不同的表现形式，如财务或非财务的业绩或状况、物理特征、系统与过程、行为等。

（3）标准。标准即用来对鉴证对象进行评价或计量的基准，当涉及列报时，还包括列报的基准。

（4）证据。获取充分、适当的证据是注册会计师提出鉴证结论的基础。

（5）鉴证报告。注册会计师应当针对鉴证对象信息（或鉴证对象）在所有重大方面是否符合适当的标准，以书面报告的形式发表能够提供一定保证程度的结论。

3. 基于责任方认定的业务和直接报告业务

鉴证业务分为基于责任方认定的业务和直接报告业务。在基于责任方认定的业务中，责任方对鉴证对象进行评价或计量，鉴证对象信息以责任方认定的形式为预期使用者获取。如在财务报表审计中，被审计单位管理层（责任方）对财务状况、经营成果和现金流量（鉴证对象）进行确认、计量和列报（评价或计量）而形成的财务报表（鉴证对象信息）即为责任方的认定，该财务报表可为预期使用者获取，注册会计师针对财务报表出具审计报告。这种业务属于基于责任方认定的业务。

在直接报告业务中，注册会计师直接对鉴证对象进行评价或计量，或者从责任方获取对鉴证对象评价或计量的认定，而该认定无法为预期使用者获取，预期使用者只能通过阅读鉴证报告获取鉴证对象信息。如在内部控制鉴证业务中，注册会计师可能无法从管理层（责任方）获取其对内部控制有效性的评价报告（责任方认定），或虽然注册会计师能够获取该报告，但预期使用者无法获取该报告，注册会计师直接对内部控制的有效性（鉴证对象）进行评价并出具鉴证报告，预期使用者只能通过阅读该鉴证报告获得内部控制有效性的信息（鉴证对象信息）。这种业务属于直接报告业务。

基于责任方认定的业务和直接报告业务的区别主要表现在以下 4 个方面。

（1）预期使用者获取鉴证对象信息的方式不同。在基于责任方认定的业务中，预期使用者可以直接获取鉴证对象信息（责任方认定），而不一定要通过阅读鉴证报告。

在直接报告业务中，可能不存在责任方认定，即便存在，该认定也无法为预期使用者所获取。预期使用者只能通过阅读鉴证报告获取有关的鉴证对象信息。

（2）注册会计师提出结论的对象不同。在基于责任方认定的业务中，注册会计师提出结论的对象可能是责任方认定，也可能是鉴证对象。此类业务的逻辑顺序是：首先，责任方按照标准对鉴证对象进行评价和计量，形成责任方认定，注册会计师获取该认定；然后，注册会计师根据适当的标准对鉴证对象再次进行评价和计量，并将结果与责任方认定进行比较；最后，注册会计师针对责任方认定提出鉴证结论，或直接针对鉴证对象提出结论。

在直接报告业务中，无论责任方认定是否存在、注册会计师能否获取该认定，注册会计师在鉴证报告中都将直接对鉴证对象提出结论。

（3）责任方的责任不同。在基于责任方认定的业务中，由于责任方已经将既定标准应用于鉴证对象，形成了鉴证对象信息（即责任方认定）。因此责任方应当对鉴证对象信息负责。责任方可能同时也要对鉴证对象负责。例如，在财务报表审计中，被审计单位管理层既要对财务报表（鉴证对象信息）负责，也要对财务状况、经营成果和现金流量（鉴证对象）负责。

在直接报告业务中，无论注册会计师是否获取了责任方认定，鉴证报告中都不体现责任方的认定，责任方仅需要对鉴证对象负责。

（4）鉴证报告的内容和格式不同。在基于责任方认定的业务中，鉴证报告的引言段通常会提供责任方认定的相关信息，进而说明其所执行的鉴证程序并提出鉴证结论。

在直接报告业务中，注册会计师直接说明鉴证对象、执行的鉴证程序并提出鉴证结论。

4. 鉴证业务的目标

鉴证业务的保证程度分为合理保证和有限保证。合理保证的保证水平要高于有限保证的保证水平。

合理保证鉴证业务的目标是注册会计师将鉴证业务风险降至该业务环境下可接受的低水平，以此作为以积极方式提出结论的基础。例如，在历史财务信息审计中，要求注册会计师将审计风险降至该业务环境下可接受的低水平，对审计后的历史财务信息提供高水平保证（合理保证），在审计报告中对历史财务信息采用积极方式提出结论。这种业务属于合理保证的鉴证业务。

有限保证鉴证业务的目标是注册会计师将鉴证业务风险降至该业务环境下可接受的水平，以此作为以消极方式提出结论的基础。例如，在历史财务信息审阅中，要求注册会计师将审阅风险降至该业务环境下可接受的水平（高于历史财务信息审计中可接受的低水平），对审阅后的历史财务信息提供低于高水平的保证（有限保证），在审阅报告中对历史财务信息采用消极方式提出结论。这种业务属于有限保证的鉴证业务。

2.1.2 业务承接

1. 承接鉴证业务的条件

在接受委托前，注册会计师应当初步了解业务环境。业务环境包括业务约定事项、鉴证对象特征、使用的标准、预期使用者的需求、责任方及其环境的相关特征，以及可能对鉴证业务产生重大影响的事项、交易、条件和惯例等其他事项。

在初步了解业务环境后，只有认为符合独立性和专业胜任能力等相关职业道德规范的要求，并且拟承接的业务具备下列所有特征时，注册会计师才能将其作为鉴证业务予以承接。

（1）鉴证对象适当。

（2）使用的标准适当且预期使用者能够获取该标准。

（3）注册会计师能够获取充分、适当的证据以支持其结论。

（4）注册会计师的结论以书面报告形式表述，且表述形式与所提供的保证程度相适应。

（5）该业务具有合理的目的。如果鉴证业务的工作范围受到重大限制，或者委托人试图将注册会计师的名字和鉴证对象不适当地联系在一起，则该项业务可能不具有合理的目的。

2. 标准不适当时的处理方式

如果拟承接的鉴证业务所采用的标准不适当，注册会计师一般应当拒绝承接该项业务。如果某项鉴证业务采用的标准不适当，但满足下列条件之一时，注册会计师可以考虑将其作为一项新的鉴证业务。

（1）委托人能够确认鉴证对象的某个方面适用于所采用的标准，注册会计师可以针对该方面执行鉴证业务，但在鉴证报告中应当说明该报告的内容并非针对鉴证对象整体。

（2）能够选择或设计适用于鉴证对象的其他标准。例如，鉴证对象是某一都市报的运营情况，其本身可能缺乏相关的评价标准。在这种情况下，注册会计师可以选择报纸发行总量、所在城市每百户平均订阅量，以及报纸的广告收入等行业协会发布的有关报社效率或效果的关键指标作为标准。

3. 已承接鉴证业务的变更

对已承接的鉴证业务，如果没有合理理由，注册会计师不应将该项业务变更为非鉴证业务，或将合理保证的鉴证业务变更为有限保证的鉴证业务。

在实务中，注册会计师一般是应委托人的要求来变更业务类型的。委托人要求变更业务类型主要有以下3方面的原因。

（1）业务环境变化影响到预期使用者的需求。

（2）预期使用者对该项业务的性质存在误解。

（3）业务范围存在限制。

如果注册会计师不同意变更业务，委托人又不同意继续执行原鉴证业务，注册会计师应当考虑解除业务约定，并考虑是否有义务向有关方面说明解除业务约定的理由。

如果发生变更，注册会计师不应忽视变更前获取的证据。此外，注册会计师还需考虑变更业务对法律责任或业务约定条款的影响。如果变更业务引起业务约定条款的变更，注册会计师应当与委托人就新条款达成一致意见。

2.1.3　鉴证业务的三方关系

鉴证业务涉及的三方关系人包括注册会计师、责任方和预期使用者。责任方与预期使用者可能是同一方，也可能不是同一方。

三方之间的关系是注册会计师对由责任方负责的鉴证对象或鉴证对象信息提出结论，以增强除责任方之外的预期使用者对鉴证对象信息的信任程度。

鉴证业务以提高鉴证对象信息的可信性为主要目的。由于鉴证对象信息（或鉴证对象）是由责任方负责的，因此，注册会计师的鉴证结论主要是向除责任方之外的预期使用者提供的。

由于鉴证结论有利于提高鉴证对象信息的可信性，有可能对责任方有用，因此，在这种情况下，责任方也会成为预期使用者之一，但不是唯一的预期使用者。

因此，是否存在三方关系人是判断某项业务是否属于鉴证业务的重要标准之一。如果某项业务不存在除责任方之外的其他预期使用者，那么该业务不构成一项鉴证业务。

1.　注册会计师

注册会计师是指取得注册会计师证书并在会计师事务所执业的人员，有时也指其所在的会计师事务所。

如果鉴证业务涉及的特殊知识和技能超出了注册会计师的能力，注册会计师可以利用专家协助执行鉴证业务。在这种情况下，注册会计师应当确信包括专家在内的项目组整体已具备执行该项鉴证业务所需的知识和技能，并充分参与该项鉴证业务和了解专家所承担的工作。

2.　责任方

对责任方的界定与所执行鉴证业务的类型有关。责任方是指下列组织或人员。

（1）在直接报告业务中，对鉴证对象负责的组织或人员。

（2）在基于责任方认定的业务中，对鉴证对象信息负责并可能同时对鉴证对象负责的组织或人员。

责任方可能是鉴证业务的委托人，也可能不是委托人。

3.　预期使用者

预期使用者是指预期使用鉴证报告的组织或人员。责任方可能是预期使用者，但不是唯一的预期使用者。

在可行的情况下，鉴证报告的收件人应当明确为所有的预期使用者。需要说明的是，虽然鉴证报告的收件人应当尽可能地明确为所有的预期使用者，但在实务中往往很难做到这一点。原因很简单，有时鉴证报告并不向某些特定组织或人员提供，但这些组织或人员也有可能使用鉴证报告。例如，注册会计师为上市公司提供财务报表审计服务，其审计报告的收件人为"××股份有限公司全体股东"，但除了股东之外，公司债权人、证券监管机构等显然也是预期使用者。

2.1.4 鉴证对象

1. 鉴证对象与鉴证对象信息的形式

在注册会计师提供的鉴证业务中，存在多种不同类型的鉴证对象，相应地，鉴证对象信息也具有多种不同的形式。鉴证对象与鉴证对象信息具有多种形式，主要包括以下几种。

（1）当鉴证对象为财务业绩或状况时（如历史或预测的财务状况、经营成果和现金流量），鉴证对象信息是财务报表。

（2）当鉴证对象为非财务业绩或状况时（如企业的运营情况），鉴证对象信息可能是反映效率或效果的关键指标。

（3）当鉴证对象为物理特征时（如设备的生产能力），鉴证对象信息可能是有关鉴证对象物理特征的说明文件；

（4）当鉴证对象为某种系统和过程时（如企业的内部控制或信息技术系统），鉴证对象信息可能是关于其有效性的认定。

（5）当鉴证对象为一种行为时（如遵守法律法规的情况），鉴证对象信息可能是对法律法规遵守情况或执行效果的声明。

2. 鉴证对象特征

鉴证对象具有不同的特征，可能表现为定性或定量、客观或主观、历史或预测、时点或期间。这些特征将对下列方面产生影响。

（1）按照标准对鉴证对象进行评价或计量的准确性。

（2）证据的说服力。

3. 适当的鉴证对象应当具备的条件

鉴证对象是否适当是注册会计师能否将一项业务作为鉴证业务予以承接的前提条件。适当的鉴证对象应当同时具备下列条件。

（1）鉴证对象可以识别。

（2）不同的组织或人员对鉴证对象按照既定标准进行评价或计量的结果合理一致。

（3）注册会计师能够收集与鉴证对象有关的信息，获取充分、适当的证据，以支持其提出适当的鉴证结论。

不适当的鉴证对象可能会误导预期使用者，还可能使得工作范围受到限制。如果注册会计师在承接业务后发现鉴证对象不适当，应当视其重大与广泛程度，出具保留结论或否定结论的报告。

在适当的情况下，注册会计师可以考虑解除业务约定。

2.1.5　标准

1. 标准的定义

标准是指用于评价或计量鉴证对象的基准，当涉及列报时，还包括列报的基准（列报包括披露）。标准是鉴证业务中不可或缺的一项要素。运用职业判断对鉴证对象做出评价或计量，离不开适当的标准。如果没有适当的标准提供指引，任何个人的解释甚至误解都可能对结论产生影响，这样一来，结论必然缺乏可信性。

需要指出的是，对同一鉴证对象进行评价或计量并不一定要选择同一个标准。例如，要评价消费者满意度这一鉴证对象，某些责任方或注册会计师可能会以消费者投诉的次数作为衡量标准；而另外的一些责任方或注册会计师可能会选择消费者在初始购买后的 3 个月内重复购买的数量作为衡量的标准。

2. 标准的类型

标准可以是正式的规定，正式的规定通常是一些"既定的"标准，是由法律法规规定的，或是由政府主管部门或国家认可的专业团体依照公开、适当的程序发布的，如编制财务报表所使用的会计准则和相关会计制度。

标准也可以是某些非正式的规定，非正式的规定通常是一些"专门制定的"标准，是针对具体的业务项目"量身定做"的，包括企业内部制定的行为准则、确定的绩效水平或商定的行为要求等。

标准的类型不同，注册会计师在评价标准是否适合于具体的鉴证业务时，所关注的重点也不同。

3. 适当的标准应当具备的特征

注册会计师在运用职业判断对鉴证对象做出合理一致的评价或计量时，需要有适当的标准。适当的标准应当具备下列所有特征。

（1）相关性：相关的标准有助于得出结论，便于预期使用者做出决策。

（2）完整性：完整的标准不应忽略业务环境中可能影响得出结论的相关因素，当涉及列报时，还包括列报的基准。

（3）可靠性：可靠的标准能够使能力相近的注册会计师在相似的业务环境中，对鉴证对象做出合理一致的评价或计量。

（4）中立性：中立的标准有助于得出无偏向的结论。

（5）可理解性：可理解的标准有助于得出清晰、易于理解、不会产生重大歧义的结论。

注册会计师基于自身的预期、判断和个人经验对鉴证对象进行的评价和计量，不构成适当的标准。

4. 评价标准的适当性

注册会计师应当考虑运用于具体业务的标准是否具备上述特征，以评价该标准对此项业务的适用性。在具体鉴证业务中，注册会计师在评价标准各项特征的相对重要程度时，需要运用职业判断。

对于公开发布的标准，注册会计师通常不需要对标准的"适当性"进行评价，而只需评价该标准对具体业务的"适用性"。例如，在我国，会计标准由国家统一制定并强制执行。注册会计师无须评价会计标准是否适当，只需要判断责任方采用的标准是否适用于被鉴证单位即可（如小企业可以采用《小企业会计制度》）。对于专门制定的标准，注册会计师要对这些标准本身的"适当性"加以评价。

5. 预期使用者获取标准的方式

标准应当能够为预期使用者获取，以使预期使用者了解鉴证对象的评价或计量过程。标准可以通过下列方式供预期使用者获取。

（1）公开发布。

（2）在陈述鉴证对象信息时以明确的方式表述。

（3）在鉴证报告中以明确的方式表述。

（4）常识理解，如计量时间的标准是小时或分钟。

如果确定的标准仅能为特定的预期使用者获取，或仅与特定目的相关，如行业协会发布的标准可能仅能为本行业内部的预期使用者获取，合同条款仅能为合同双方获取，且仅适用于合同约定事项，在这种情况下，鉴证报告的使用也应限于这些特定的预期使用者或特定目的。

2.1.6 证据

注册会计师应当以职业怀疑态度来计划和执行鉴证业务，获取有关鉴证对象信息是否不存在重大错报的充分、适当的证据。在计划和执行鉴证业务时，尤其在确定证据收集程序的性质、时间和范围时，应当考虑重要性、鉴证业务风险以及可获取证据的数量和质量。

1. 职业怀疑态度

职业怀疑态度是指注册会计师以质疑的思维方式评价所获取证据的有效性，并对相互矛盾的证据，以及引起对文件记录或责任方提供的信息的可靠性产生怀疑的证据保持警觉。职业怀疑态度代表的是注册会计师执业时的一种精神状态，它有助于降低注册会计师在执业过程中可能遇到的风险。

2. 证据的充分性和适当性

（1）证据的充分性。证据的充分性是对证据数量的衡量，主要与注册会计师确定的样本量有关。所需证据的数量受鉴证对象信息重大错报风险的影响，即风险越大，可能需要的证据数量越多；所需证据的数量也受证据质量的影响，即证据质量越高，可能需要的证据数量越少。

（2）证据的适当性。证据的适当性是对证据质量的衡量，即证据的相关性和可靠性。

尽管证据的充分性和适当性相关，但如果证据的质量存在缺陷，注册会计师仅靠获取更多的证据可能无法弥补其在质量上的缺陷。

注册会计师在判断证据充分性和适当性的时候，常常还会面临这样一种决策：增加成本能否给证据数量和质量带来相当的效益。由于不同来源或不同性质的证据可以证明同一项认定，因此，注册会计师可以考虑获取证据的成本与所获取信息有用性之间的关系，但不应仅以获取证据的困难和成本为由减少不可替代的程序。在评价证据的充分性和适当性以支持鉴证报告时，注册会计师应当运用职业判断，并保持职业怀疑态度。

3. 证据收集程序的性质、时间和范围

证据收集程序的性质、时间和范围因具体业务的不同而不同。从理论上说，即便是针对同一项业务或同一个认定，也可能存在多种不同的证据收集程序。在实务中，尽管对证据收集程序进行明确而清晰的表述是非常困难的，但注册会计师也应当清楚表达证据收集程序，并以适当的形式运用于合理保证的鉴证业务和有限保证的鉴证业务。

合理保证是一个有关注册会计师收集必要的证据以便对鉴证对象信息整体提出结论的概念。在合理保证的鉴证业务中，为了能够以积极方式提出结论，注册会计师应当通过下列不断修正的、系统化的执业过程，获取充分、适当的证据。

（1）了解鉴证对象及其他业务环境事项，在适用的情况下包括了解内部控制。

（2）在了解鉴证对象及其他的业务环境事项的基础上，评估鉴证对象信息可能存在的重大错报风险。

（3）应对评估的风险，包括制定总体应对措施以及确定进一步程序的性质、时间和范围。

（4）针对已识别的风险实施进一步程序，包括实施实质性程序，以及在必要时测试控制运行的有效性。

（5）评价证据的充分性和适当性。正确理解鉴证业务准则中的保证概念，首先要将它们与"绝对保证"的概念做一区分。这里，对绝对保证、合理保证和有限保证做一界定是有必要的。绝对保证是指注册会计师对鉴证对象信息整体不存在重大错报提供百分之百的保证。合理保证是一个与积累必要的证据相关的概念，它要求注册会计师通过不断修正的、系统的执业过程，获取充分、适当的证据，对鉴证对象信息整体提出结论，提供一种高水平但非百分之百的保证。与合理保证相比，有限保证在证据收集程序的性质、时间、范围等方面受到有意识的限制，它提供的是一种适度水平的保证。可以看出，三者提供的保证水平逐次递减。

4. 重要性

所谓重要性，是指鉴证对象信息中存在错报的严重程度。重要性取决于在具体环境下对错报金额和性质的判断。如果一项错报单独或连同其他错报可能影响预期使用

39

者依据鉴证对象信息做出的经济决策，则该项错报是重大的。

注册会计师应当综合数量和性质因素考虑重要性。在具体业务中评估重要性以及数量和性质因素的相对重要程度，需要注册会计师运用职业判断。

重要性与鉴证业务风险之间存在直接的关系，这种关系是一种反向的关系。重要性水平越高，鉴证业务风险越低；重要性水平越低，鉴证业务风险越高。注册会计师在确定证据收集程序的性质、时间和范围、评估鉴证对象信息是否不存在错报时，应当考虑这种反向关系。

5. 鉴证业务风险

鉴证业务风险是指在鉴证对象信息存在重大错报的情况下，注册会计师提出不恰当结论的可能性。

鉴证业务风险通常体现为重大错报风险和检查风险。

重大错报风险是指鉴证对象信息在鉴证前存在重大错报的可能性。

检查风险是指某一鉴证对象信息存在错报，该错报单独或连同其他错报是重大的，但注册会计师未能发现这种错报的可能性。

注册会计师对重大错报风险和检查风险的考虑受具体业务环境的影响，特别受鉴证对象性质，以及所执行的是合理保证鉴证业务还是有限保证鉴证业务的影响。

不同保证程度的鉴证业务，要求注册会计师将鉴证业务风险降至不同的水平。合理保证的保证程度高于有限保证的保证程度，因此，注册会计师在合理保证鉴证业务中可接受的风险水平要低于有限保证鉴证业务中可接受的风险水平。

6. 可获取证据的数量和质量

（1）影响可获取证据数量和质量的因素。

① 鉴证对象和鉴证对象信息的特征。例如，鉴证对象信息是预测性的而非历史性的，预计可获取证据的客观性就比较弱。

② 业务环境中除鉴证对象特征以外的其他事项。例如，注册会计师接受委托的时间和要求出具鉴证报告的时间相距较近，预计可获取的证据相对就较少；被鉴证单位内部资料的保管政策、责任方对鉴证业务施加的限制等也可能会使注册会计师无法获取原本认为可以获取的证据。

（2）注册会计师工作范围受到重大限制时的处理。对任何类型的鉴证业务，如果下列情形对注册会计师的工作范围构成重大限制，阻碍注册会计师获取所需要的证据，注册会计师提出无保留结论是不恰当的。

① 客观环境阻碍注册会计师获取所需要的证据，无法将鉴证业务风险降至适当水平。

② 责任方或委托人施加限制，阻碍注册会计师获取所需要的证据，无法将鉴证业务风险降至适当水平。

注册会计师应当视受到限制的重大与广泛程度，出具保留结论或无法提出结论的报告。在适当的情况下，注册会计师还可以考虑解除业务约定。

7. 记录

注册会计师应当记录重大事项，以提供证据支持鉴证报告，并证明其已按照鉴证业务准则的规定执行业务。

至于某一事项是否属于重大事项，需要注册会计师根据具体情况进行判断。重大事项通常包括以下内容。

（1）引起特别风险的事项。

（2）实施鉴证程序的结果。该结果表明鉴证对象信息可能存在重大错报，或需要修正以前对重大错报风险的评估和针对这些风险拟采取的应对措施。

（3）导致注册会计师难以实施必要程序的情形。

（4）导致提出非无保留结论的事项。

对需要运用职业判断的所有重大事项，注册会计师应当记录推理过程和相关结论。如果对某些事项难以进行判断，注册会计师还应当记录得出结论时已知悉的有关事实。

注册会计师应当将鉴证过程中考虑的所有重大事项记录于工作底稿中。在运用职业判断确定工作底稿的编制和保存范围时，注册会计师应当考虑，使未曾接触该项鉴证业务的有经验的专业人士了解实施的鉴证程序，以及做出重大决策的依据。

2.1.7　鉴证报告

1. 出具鉴证报告的总体要求

注册会计师应当出具含有鉴证结论的书面报告，该鉴证结论应当说明注册会计师就鉴证对象信息获取的保证。

注册会计师应当考虑执行业务过程中注意到的与治理层责任相关的事项与治理层沟通的适当性。"与治理层责任相关的事项"是指在鉴证业务中发现的，与治理层相关并且重大的事项。相关事项仅包括执行鉴证业务过程中引起注册会计师注意的事项。如果委托人并非责任方，注册会计师直接与责任方或责任方的治理层沟通可能是不适当的。

2. 鉴证结论的两种表述形式

在基于责任方认定的业务中，注册会计师的鉴证结论可以采用下列两种表述形式。

（1）明确提及责任方认定，如"我们认为，责任方做出的'根据××标准，内部控制在所有重大方面是有效的'这一认定是公允的"。

（2）直接提及鉴证对象和标准，如"我们认为，根据××标准，内部控制在所有重大方面是有效的"。

在直接报告业务中，注册会计师应当明确提及鉴证对象和标准。

在基于责任方认定的业务中，由于可以获取责任方认定，注册会计师是针对鉴证对象信息进行评价并出具报告的，鉴证对象信息也可以以责任方认定的形式为预期使用者获取，注册会计师在鉴证报告中显然可以明确提及责任方认定。另外，直接提及鉴证对象和标准，也不会给预期使用者带来误解。因此，注册会计师的鉴证结论采用上面的第1种和第2种表述形式均可：如果决定采用第1种表述形式，即在鉴证结论中提及责任方认定，注册会计师可以将该认定附于鉴证报告后，在鉴证报告中引述该认定或指明预期使用者能够从何处获取该认定。

在直接报告业务中，注册会计师可能无法从责任方获取其对鉴证对象评价或计量的认定；即便可以获取这种认定，该认定也无法为预期使用者获取，预期使用者只能通过阅读鉴证报告获取鉴证对象信息。很显然，在直接报告业务中，提及责任方认定没有意义。因此，注册会计师应当直接对鉴证对象进行评价并出具鉴证报告，明确提及鉴证对象和标准，鉴证结论只能采用上述第2种表述形式。

3. 提出鉴证结论的积极方式和消极方式

提出鉴证结论的方式有两种：积极方式和消极方式，它们分别适用于合理保证的鉴证业务和有限保证的鉴证业务。区分两种鉴证结论提出方式，有助于向预期使用者传达不同业务的保证程度存在差异这一事实。以积极方式提出结论提供的保证水平高于以消极方式提出结论提供的保证水平。

在合理保证的鉴证业务中，注册会计师应当以积极方式提出结论，如"我们认为，根据××标准，内部控制在所有重大方面是有效的"或"我们认为，责任方做出的'根据××标准，内部控制在所有重大方面是有效的'这一认定是公允的"。

在有限保证的鉴证业务中，注册会计师应当以消极方式提出结论，如"基于本报告所述的工作，我们没有注意到任何事项使我们相信，根据××标准，××系统在任何重大方面是无效的"或"基于本报告所述的工作，我们没有注意到任何事项使我们相信，责任方做出的'根据××标准，××系统在所有重大方面是有效的'这一认定是不公允的"。

4. 注册会计师不能出具无保留结论报告的情况

（1）工作范围受到限制可能导致注册会计师无法获取必要的证据以便将鉴证业务风险降至适当水平。对任何类型的鉴证业务，如果注册会计师的工作范围受到限制，注册会计师应当视受到限制的重大与广泛程度，出具保留结论或无法提出结论的报告。在某些情况下，注册会计师应当考虑解除业务约定。

（2）责任方认定未在所有重大方面做出公允表达。如果注册会计师的结论提及责任方的认定，且该认定未在所有重大方面做出公允表达，注册会计师应当视其影响的重大与广泛程度，出具保留结论或否定结论的报告。

（3）鉴证对象信息存在重大错报。如果注册会计师的结论直接提及鉴证对象和标准，且鉴证对象信息存在重大错报，注册会计师应当视其影响的重大与广泛程度，出具保留结论或否定结论的报告。

（4）标准或鉴证对象不适当。标准或鉴证对象不适当可能会误导预期使用者。在承接业务后，如果发现标准或鉴证对象不适当，可能误导预期使用者，注册会计师应当视其重大与广泛程度，出具保留结论或否定结论的报告。

标准或鉴证对象不适当还可能造成注册会计师的工作范围受到限制。在承接业务后，如果发现标准或鉴证对象不适当，造成工作范围受到限制，注册会计师应当视受到限制的重大与广泛程度，出具保留结论或无法提出结论的报告。在某些情况下，注册会计师应当考虑解除业务约定。

5. 注册会计师姓名的使用

当注册会计师针对鉴证对象信息出具报告，或同意将其姓名与鉴证对象联系在一起时，则注册会计师与该鉴证对象发生了关联。

如果获知他人不恰当地将其姓名与鉴证对象相关联，注册会计师应当要求其停止这种行为，并考虑采取其他必要的措施，包括将不恰当使用注册会计师姓名这一情况告知所有已知的使用者或征询法律意见。

2.2　会计师事务所质量控制准则

会计师事务所质量控制准则旨在规范会计师事务所的业务质量控制，明确会计师事务所及其人员的质量控制责任，适用于会计师事务所执行历史财务信息审计和审阅业务、其他鉴证业务及相关服务业务。

2.2.1　质量控制制度的目的和要素

1. 质量控制制度的目的

会计师事务所应当根据会计师事务所质量控制准则，制定质量控制制度，以合理保证业务质量。质量控制制度的主要目的是在以下两个方面提出合理保证。

（1）会计师事务所及其人员遵守法律法规、职业道德规范以及审计准则、审阅准则、其他鉴证业务准则和相关服务准则的规定。

（2）会计师事务所和项目负责人根据具体情况出具恰当的报告。

项目负责人是指会计师事务所中负责某项业务及其执行，并代表会计师事务所在业务报告上签字的主任会计师或经授权签字的注册会计师。

2. 质量控制制度的要素

会计师事务所的质量控制制度应当包括针对下列 7 项要素而制定的政策和程序：①对业务质量承担的领导责任；②职业道德规范；③客户关系和具体业务的接受与保持；④人力资源；⑤业务执行；⑥业务工作底稿；⑦监控。

3. 对业务质量承担的领导责任

明确质量控制制度的最终责任人，对会计师事务所的业务质量控制起着决定作用。为此，会计师事务所应当制定政策和程序，要求会计师事务所主任会计师对质量控制制度承担最终责任。

在审计实务中，会计师事务所需要建立与业务规模相匹配的质量控制部门，以具体落实各项质量控制措施。质量控制措施的实施，一部分可能由专职的质量控制人员执行，一部分可能由业务人员或职能部门的人员执行。主任会计师对质量控制制度承担最终责任，在制度上保证了质量控制制度的地位和执行力。

2.2.2 职业道德规范

会计师事务所应当制定政策和程序，以合理保证会计师事务所及其人员遵守职业道德规范。会计师事务所及其人员执行任何类型的业务，都应当遵守职业道德规范所要求的诚信、独立、客观原则，保持专业胜任能力和应有的关注，并对执业过程中获知的信息保密。

这里所说的遵守职业道德规范，不仅包括遵守职业道德的基本原则，如诚信、独立、客观、专业胜任能力和应有的关注、保密、职业行为等，还包括遵守有关职业道德的具体规定。会计师事务所如不能合理保证职业道德规范得到遵守，就无法保证业务质量。值得说明的是，执行鉴证业务还应当遵守独立性要求。

会计师事务所制定的政策和程序应当强调遵守职业道德规范的重要性，并通过必要的途径予以强化。这些途径包括：①会计师事务所领导层的示范；②教育和培训；③监控；④对违反职业道德规范行为的处理。

会计师事务所应当制定政策和程序，以合理保证会计师事务所及其人员，包括雇用的专家和其他需要满足独立性要求的人员，保持职业道德规范要求的独立性。

（1）项目负责人向会计师事务所提供与客户委托业务相关的信息，以使会计师事务所能够评价这些信息对保持独立性的总体影响。

（2）会计师事务所人员及时向会计师事务所报告对独立性造成威胁的情况和关系，以便会计师事务所采取适当行动。

（3）会计师事务所收集相关信息，并向适当人员传达。例如，会计师事务所可以编制并保留禁止本所人员与之有商业关系的客户清单，并将清单信息传达给相关人员，以便其评价独立性。会计师事务所还应将清单的任何变更及时告知会计师事务所人员。

2.2.3 客户关系和具体业务的接受与保持

接受与保持客户关系和具体业务是注册会计师开展业务活动的第一个环节，也是防范业务风险的重要环节。会计师事务所应当制定有关客户关系和具体业务接受与保持的政策和程序，以合理保证只有在下列情况下，才能接受或保持客户关系和具体业务。

（1）已考虑客户的诚信，没有信息表明客户缺乏诚信。

（2）具有执行业务必要的素质、专业胜任能力、时间和资源。

（3）能够遵守职业道德规范。

在接受新客户的业务前，或决定是否保持现有业务或考虑接受现有客户的新业务时，会计师事务所应当根据具体情况获取上述信息。在客户承接过程中，需要较高的职业判断能力，以及高度的职业敏感性和丰富的执业经验。

1. 考虑客户的诚信情况

客户的诚信问题虽然不会必然导致财务报表产生重大错报，但绝大多数的审计问题都来源于不诚信的客户。因此注册会计师应当了解客户的诚信，拒绝不诚信的客户，以降低业务风险。

针对有关客户的诚信，会计师事务所应当考虑下列主要事项。

（1）客户主要股东、关键管理人员、关联方及治理层的身份和商业信誉。

（2）客户的经营性质。

（3）客户主要股东、关键管理人员及治理层对内部控制环境和会计准则等的态度。

（4）客户是否过分考虑将会计师事务所的收费维持在尽可能低的水平。

（5）工作范围受到不适当限制的迹象。

（6）客户可能涉嫌洗钱或其他刑事犯罪行为的迹象。

（7）变更会计师事务所的原因。

2. 考虑是否具备执行业务的必要素质、专业胜任能力、时间和资源

会计师事务所在接受新业务前，还必须评价自身的执业能力，不得承接不能胜任和无法完成的业务。会计师事务所对自身的执业能力了解非常重要，但是比较困难的是对客户所需要资源进行准确估计。另外，在资源不足的情况下，会计师事务所不接受新的客户更为关键。

因此，在确定是否具有接受新业务所需的必要素质、专业胜任能力、时间和资源时，会计师事务所应当考虑下列事项，以评价新业务的特定要求和所有相关级别的现有人员的基本情况。

（1）会计师事务所人员是否熟悉相关行业或业务对象。

（2）会计师事务所人员是否具有执行类似业务的经验，或者是否具备有效获取必要技能和知识的能力。

（3）会计师事务所是否拥有足够的具有必要素质和专业胜任能力的人员。

（4）在需要时，会计师事务所是否能够得到专家的帮助。

（5）如果需要项目质量控制复核，会计师事务所是否具备（或者能够聘请到）符合标准和资格要求的项目质量控制复核人员。

（6）会计师事务所是否能够在提交报告的最后期限内完成业务。

3. 考虑能否遵守职业道德规范

在确定是否接受新业务时，会计师事务所还应当考虑接受该业务是否会导致现实或潜在的利益冲突。

如果识别出潜在的利益冲突，会计师事务所应当考虑接受该业务是否适当。

2.2.4　人力资源

会计师事务所应当制定政策和程序，合理保证拥有足够的具有必要素质和专业胜任能力并遵守职业道德规范的人员，以使会计师事务所和项目负责人能够按照法律法规、职业道德规范和业务准则的规定执行业务，并根据具体情况出具恰当的报告。

2.2.5　业务执行

业务执行是指会计师事务所委派项目组按照法律法规、职业道德规范和业务准则的规定具体执行所承接的某项业务，使会计师事务所和项目负责人能够根据具体情况出具恰当的报告。业务执行是编制和实施业务计划，形成和报告业务结果的总称。由于业务执行对业务质量有直接的重大影响，是业务质量控制的关键环节，因此，会计师事务所应当要求项目负责人负责组织对业务执行的实施指导、监督与复核。

1. 指导、监督与复核

会计师事务所在制定指导、监督与复核政策和程序时，应当考虑下列事项。

（1）如何将业务情况简要告知项目组，使项目组了解工作目标。

（2）保证适用的业务准则得以遵守的程序。

（3）业务监督、员工培训和辅导的程序。

（4）对已实施的工作、做出的重大判断以及拟出具的报告进行复核的方法。

（5）对已实施的工作及其复核的时间和范围做出适当记录。

（6）保证所有的政策和程序是合时宜的。

2. 咨询

项目组在业务执行中时常会遇到各种各样的疑难问题或者争议事项。当这些问题和事项在项目组内不能得到解决时，有必要向项目组之外的适当人员咨询。为此，会计师事务所应当建立政策和程序，以合理保证：①就疑难问题或争议事项进行适当咨询；②可获取充分的资源进行适当咨询；③咨询的性质和范围得以记录；④咨询形成的结论得到记录和执行。

咨询包括与会计师事务所内部或外部具有专门知识的人员在适当专业层次上进行的讨论，以解决疑难问题或争议事项。

3. 意见分歧

在业务执行中，时常可能会出现项目组内部、项目组与被咨询者之间以及项目负责人与项目质量控制复核人员之间的意见分歧。会计师事务所应当制定政策和程序，以处理和解决意见分歧。

注册会计师处理意见分歧应当符合下列两点要求。

（1）会计师事务所应当制定政策和程序，以处理和解决项目组内部、项目组与被咨询者之间以及项目负责人与项目质量控制复核人员之间的意见分歧。

（2）形成的结论应当得以记录和执行。

在实务中，上述政策和程序鼓励在业务执行的较早阶段识别出意见分歧，并为拟采取的后续步骤提供明确指南，还要求对分歧的解决及所形成结论的执行情况进行记录。

4. 项目质量控制复核

为了保证特定业务执行的质量，除了需要项目组实施组内复核外，会计师事务所还应当制定政策和程序，要求对特定业务实施项目质量控制复核，并在出具报告前完成项目质量控制复核。

换言之，会计师事务所对应当实施项目质量控制复核的特定业务，如没有完成项目质量控制复核，就不得出具报告。只有这样，才能合理保证会计师事务所和项目负责人根据具体情况出具恰当的报告。

项目质量控制复核是指会计师事务所挑选不参与该业务的人员，在出具报告前，对项目组做出的重大判断和在准备报告时形成的结论做出客观评价的过程。

对特定业务实施项目质量控制复核，充分体现了分类控制、突出重点的质量控制理念。值得注意的是，项目质量控制复核并不减轻项目负责人的责任，更不能替代项目负责人的责任。

2.2.6　业务工作底稿

1. 业务工作底稿的归档要求

（1）遵守及时性原则。会计师事务所在出具业务报告后，及时将工作底稿归整为最终业务档案，不仅有利于保证业务工作底稿的安全完整性，还便于使用和检索业务工作底稿。

（2）确定适当的归档期限。在遵循及时性原则的前提下，会计师事务所应当根据业务的具体情况，确定适当的业务工作底稿归档期限。鉴证业务的工作底稿，包括历史财务信息审计和审阅业务、其他鉴证业务的工作底稿的归档期限为业务报告日后 60 天内。

（3）针对客户的同一财务信息执行不同业务时的归档要求。如果针对客户的同一财务信息执行不同的委托业务，出具两个或多个不同的报告，会计师事务所应当将其视为不同的业务，根据制定的政策和程序，在规定的归档期限内分别将业务工作底稿归整为最终业务档案。

2. 业务工作底稿的管理要求

会计师事务所应当制定政策和程序，以满足下列要求。

（1）安全保管业务工作底稿并对业务工作底稿保密。

（2）保证业务工作底稿的完整性。

（3）便于使用和检索业务工作底稿。

（4）按照规定的期限保存业务工作底稿。

3. 业务工作底稿的保密

除特定情况外，会计师事务所应当对业务工作底稿包含的信息予以保密。

4. 业务工作底稿的完整性、使用与检索

无论业务工作底稿存在于纸质、电子还是其他介质，会计师事务所都应当针对业务工作底稿设计和实施适当的控制，以实现下列目的。

（1）使业务工作底稿清晰地显示其生成、修改及复核的时间和人员。

（2）在业务的所有阶段，尤其是在项目组成员共享信息或通过互联网将信息传递给其他人员时，保护信息的完整性。

（3）防止未经授权改动业务工作底稿。

（4）允许项目组和其他经授权的人员为适当履行职责而接触业务工作底稿。

5. 业务工作底稿的保存期限

会计师事务所应当制定政策和程序，以使业务工作底稿保存期限满足法律法规的规定和会计师事务所的需要。

对鉴证业务，包括历史财务信息审计和审阅业务、其他鉴证业务，会计师事务所应当自业务报告日起，对业务工作底稿至少保存 10 年。如果法律法规有更高的要求，还应保存更长的时间。

6. 业务工作底稿的所有权

业务工作底稿的所有权属于会计师事务所。会计师事务所可自主决定是否允许客户获取业务工作底稿部分内容，或摘录部分工作底稿，但披露这些信息不得损害会计师事务所执行业务的有效性。对鉴证业务，披露这些信息不得损害会计师事务所及其人员的独立性。

在实务中，客户基于某种考虑和需要，可能向会计师事务所提出获取业务工作底稿部分内容，或摘录部分工作底稿。会计师事务所应当在确保遵守职业道德规范、业务准则和质量控制制度规定的前提下，考虑具体业务的特点和分析客户要求的合理性，谨慎决定是否满足客户的要求。如果披露这些信息会损害会计师事务所执行业务的有效性，就不应当满足客户的要求。尤其要注意的是，对鉴证业务，如果披露这些信息损害会计师事务所及其人员的独立性，就不得向客户提供相关工作底稿信息。

2.2.7　监控

监控质量控制制度的有效性，不断修订和完善质量控制制度，对于实现质量控制的两大目标也起着不可替代的作用。为此，会计师事务所应当制定监控政策和程序，以合理保证质量控制制度中的政策和程序是相关的、适当的，并正在有效运行。这些监控政策和程序应当包括持续考虑和评价会计师事务所的质量控制制度，如定期选取已完成的业务进行检查。

1. 监控人员

对会计师事务所质量控制制度的监控应当由具有专业胜任能力的人员实施。会计师事务所可以委派主任会计师、副主任会计师或具有足够、适当经验和权限的其他人员履行监控责任。

2. 监控内容

对会计师事务所质量控制制度实施监控的内容包括：质量控制制度设计的适当性和质量控制制度运行的有效性。

3. 实施检查

（1）检查的周期。会计师事务所应当周期性地选取已完成的业务进行检查，周期最长不得超过 3 年。在每个周期内，应对每个项目负责人的业务至少选取一项进行检查。

（2）检查的组织方式。会计师事务所应当根据下列主要因素，确定周期性检查的组织方式，包括对单项业务检查时间的安排。

① 会计师事务所的规模。

② 分支机构的数量及分布。

③ 前期实施监控程序的结果。

④ 人员和分支机构的权限。

⑤ 会计师事务所业务和组织结构的性质及复杂程度。

⑥ 与特定客户和业务相关的风险。

在实务中，会计师事务所应当根据具体情况，在综合考虑上述要素的基础上，确定周期性检查的具体组织方式，包括确定检查周期的长短，每个周期内对每个项目负责人的业务是选取一项还是一项以上进行检查，对单项业务检查时间的安排等。

（3）确定检查的时间、人员与范围。会计师事务所在选取单项业务进行检查时，可以不事先告知相关项目组。

参与业务执行或项目质量控制复核的人员不应承担该项业务的检查工作。

在确定检查的范围时，会计师事务所可以考虑外部独立检查的范围或结论，但这些检查并不能替代自身的内部监控。

值得说明的是，选取单项业务进行检查只是监控过程的组成部分，会计师事务所还可以采取其他适当的形式和方法实施监控。

4. 监控结果的处理

会计师事务所应当评价实施监控程序发现的缺陷的影响，并确定这些缺陷属于下列哪种情况。

（1）该缺陷并不必然表明质量控制制度不足以合理保证会计师事务所遵守法律法规、职业道德规范和业务准则的规定，以及会计师事务所和项目负责人根据具体情况出具恰当的报告。

（2）该缺陷是系统性的、重复出现的或其他需要及时纠正的重大缺陷。

会计师事务所在评价各种缺陷后，应当适时地提出改进措施。

（1）采取与某项业务或某个成员相关的适当补救措施。

（2）将监控发现的缺陷告知负责培训和职业发展的人员。

（3）改进质量控制政策和程序。

（4）对违反会计师事务所政策和程序的人员，尤其是对反复违规的人员实施惩戒。

会计师事务所应当每年至少一次将质量控制制度的监控结果，传达给项目负责人及会计师事务所内部的其他适当人员，以使会计师事务所及其相关人员能够在其职责范围内及时采取适当的行动。

5. 监控的记录

会计师事务所应当适当记录下列监控事项。

（1）制定的监控程序，包括选取已完成的业务进行检查的程序。

（2）对监控程序实施情况的评价。

（3）识别出的缺陷，对其影响的评价，是否采取行动及采取何种行动的依据。

对监控程序实施情况评价的记录包括以下方面。

（1）对法律法规、职业道德规范和业务准则的遵守情况。

（2）质量控制制度的设计是否适当，运行是否有效。

（3）质量控制政策和程序是否已得到适当遵守，以使会计师事务所和项目负责人能够根据具体情况出具恰当的报告。

6. 投诉和指控的处理

所谓适当处理有关投诉和指控，是指会计师事务所制定的质量控制政策和程序要确保其能够接收到有关质量方面的投诉和指控，及时、专业和公正地对投诉和指控进行调查，以及根据调查结果做出适当的处理。

会计师事务所应当设立方便可行的投诉和指控渠道，包括明确指出向谁投诉，并制定相关制度，保护信息提供者的正当权益。会计师事务所在制定相关制度时，应充分考虑投诉和指控的特点，尤其要注意区别对待不同来源和不同性质的投诉和指控。

　　会计师事务所应当按照既定的政策和程序调查投诉和指控事项，并对投诉和指控及其处理情况予以记录。会计师事务所应当委派本所内部不参与该项业务的具有足够、适当经验和权限的人员负责对调查的监督。必要时，聘请法律专家参与调查工作。

　　如果调查结果表明质量控制政策和程序在设计或运行方面存在缺陷，或者存在违反质量控制制度的情况，会计师事务所应当采取适当行动。

实训与练习

一、单项选择题

　　1. 中国注册会计师鉴证业务基本准则是鉴证业务准则的概念性框架，旨在规范注册会计师执行鉴证业务。在该基本准则确定的适用范围中，不包括（　　）。

　　　　A. 中国注册会计师审阅准则

　　　　B. 中国注册会计师审计质量控制准则

　　　　C. 中国注册会计师审计准则

　　　　D. 中国注册会计师其他鉴证业务准则

　　2. 青岛市甲公司由原国有企业 A 公司与其他非国有企业 B、C 公司共同组建，A 公司在甲公司中占有 70% 的股权。2010 年初，甲公司经营上出现了较大困难后，青岛市国有资产管理局组织专家编制了甲公司的持续经营报告，并决定在聘请 X 会计师事务所对该报告进行鉴证后分发给预期使用者。以下有关 X 会计师事务所的这一业务的说法中，不正确的是（　　）。

　　　　A. 青岛市国有资产管理局为该业务的责任方

　　　　B. 甲公司管理层应对持续经营报告负责

　　　　C. 青岛市国有资产管理局为鉴证对象信息负责

　　　　D. 甲公司管理层应当对鉴证对象负责

　　3. 鉴证业务风险是指在（　　）存在重大错报的情况下，注册会计师提出不恰当结论的可能性。

　　　　A. 鉴证报告　　　B. 鉴证意见　　　C. 鉴证对象　　　D. 鉴证对象信息

　　4. ABC 会计师事务所 2010 年 3 月 21 日完成了甲公司 2009 年年度财务报表的审计工作，甲公司于 3 月 21 日正式签发了其 2009 年年度财务报表，ABC 事务所于 3 月 22 日签发了审计报告。3 月 30 日，甲公司对外公布了其上年度的财务报表。则该项审计业务的工作底稿最迟应在 2010 年（　　）以前归档。（假设每个月 30 天）

　　　　A. 5 月 21 日　　　B. 4 月 21 日　　　C. 4 月 30 日　　　D. 5 月 30 日

51

二、多项选择题

1. 基于责任方认定的业务和直接报告业务的区别主要有（   ）。
   A. 责任方的责任不同
   B. 一个属于鉴证业务一个属于非鉴证业务
   C. 预期使用者获取鉴证对象信息的方式不同
   D. 注册会计师提出结论的对象不同

2. 关于鉴证业务三方关系，下列叙述正确的有（   ）。
   A. 鉴证业务涉及的三方关系人包括注册会计师、委托人和预期使用者
   B. 鉴证业务涉及的三方关系人包括注册会计师、责任方和预期使用者
   C. 预期使用者通常会包括委托人，在鉴证业务中，委托人可能会是唯一的预期使用者
   D. 预期使用者有时会包括责任方，在鉴证业务中，责任人可能会是唯一的预期使用者

3. 会计师事务所应当制定有关客户关系和具体业务接受与保持的政策和程序，以合理保证只有在下列（   ）情况下，才能接受或保持客户关系和具体业务。
   A. 具有执行业务必要的素质、专业胜任能力、时间和资源
   B. 能够遵守职业道德规范
   C. 已考虑客户的诚信，没有信息表明客户缺乏诚信
   D. 客户以前是否委托其他会计师事务所

三、实训题

ABC 会计师事务所于 2008 年取得证券期货相关业务审计资格。为了尽快开展上市公司审计业务，ABC 会计师事务所从 XYZ 会计师事务所招聘 A 注册会计师担任上市公司审计部经理。A 注册会计师将 XYZ 会计师事务所的上市公司审计客户——甲公司带入 ABC 会计师事务所。在对甲公司 2009 年度财务报表审计时，ABC 会计师事务所委派 A 注册会计师继续担任项目负责人，并与上市公司审计部副经理 B 注册会计师共同担任签字注册会计师。在计划审计工作时，受到审计资源的限制，A 注册会计师认为，自己过去 5 年一直担任甲公司的审计项目负责人和签字注册会计师，非常熟悉甲公司情况，因此要求项目组不再了解甲公司及其环境，直接实施进一步审计程序。为了保证审计质量，A 注册会计师作为项目负责人和项目质量控制复核人，对整个审计业务的重大事项进行复核。

要求：指出 ABC 会计师事务所在业务承接、业务执行和业务质量控制方面存在的问题，并简要说明理由。

第 3 章

职业道德守则

🡢 **学习目标**

- 理解职业道德概念框架的内涵并掌握其运用
- 掌握审计、审阅和其他鉴证业务对独立性的要求及其相互间的差异

🡢 **案例导入**

X 银行拟公开发行股票，委托 ABC 会计师事务所审计其 2008 年度、2009 年度和 2010 年度的会计报表。双方于 2010 年底签订审计业务约定书。

假定 ABC 会计师事务所及其审计小组成员与 X 银行存在以下情况。

（1）ABC 会计师事务所与 X 银行签订的审计业务约定书约定：审计费用为 1 500 000 元，X 银行在 ABC 会计师事务所提交审计报告时支付 50%的审计费用，剩余 50%视股票能否上市决定是否支付。

（2）2010 年 7 月，ABC 会计师事务所按照正常借款条件和程序，向 X 银行以抵押贷款方式借款 10 000 000 元，用于购置办公用房。

（3）ABC 会计师事务所的合伙人 A 注册会计师目前担任 X 银行的独立董事。

（4）审计小组成员 C 注册会计师自 2006 年以来一直协助 X 银行编制会计报表。

（5）审计小组成员 D 注册会计师的妻子自 2004 年以来一直担任 X 银行的统计员。

请分别针对上述 5 种情况，判断 ABC 会计师事务所或相关注册会计师的独立性是否会受到损害，并简要说明理由。

3.1 职业道德概念框架及其运用

中国注册会计师协会会员职业道德守则是用来规范中国注册会计师协会会员职业道德行为，提高职业道德水准，维护社会公众利益的准则。中国注册会计师协会会员包括注册会计师和非执业会员。中国注册会计师协会会员职业道德守则规定了职业道德基本原则和职业道德概念框架，会员应当遵守职业道德基本原则，并能够运用职业道德概念框架解决职业道德问题。

3.1.1 职业道德概念框架

中国注册会计师协会会员职业道德守则提出职业道德概念框架，以帮助会员遵循职业道德基本原则，履行维护公众利益的职责。那么，什么是职业道德概念框架呢？职业道德概念框架旨在为会员提供解决职业道德问题的思路，要求会员：①识别对遵循职业道德基本原则的不利影响；②评价已识别不利影响的严重程度；③采取必要的防范措施，消除不利影响或将其降低至可接受的水平。职业道德概念框架适用于会员应对不利影响职业道德基本原则的各种情形，其目的在于防止注册会计师认为只要守则未明确禁止的情形就是允许的。

在确定采取的防范措施时，会员应当运用职业判断，并考虑一个理性且掌握充分信息的第三方，在权衡会员当时所能获得的所有具体事实和情况后，有可能认为通过采取防范措施可以消除不利影响或将其降至可接受水平，以确保对职业道德基本原则的遵循。

当会员知悉（或合理预期其知悉）存在可能违反职业道德基本原则的情形或关系时，会员应当评价其对遵循职业道德基本原则的不利影响。在评价不利影响的严重程度时，会员应当考虑不利影响的数量和性质因素。

在运用职业道德概念框架时，如果某些不利影响是重大的，或者合理的防范措施不可行或无法实施，会员可能面临不能消除不利影响或将其降至可接受水平的情形。如果无法采取适当的防范措施，注册会计师应当拒绝或终止所从事的特定专业服务，必要时与客户解除合约关系，或向其雇佣单位辞职。

3.1.2 注册会计师对职业道德概念框架的具体运用

1. 对职业道德基本原则产生不利影响的具体情形

（1）自身利益导致不利影响的情形包括：

　　① 鉴证业务项目组成员在鉴证客户中拥有直接经济利益；

　　② 会计师事务所的收入过分依赖某一客户；

　　③ 鉴证业务项目组成员与鉴证客户存在重要且密切商业关系；

　　④ 会计师事务所担心可能失去某一重要客户；

　　⑤ 审计项目组成员与审计客户进行雇用协商；

　　⑥ 会计师事务所与客户就鉴证业务达成或有收费的协议；

　　或有收费是指一种按照预先确定的计费基础收取费用的方式。在这种方式下，收费与否或多少取决于交易的结果或执行工作的结果。如果某项收费由法院或政府公共管理机构制定，则该收费不属于或有收费。

　　⑦ 在评价其所在会计师事务所的人员以前提供的专业服务时，注册会计师发现了重大错误。

　　（2）自我评价导致不利影响的情形包括：

　　① 会计师事务所在对客户提供财务系统的设计或操作服务后，又对该财务系统的运行有效性出具鉴证报告；

　　② 会计师事务所编制用于生成有关记录的原始数据，又将这些数据作为鉴证对象；

　　③ 鉴证业务项目组成员现在是或最近曾是客户的董事或高级管理人员；

　　④ 鉴证业务项目组成员现在受雇于或最近曾受雇于客户，且在客户中担任能够对鉴证对象产生重大影响的职务；

　　⑤ 会计师事务所为鉴证客户提供的其他服务，直接影响鉴证业务中的鉴证对象信息。

　　（3）过度推介导致不利影响的情形包括：

　　① 会计师事务所推介审计客户的股份；

　　② 在鉴证客户与第三方发生诉讼或纠纷时，注册会计师担任该客户的辩护人。

　　（4）密切关系导致不利影响的情形包括：

　　① 项目组成员与客户的董事或高级管理人员存在直系亲属或近亲属关系；

　　② 项目组成员与客户某员工存在直系亲属或近亲属关系，而该员工所处职位能够对业务对象产生重大影响；

　　③ 客户的董事或管理层，或所处职位能够对业务对象产生重大影响的员工最近曾是会计师事务所的合伙人；

　　④ 注册会计师接受客户的礼品或享受优惠待遇，除非所涉价值微小；

　　⑤ 会计师事务所的高级员工长期与某一鉴证客户发生关联。

　　除以上情形外，注册会计师应当保持应有的职业谨慎，考虑其他可能存在的对职业道德基本原则产生不利影响的亲密关系。

（5）外在压力导致不利影响的情形包括：

① 会计师事务所受到客户解除业务关系的不利影响；

② 如果会计师事务所坚持不同意审计客户对某项交易的会计处理，审计客户可能不将计划中的非鉴证服务合同提供给该会计师事务所；

③ 会计师事务所受到客户的起诉不利影响；

④ 会计师事务所受到因降低收费而不恰当缩小工作范围的压力；

⑤ 由于客户的员工对所涉事项更具专长，会计师事务所面临同意客户员工判断的压力；

⑥ 注册会计师被会计师事务所合伙人告知，除非同意审计客户的不恰当会计处理，否则将不被提升。

2. 对违反职业道德基本原则的防范措施

防范措施是指可以消除不利影响或将其降至可接受水平的行动或其他措施。防范措施包括由行业、法律法规或监管机构规定的防范措施以及工作环境中的防范措施。在工作环境中，相关防范措施因具体情形而异。工作环境中的防范措施包括会计师事务所层面和具体业务层面的防范措施。

（1）会计师事务所层面的防范措施。会计师事务所层面的防范措施主要包括：

① 会计师事务所领导层强调遵循职业道德基本原则的重要性；

② 会计师事务所领导层倡导鉴证业务项目组成员维护公众利益；

③ 实施和监控项目质量控制的政策和程序；

④ 制定有关政策，以识别对遵循职业道德基本原则的不利影响、评价这些不利影响的严重程度、采取防范措施以消除不利影响或将其降至可接受水平。如果无法采取适当的防范措施，应当终止业务约定或拒绝接受业务委托；

⑤ 制定要求遵循职业道德基本原则的内部政策和程序；

⑥ 制定有关政策和程序，以识别会计师事务所或项目组成员与客户之间的利益或关系；

⑦ 制定有关政策和程序，以监控和管理对来源于某一客户的收入的依赖程度；

⑧ 当向鉴证客户提供非鉴证服务时，分派不同的合伙人和项目组，并向不同的上级报告工作；

⑨ 制定有关政策和程序，以防止项目组以外的人员对业务结果产生不当影响；

⑩ 及时与所有合伙人和专业人员沟通会计师事务所的政策和程序及其变化情况，并就这些政策和程序进行适当的培训和教育；

⑪ 指定高级管理人员负责监督会计师事务所质量控制系统是否适当运行；

⑫ 向合伙人和专业人员提出鉴证客户和关联实体的名单，要求与之保持独立性；

⑬ 建立惩戒机制，以促进对政策和程序的遵循；

⑭ 公开相关政策和程序，以鼓励和授权员工向会计师事务所的高层反映遵循职业道德基本原则方面的问题。

（2）具体业务层面的防范措施。具体业务层面的防范措施包括：

① 由未涉及非鉴证服务的注册会计师复核已执行的非鉴证工作，或在必要时提供建议；

② 由鉴证业务项目组以外的注册会计师复核已执行的鉴证工作，或在必要时提供建议；

③ 向客户的独立董事、行业监管机构或其他注册会计师等独立第三方咨询；

④ 与客户治理层讨论职业道德问题；

⑤ 向客户治理层披露服务性质和收费金额；

⑥ 请其他会计师事务所执行或重新执行部分业务；

⑦ 轮换鉴证业务项目组高级员工。

注册会计师可以根据业务的性质判断是否依赖客户已经执行的防范措施，但仅仅依赖客户已经执行的防范措施不可能将不利影响降至可接受水平。客户内部系统和程序中的防范措施主要包括：

① 客户要求由其管理层以外的人员批准聘请某一会计师事务所执行业务；

② 客户拥有具备经验和资历的、能够胜任管理决策工作的员工；

③ 客户执行了能够保证对非鉴证业务委托做出客观选择的内部程序；

④ 客户拥有为会计师事务所的服务提供适当监督和沟通的治理结构。

3. 专业服务委托

（1）客户的接受。在接受某一新客户前，注册会计师应当确定接受该客户关系是否对职业道德基本原则的遵循产生不利影响。对诚信或职业行为的潜在不利影响可能产生于诸如与客户（如客户的所有者、管理层或相关活动）相关的问题。对职业道德基本原则的遵循产生不利影响的客户问题包括客户涉足非法活动（如洗钱）、缺乏诚信以及财务报告实务存在问题。

注册会计师应当评价不利影响的严重程度，并在必要时采取防范措施消除不利影响或将其降至可接受水平。适当的防范措施可能包括对客户及其所有者、管理层、负责公司治理或业务活动的部门进行了解；获取客户对改进公司治理或内部控制的承诺。

当不能将不利影响降至可接受水平时，注册会计师应当拒绝接受客户关系。另外，注册会计师应当定期复核接受客户业务连续委托的决策过程。

（2）业务的承接。注册会计师只应承接能够胜任的专业服务。在承接某一客户业务前，注册会计师应当确定承接该项业务是否对职业道德基本原则的遵循产生不利影响。例如，如果项目组不具备或不能获得执行业务所必备的胜任能力，将对专业胜任能力和应有的关注产生自身利益不利影响。

注册会计师应当评价已识别不利影响的严重程度，并在必要时采取防范措施消除不利影响或将其降至可接受水平。具体的防范措施包括：

① 适当了解客户的业务性质和经营的复杂性、专业服务的具体要求和目的、拟执行工作的性质和范围；

② 了解相关行业和业务对象；

③ 熟悉相关监管或报告的要求；

④ 分派足够的具有专业胜任能力的员工；

⑤ 必要时利用专家的工作；

⑥ 就执行业务的时间要求与客户达成一致；

⑦ 遵循质量控制政策和程序，以合理保证仅承接能够胜任的业务。

（3）专业服务委托的变更。如果应邀或考虑以投标的方式接替其他注册会计师提供专业服务，注册会计师应当确定是否存在不能承接该项业务的专业理由或其他理由，包括对遵循职业道德基本原则产生的、通过采取防范措施不能消除或将其降至可接受水平的不利影响的情形。如果注册会计师不了解所有相关事实就承接业务，可能对专业胜任能力和应有的关注产生不利影响。

注册会计师应当评价不利影响的严重程度。根据业务性质，注册会计师可能需要与现任注册会计师直接沟通，以证实与该项变更相关的事实和情况，并据以确定承接该项业务是否适当。注册会计师应当注意：客户变更委托的表面原因可能并未反映事实真相，可能表现为客户与现任注册会计师存在意见分歧。

4. 利益冲突

注册会计师应当采取合理的措施识别可能造成利益冲突的情形。这些情形可能对职业道德基本原则的遵循产生不利影响。例如，如果注册会计师与客户存在直接竞争关系，或与客户的主要竞争者存在合营或类似关系，可能对客观性产生不利影响。如果注册会计师为存在利益冲突、对所涉交易或事项存在争议的两个或多个客户提供服务，同样可能对客观和保密原则产生不利影响。

注册会计师应当评价利益冲突产生不利影响的严重程度，并在必要时采取防范措施消除不利影响或将其降至可接受水平。在接受或保持客户关系或承接具体业务之前，注册会计师应当评价其是否与客户或第三方有任何可能产生不利影响的商业利益或关系。

注册会计师应当根据可能产生冲突的具体情形，采取下列防范措施之一。

（1）如果会计师事务所的商业利益或活动可能与客户存在利益冲突，注册会计师应当告知客户这一情况，并获得客户同意以在此情况下执行业务。

（2）如果注册会计师为存在利益冲突的两个或多个客户提供服务，注册会计师应当告知所有相关方这一情况，并获得客户同意以在此情况下执行业务。

（3）如果注册会计师为存在竞争的不同客户提供服务，注册会计师应当告知客户这一情况，并获得客户同意以在此情况下执行业务。

注册会计师还应当确定是否采取下列防范措施。

① 委派不同的项目组。

② 实施防止未经授权接触信息的程序（如严格隔离各项目组、做好数据归档的安全保密工作）。

③ 向项目组成员提供有关安全和保密问题的明确指导。

④ 要求会计师事务所的雇员、合伙人签订保密协议。

⑤ 由未参与客户业务的高级职员定期复核防范措施的运用情况。

如果利益冲突对职业道德基本原则的遵循产生不利影响，且采取防范措施不能消除该不利影响或将其降至可接受水平，注册会计师应当拒绝承接或解除一个或多个存在冲突的业务合约。如果客户不同意注册会计师为存在利益冲突的其他客户提供服务，注册会计师应当停止为产生利益冲突的其中一方提供服务。

5. 客户寻求第二次意见

如果某公司或实体不是注册会计师的现行客户，而该公司或实体要求注册会计师对现任注册会计师运用会计、审计、报告或其他准则或原则处理有关情形和交易的情况提供第二次意见，可能对职业道德基本原则的遵循产生不利影响。

如果被要求提供第二次意见，注册会计师应当评价不利影响的严重程度，并在必要时采取防范措施消除不利影响或将其降至可接受水平。防范措施主要包括：

① 征得客户同意，与现任注册会计师进行沟通。

② 在与客户的沟通函件中阐述注册会计师意见的局限性。

③ 向现任注册会计师提供第二次意见的复印件。

如果要求提供第二次意见的公司或实体不允许与现任注册会计师沟通，注册会计师应当在考虑所有情况的基础上确定是否提供第二次意见。

6. 收费及其他类型的报酬

在专业服务的谈判中，注册会计师可以以其认为适当的收费报价。但如果报价过低，可能导致不能按照适用的执业准则执行业务，将对专业胜任能力和应有的关注产生不利影响。不利影响存在与否及其严重程度取决于报价水平和所提供的服务等因素。

注册会计师应当评价不利影响的严重程度，并在必要时采取防范措施消除不利影响或将其降至可接受水平。其防范措施主要包括：

① 让客户了解业务约定条款，特别是确定收费的基础及在此报价内所能提供的服务。

② 安排恰当的时间和合格的员工执行任务。

或有收费可能对职业道德基本原则的遵循产生不利影响。不利影响存在与否及其严重程度如何取决于下列因素。

　① 业务的性质。

　② 可能的收费金额区间。

　③ 确定收费的基础。

　④ 是否由独立第三方复核业务处理的结果。

注册会计师应当评价或有收费产生不利影响的严重程度，并在必要时采取防范措施消除不利影响或将其降至可接受水平。其防范措施主要包括：

　① 与客户以书面方式预先约定确定报酬的基础；

　② 向预期使用者披露注册会计师所执行的工作及确定报酬的基础；

　③ 实施质量控制政策和程序；

　④ 由客观的第三方复核注册会计师所执行的工作。

如果注册会计师接受与客户相关的介绍费或佣金或为获得某一客户支付介绍费，将对客观性、专业胜任能力和应有的关注产生自身利益不利影响。这种不利影响非常重大，没有防范措施可以消除不利影响或将其降至可接受水平。注册会计师不应向客户或其他第三方收取介绍费或佣金。

7. 专业服务营销

如果注册会计师通过广告或其他营销方式拓展业务，可能对职业道德基本原则的遵循产生潜在不利影响。注册会计师不应通过广告或其他不恰当的营销方式拓展业务。注册会计师在营销专业服务时不应有损职业声誉。

8. 礼品和招待

注册会计师或其直系亲属、近亲属，可能收到客户提供的礼品或招待。例如，如果接受客户的礼物，可能对客观性产生自身利益不利影响；由于这种行为有可能会被公开，而可能对客观性产生外在压力不利影响。

不利影响存在与否及其严重程度如何取决于这种行为的性质、价值和意图。如果一个理性且掌握充分信息的第三方，在权衡所有具体事实和情况后，认为礼品或招待的价值微小且对客观性无影响，在这种情况下，注册会计师可以认为接受该项礼品或招待属于正常的商业交往，没有影响决策或获取信息的特定意图，对职业道德基本原则的遵循产生的不利影响未超出可接受水平。

注册会计师应当考虑评价不利影响的严重程度，并在必要时采取防范措施以消除不利影响或将其降至可接受水平。如果采取防范措施不能消除不利影响或将其降至可接受水平，注册会计师应当拒绝接受礼品或招待。

9. 保管客户资产

除非法律法规允许或要求，注册会计师应当拒绝承担保管客户资金或其他资产的责任。注册会计师如果根据法律法规的规定保管客户资金或其他资产，还应当履行与此有关的附加法律义务。

持有客户资产可能对职业道德基本原则的遵循产生不利影响，包括对客观性和职业行为产生自身利益不利影响。注册会计师受委托管理他人资金（或其他资产）时，应当采取下列措施。

① 将受托管理的资产与注册会计师个人或会计师事务所的资产分开保管；

② 仅按照预定用途使用这些资产；

③ 随时准备向相关人员报告资产及由其产生的任何收入、红利或利得；

④ 遵守所有与持有资产和履行报告义务相关的法律法规。

注册会计师还应当注意与受托管理资产相关联的对职业道德基本原则的遵循产生的不利影响。例如，该资产来源于诸如洗钱等非法活动。在实施有关客户关系和具体业务接受与保持的政策和程序，以确定是否提供该类服务时，注册会计师应当对资产的来源作适当调查，并考虑其应履行的法律义务，或考虑征询法律意见。

10. 针对所有服务的客观性要求

在提供专业服务时，注册会计师应当确定他本人与客户及其董事、管理层或雇员存在的利益或关系，是否对客观原则的遵循产生不利影响。例如，家庭关系、密切的个人关系或商业关系，可能对客观性产生密切关系不利影响。

在提供鉴证业务时，注册会计师应当从实质上和形式上独立于鉴证客户，以便能够提出无偏见、无利益冲突或无他人不当影响的结论。对客观性的不利影响存在与否取决于业务的具体情形和注册会计师所执行工作的性质。

注册会计师应当评价已识别不利影响的严重程度，并在必要时采取防范措施消除不利影响或将其降至可接受水平。其防范措施包括：

① 退出项目组；

② 实施督导程序；

③ 终止产生不利影响的经济利益或商业关系；

④ 与会计师事务所内部高级管理层讨论该事项；

⑤ 与客户管理层讨论该事项。

如果防范措施不能消除不利影响或将其降至可接受水平，注册会计师应当拒绝接受业务委托或解除业务约定。

3.1.3 非执业会员对职业道德概念框架的运用

非执业会员在提供专业服务时，应当遵守《中国注册会计师协会会员职业道德守则》《中华人民共和国会计法》以及其他相关法律法规的有关规定。投资者、债权人、雇佣单位、政府部门和社会公众等都可能依赖非执业会员的工作。非执业会员可能单独或与其他人员一起负责编报财务信息及其他信息（这些信息可能为雇佣单位和第三方利用），也可能负责从事财务管理工作或提供各种与企业经营有关的建议。

非执业会员可能是领取报酬的雇员，也可能是合伙人、执行董事或非执行董事、业主（经理）、志愿者，或者为一家或多家组织服务的人员。他们与雇佣单位之间关系的法律形式不影响其应承担的道德责任。

1. 对职业道德基本原则的不利影响及其防范措施

可能对遵循职业道德基本原则产生不利影响的因素包括自身利益、自我评价、过度推介、密切关系和外在压力。

（1）自身利益导致不利影响的情形主要包括：

① 在工作单位拥有经济利益，或者接受工作单位的贷款或担保；

② 参与工作单位的激励性薪酬方案；

③ 因私不当使用工作单位的资产；

④ 过分担心失去现有工作职位；

⑤ 面临来自工作单位以外的商业压力。

（2）自我评价导致不利影响的情形主要包括：

① 负责内部控制的设计，并对其进行评价。

② 负责会计处理，并执行内部审计活动。

③ 负责制订重大决策的可行性方案，并对相关交易和事项进行会计处理。

（3）过度推介导致不利影响的情形主要包括：

① 以虚假或误导性的方式宣传工作单位的形象或立场。

② 以虚假或误导性的方式推介工作单位的股份、产品或服务。

（4）密切关系导致不利影响的情形主要包括：

① 负责工作单位的财务报告，而在同一单位工作的近亲属可以做出影响财务报告的决策。

② 与工作单位能够影响经营决策的人员存在长期业务交往。

③ 接受可能影响客观性、公正性的礼品和款待。

（5）外在压力导致不利影响的情形主要包括：

① 当工作单位与非执业会员在会计政策的选择和应用等方面存在分歧时，非执业会员或其近亲属受到解聘或更换职位的不利影响；

② 上级主管试图影响非执业会员的决策过程。

2. 应对不利影响的防范措施

非执业会员应当评价不利影响的严重程度，并在必要时采取防范措施，以消除不利影响或将其降低至可接受的水平。应对不利影响的防范措施包括下列两类：法律法规和职业规范规定的防范措施和在具体工作中采取的防范措施。

在具体工作中采取的防范措施主要包括：

① 建立合理的监督体系；

② 制定道德和行为规范；

③ 制定恰当的人员招聘政策和程序；

④ 建立有效的内部控制；

⑤ 实施恰当的惩戒程序；

⑥ 领导层倡导和培育以遵守道德规范为导向的内部文化；

⑦ 监督员工的工作质量；

⑧ 向员工及时传达工作单位的政策、程序及其变化情况，并提供适当培训；

⑨ 鼓励员工就职业道德问题与领导层沟通；

⑩ 向其他专业人士咨询。

非执业会员如果发现工作单位有违反职业道德基本原则的行为，并预计会持续发生，应当考虑征询法律意见。如果在采取所有适当的防范措施后仍然不能将不利影响降低至可接受的水平，非执业会员应当考虑向工作单位提出辞职。

3. 潜在的冲突

非执业会员可能会由于履行工作职责而承受上级主管、经理、董事等方面的压力，从而对遵循职业道德基本原则产生不利影响。

这种压力可能导致非执业会员出现下列行为。

（1）违反法律法规。

（2）违反会计准则和相关制度以及职业道德规范的要求。

（3）参与实施不合法的盈余管理。

（4）欺骗或故意误导他人，特别是欺骗或故意误导会计师事务所或监管机构。

（5）发布严重歪曲事实的财务报告或其他报告，或者与此类报告发生牵连。

非执业会员应当评价不利影响的严重程度，并在必要时采取防范措施消除不利影响或将其降低至可接受的水平。其防范措施主要包括：

① 向工作单位内部、独立的职业咨询专家或相关职业团体寻求建议；

② 运用工作单位内部正式的冲突解决程序；

③ 征询法律意见。

4. 信息的编制和报告

非执业会员在编制和报告预测和预算、财务报表、管理层讨论与分析、管理层声明书等信息时，应当公正、诚实，遵守会计准则和相关制度以及会计师职业道德规范的要求，使得使用者能够正确理解信息。

在编制或批准通用目的财务报表时，非执业会员应当确信财务报表已按照适用的会计准则编制。非执业会员应当按照下列要求，以适当的方式编制和报告由其负责的信息。

（1）清楚地描述交易、资产和负债的性质。

（2）及时并恰当地分类和记录信息。

（3）在所有重大方面准确、完整地反映事实。

5. 专业知识和技能

在非执业会员履行职责时，下列情形可能对专业胜任能力和应有的关注原则产生不利影响。

（1）缺乏足够的时间。

（2）获取的信息不完整。

（3）缺乏应有的经验、培训或教育。

（4）缺乏足够的资源。

不利影响的严重程度取决于非执业会员在工作时与他人合作的范围、工作资历以及对其工作督导和复核的程度因素。

非执业会员应当评价不利影响的严重程度，并在必要时采取防范措施，以消除不利影响或将其降至可接受水平。其防范措施主要包括：

① 获得更多的建议和培训；

② 保证有足够的时间履行相关职责；

③ 获取具有专业技能人士的帮助；

④ 在适当时间向雇佣单位内部管理层、独立专家、相关职业团体咨询。

如果不利影响不能消除或降至可接受水平，非执业会员应当确定是否拒绝执行该任务。如果非执业会员认为拒绝执行该任务是适当的，应当与有关方面明确沟通这样做的原因。

6. 经济利益

当非执业会员或其近亲属在工作单位拥有下列经济利益时，可能因自身利益而对遵循职业道德基本原则产生不利影响。

（1）在工作单位拥有直接或间接的经济利益，经济利益的价值可能直接受到非执业会员决策的影响。

（2）有资格获得与利润挂钩的奖金，奖金的价值可能直接受到非执业会员决策的影响。

（3）直接或间接持有工作单位的股票期权，其价值可能直接受到非执业会员决策的影响。

（4）直接或间接持有工作单位的现在可行权或即将可行权的股票期权。

（5）在达到某些目标后，可能有资格获得工作单位的股票期权或与业绩挂钩的奖金。

非执业会员应当评价因经济利益产生的不利影响的严重程度，并在必要时采取防范措施，以消除不利影响或将其降低至可接受的水平。其防范措施主要包括：

① 工作单位制定政策和程序，规定由独立于管理层的委员会决定高级管理人员

的薪酬形式及其水平；

②根据工作单位的内部政策，非执业会员向治理层披露所有相关利益，以及相关股票的交易计划；

③非执业会员向上级主管、治理层或相关职业团体咨询；

④工作单位开展内部审计或接受外部审计；

⑤工作单位开展职业道德和与内幕交易问题相关的法律法规培训。

非执业会员不得操纵信息或利用涉密信息谋取个人利益。

7．礼品和款待

非执业会员或其近亲属可能接受礼品和款待。如果非执业会员或其近亲属接受相关方礼品和款待，可能对遵循职业道德基本原则产生不利影响。如果非执业会员或其近亲属接受相关方礼品或款待，非执业会员应当评价不利影响的严重程度，并确定是否采取下列行动。

（1）当相关方提供礼品和款待时，立即告知治理层或较高级别的管理人员。

（2）在征询法律意见后，确定是否将相关方提供礼品和款待的事实告知对方单位或监管部门。

（3）当近亲属收到相关方提供的礼品和款待时，告知近亲属可能产生的不利影响以及需采取的防范措施。

（4）当近亲属被竞争对手或潜在的供应商聘用时，告知治理层或较高级别的管理人员。

非执业会员可能面临向相关方提供礼品和款待，以影响相关方的判断或决策过程，或获取相关方掌握的涉密信息的压力。非执业会员不得向相关方提供礼品和款待，以对相关方的职业判断产生不当影响。

如果工作单位为了促使相关方做出违法或不诚实的行为，或获取其掌握的涉密信息，要求非执业会员向相关方提供礼品和款待，非执业会员应当遵守有关解决道德冲突的原则。

3.2 鉴证业务对独立性的要求

3.2.1 基本要求

1．独立性概念框架

注册会计师在应用独立性概念框架时应当运用职业判断。独立性概念框架要求注册会计师采取下列措施：①识别对独立性的不利影响；②评价以识别不利影响的严重程度；③必要时采取防范措施消除不利影响或将其降至可接受水平。

如果未能采取有效防范措施消除不利影响或将其降至可接受水平，注册会计师应当消除产生不利影响的情形或关系，或者拒绝接受审计业务委托或解除审计业务约定。

独立性概念框架适用于注册会计师应对不利影响职业道德基本原则的各种情形，其目的在于防止注册会计师认为只要职业道德守则未明确禁止的情形就是允许的。

由于会计师事务所规模、结构和组织形式不同，其员工对独立性的具体责任也不同。会计师事务所应当根据中国注册会计师质量控制准则的要求，制定政策和程序以合理保证按照职业道德守则的要求保持独立性。项目合伙人应当按照中国注册会计师审计准则的要求，就执行具体业务遵循独立性要求的情况形成结论。

2. 公众利益实体

公众利益实体包括所有上市公司和下列实体：

① 法律法规界定的公众利益实体；

② 根据法律法规的规定，在审计时需要遵守与上市公司审计相同独立性要求的实体。

如果其他实体拥有大量和广泛的利益相关者，注册会计师也应当确定是否将其视为公众利益实体。需要考虑的因素包括：

① 业务性质，如以受托人身份持有大量利益相关者的资产，包括银行、保险公司和养老基金等金融机构；

② 规模；

③ 雇员的数量。

3. 关联实体

关联实体是指与客户存在下列任一关系的实体：

① 能够对客户施加直接或间接控制的实体，且客户对该实体重要；

② 在客户内拥有直接经济利益的实体，且该实体对客户具有重大影响，在客户内的利益对该实体重要；

③ 受到客户直接或间接控制的实体；

④ 客户（或受到客户直接或间接控制的实体）拥有直接经济利益的实体，且对该实体能够施加重大影响，在实体内的经济利益对客户（或受到客户直接或间接控制的实体）重要；

⑤ 与客户同处于共同控制下的实体（称为"姐妹实体"），且该姐妹实体和客户对其控制方都很重要。

3.2.2 经济利益

经济利益是指从某一实体的股票、债券及其他证券、贷款及其他债务工具中获取的利益，包括取得这种利益及与其直接相关的衍生工具的权利和义务。经济利益包括直接经济利益和间接经济利益。

直接经济利益是指下列经济利益：①个人或实体直接拥有并控制的经济利益（包括授权他人管理的经济利益）；②个人或实体通过集合投资工具、房地产、信托或其他中间工具而拥有的经济利益，且能够对这些工具施加控制或有能力影响投资决策。

间接经济利益是指个人或实体通过集合投资工具、房地产、信托或其他中间工具拥有的经济利益，但不能对这些工具施加控制，或没有能力影响投资决策。

3.2.3 威胁独立性的情形和防范措施

（1）会计师事务所、审计项目组成员或其他近亲属在审计客户中拥有直接经济利益或重大间接经济利益。会计师事务所、审计项目组成员或其其他近亲属均不应在客户中拥有直接经济利益或重大间接经济利益。

（2）审计项目组某一成员的近亲属在审计客户中拥有直接经济利益或重大间接经济利益。这种情形的防范措施主要包括：

① 由近亲属尽快处置全部经济利益，或处置足够数量的经济利益，以使剩余经济利益不再重大；

② 由项目组之外的其他注册会计师复核审计项目组成员所执行的工作；

③ 将该人员调离审计项目组。

（3）会计师事务所、审计项目组成员或其其他近亲属在可以对审计客户施加控制的实体中拥有直接经济利益或重大间接经济利益。会计师事务所、审计项目组成员或其其他近亲属均不应拥有此类经济利益。

（4）通过会计师事务所的退休金计划在审计客户中拥有直接经济利益或重大间接经济利益。

注册会计师应当评价威胁的严重程度，并在必要时采取防范措施消除威胁或将其降至可接受水平。

（5）项目合伙人所在分部的其他合伙人或其其他近亲属在该审计客户中拥有直接经济利益或重大间接经济利益。其他合伙人及其其他近亲属均不应在该审计客户中拥有此类经济利益。

（6）项目合伙人和项目组其他成员分属于不同的分部。项目合伙人执行审计业务时所处的分部并不一定是该负责人所属的分部。当项目合伙人和项目组其他成员分属于不同的分部时，会计师事务所应当运用职业判断以确定项目合伙人执行该业务时所属的分部。

（7）为审计客户提供非审计服务的其他合伙人、管理人员或其其他近亲属在审计客户中拥有直接经济利益或重大间接经济利益。其他合伙人、管理人员或其其他近亲属均不应在该审计客户中拥有此类经济利益。

（8）所在分部的其他合伙人或向审计客户提供非审计服务的合伙人或管理人员的

其他近亲属在审计客户中拥有经济利益。

如果执行审计业务的项目合伙人所在分部的其他合伙人或向审计客户提供非审计服务的合伙人或管理人员的其他近亲属在审计客户中拥有经济利益，只要取得该经济利益是其其他近亲属作为审计客户的雇员所享受的权利（如通过退休金或股票期权计划），并且在必要时可以采取防范措施消除威胁或将其降至可接受水平，就不应视为损害了独立性。然而，如果其其他近亲属拥有或取得了处置该经济利益的权利，或者在股票期权中，有权行使期权，则应当尽快处置或放弃该经济利益。

（9）会计师事务所、审计项目组成员或其其他近亲属和审计客户同时在某一实体拥有经济利益。

如果该利益并不重大，并且审计客户不能对该实体产生重大影响，则可认为独立性未受到损害。如果该利益对任何一方是重大的，并且审计客户可以对该实体产生重大影响，且没有任何防范措施可以将威胁降至可接受水平，会计师事务所应当处置该利益，或者解除审计业务约定或者拒绝接受审计业务委托。拥有这种重大利益的成员，在成为审计项目组成员之前，应当处置全部经济利益，或处置足够数量的利益，使剩余利益不再重大。

（10）会计师事务所、审计项目组成员或其其他近亲属和审计客户的利益相关者同时在某一实体拥有经济利益。

是否产生自身利益威胁主要取决于下列因素：

① 该成员在审计项目组中的角色；

② 该实体的所有权是由少数人持有还是广泛持有；

③ 该利益是否使得投资者能够控制该实体或对其施加重大影响；

④ 经济利益的重要性。

其防范措施主要包括：

① 将拥有经济利益的审计项目组成员调离审计项目组；

② 由项目组之外的其他注册会计师复核该审计项目组成员执行的工作。

（11）作为信托业务的受托人在审计客户中拥有直接经济利益或重大间接经济利益。

只有在符合下列条件时，才允许拥有上述利益：

① 受托人及其其他近亲属或会计师事务所均不是信托业务的受益人；

② 通过信托而在审计客户中拥有的经济利益对该信托并不重大；

③ 该项信托业务不对审计客户产生重大影响；

④ 受托人及其其他近亲属或会计师事务所对与审计客户经济利益有关的投资决策没有重大影响。

（12）其他相关人员在审计客户中拥有任何已知的经济利益。审计项目组成员应当确定下列人员在审计客户中拥有任何已知的经济利益是否会产生自身利益威胁：

① 除前述涉及人员以外的会计师事务所其他合伙人和专业人员或其其他近亲属；

② 与审计项目组成员关系密切的人员。

这些利益是否产生自身利益威胁取决于下列因素：

① 会计师事务所的组织结构、营运结构和上下级关系；

② 相关人员与审计项目组成员之间关系的性质。

其防范措施主要包括：

① 将存在这种个人关系的审计项目组成员调离项目组；

② 不允许该项目组成员参与任何有关该审计业务的重大决策；

③ 由项目组之外的其他注册会计师复核该审计项目组成员执行的工作。

（13）从审计客户处获得直接经济利益或重大间接经济利益。如果会计师事务所、合伙人及其其他近亲属和员工及其其他近亲属从审计客户处获得直接经济利益或重大间接经济利益（例如，通过继承、馈赠或合并产生的），而根据规定不允许拥有这些利益，则应当采取下列措施。

① 如果会计师事务所获得经济利益，应当立即处置全部直接经济利益，并处置足够数量的间接经济利益，以使剩余经济利益不再重大，或解除业务约定。

② 如果审计项目组成员或其其他近亲属获得经济利益，该人员应当立即处置全部直接经济利益，并处置足够数量的间接经济利益，以使剩余经济利益不再重大，或者将该项目成员调离项目组。

③ 如果非审计项目组成员或其其他近亲属获得经济利益，应当尽快处置全部直接经济利益，并处置足够数量的间接经济利益，以使剩余经济利益不再重大。在完成处置该经济利益前，会计师事务所应当确定是否需要采取防范措施。

3.2.4　贷款和担保以及商业关系、家庭和个人关系

1. 贷款和担保

（1）从银行或类似机构等审计客户处取得贷款或由其作为担保人。如果会计师事务所、审计项目组成员或其其他近亲属从银行或类似机构等审计客户处取得贷款，或由这些客户作为贷款担保人，可能产生独立性威胁。如果不按照正常的程序、条款和条件提供贷款或担保，将产生重大的自身利益威胁，没有任何防范措施可以消除这种威胁或将其降至可接受水平。会计师事务所、审计项目组成员或其其他近亲属不应接受该项贷款或担保。

（2）从非银行或类似机构等审计客户处取得贷款或为其提供担保。如果会计师事务所、审计项目组成员或其其他近亲属从银行或类似机构等审计客户处取得贷款，或为其提供担保，除非该项贷款或担保对会计师事务所、审计项目组成员及其其他近亲属以及客户均不重大，否则将产生重大的自身利益威胁，没有任何防范措施可以消除这种威胁或将其降至可接受水平。

（3）向审计客户提供贷款或为其提供担保。如果会计师事务所、审计项目组成员或其其他近亲属向审计客户提供贷款或为其提供担保，除非该贷款或担保对会计师事务所、审计项目组成员或其其他近亲属以及客户均不重大，否则将产生重大的自身利益威胁，没有任何防范措施可以消除这种威胁或将其降至可接受水平。

（4）在审计客户处开立存款或交易账户。会计师事务所、审计项目组成员或其其他近亲属在银行、经纪人或类似金融机构等审计客户处开立存款或交易账户，只要账户是按照正常的商业条件开立的，就不会对独立性产生威胁。

2. 商业关系

（1）商业关系的种类及防范措施。会计师事务所、审计项目组成员或其其他近亲属与审计客户或其管理层之间存在密切的商业关系，可能产生自身利益威胁和外在压力威胁。这些关系通常包括：

① 在与客户或其控股股东、董事、管理层或其他为该客户执行高级管理活动的人员合营的企业中拥有经济利益；

② 将会计师事务所的一种或多种产品或服务与客户的一种或多种产品或服务捆绑销售，并以双方名义进行；

③ 按照协议，会计师事务所销售或配送客户的产品或服务，或客户销售或配送会计师事务所的产品或服务。

（2）与审计客户或利益相关者一同在某股东人数有限的实体中拥有利益。

如果会计师事务所、审计项目组成员或其其他近亲属在某股东人数有限的实体中拥有利益，而审计客户或其董事、管理层也在该实体中拥有利益，在符合下列条件的情况下，这种商业关系不会对独立性产生威胁：

① 这种商业关系对于会计师事务所、审计项目组成员或其其他近亲属以及客户均不重要；

② 拥有的经济利益对投资者并不重大；

③ 该经济利益没有使得投资者能够控制该实体。

（3）从审计客户购买商品或服务。会计师事务所、审计项目组成员或其其他近亲属从审计客户处购买商品或服务，如果交易过程正常、公平，通常不会对独立性产生威胁。某些性质特殊或金额较大的交易，可能产生自身利益威胁。会计师事务所应当评价威胁的严重程度，并在必要时采取防范措施，以消除威胁或将其降至可接受水平。防范措施主要包括：

① 放弃交易或减少交易的金额；

② 将该成员调离审计项目组。

3. 家庭和个人关系

注册会计师应当根据具体情况评估威胁的严重程度。

（1）审计项目组成员的其他近亲属处在重要职位。如果审计项目组成员的其他近亲属是审计客户的董事或高级管理人员，或是所处职位可以对客户会计记录或财务报表的编制施加重大影响的员工，或其曾在业务期间或财务报表所涵盖期间内处于上述职位，只有通过将该人员调离审计项目组才能将对独立性的威胁降至可接受水平。对于这种密切关系，没有其他防范措施可以将对独立性的威胁降至可接受水平。如果不采取上述防范措施，会计师事务所应当解除审计业务约定。

（2）审计项目组成员的其他近亲属可以对财务报表施加重大影响。威胁的严重程度主要取决于下列因素：

① 其他近亲属在客户中的职位；

② 该成员在审计项目组中的角色。

其防范措施主要包括：

① 将该成员调离审计项目组；

② 合理安排审计项目组成员的职责，使该成员不处理其其他近亲属职责范围内的事项。

（3）审计项目组成员的近亲属处在重要职位或可以对财务报表施加重大影响。威胁的严重程度主要取决于下列因素：

① 审计项目组成员与其近亲属关系的性质；

② 该近亲属的职位；

③ 该成员在审计项目组中的角色。

其防范措施主要包括：

① 将该成员调离审计项目组；

② 合理安排审计项目组成员的职责，使该成员不处理其近亲属职责范围内的事项。

（4）审计项目组的成员与审计客户重要职位的人员具有亲密关系。威胁的严重程度主要取决于下列因素：

① 该人员与审计项目组成员关系的性质；

② 该人员在客户中的职位；

③ 该成员在审计项目组中的角色。

其防范措施主要包括：

① 将该成员调离审计项目组。

② 合理安排审计项目组成员的职责，使该成员不处理与其有密切关系的人员职责范围内的事项。

（5）非审计项目组成员的合伙人或员工与审计客户重要职位的人员存在家庭或个人关系。威胁存在与否及其严重程度如何取决于下列因素：

① 该合伙人或员工与客户董事、管理层或其他员工之间关系的性质；

② 该合伙人或员工与审计项目组之间的相互影响；

③ 该合伙人或员工在会计师事务所的职位；

④ 该人员在客户中的职位。

其防范措施主要包括：

① 合理安排该合伙人或员工的职责，以减少对审计项目组可能造成的任何影响；

② 由项目组之外的其他注册会计师复核已执行的相关审计工作。

3.2.5 与审计客户发生雇佣关系

1. 前任成员担任审计客户的重要职位且与事务所保持重要联系

除非满足下列条件，否则独立性将被视为受到损害。

（1）未赋予前任成员或合伙人从会计师事务所获取报酬或福利的权利。除非按照预先确定的固定金额支付报酬或福利，且未付金额对会计师事务所不重要。

（2）前任成员或合伙人未继续参与且在他人看来未继续参与会计师事务所的经营或专业活动。

2. 前任成员担任审计客户的重要职位但未与会计师事务所保持重要联系

威胁存在与否及其严重程度如何主要取决于下列因素：

① 该人员在客户中所处的职位；

② 该人员与审计项目组的关联程度；

③ 该人员离开会计师事务所的时间长短；

④ 该人员以前在审计项目组或会计师事务所中的职位，例如，该人员是否负责与客户管理层或治理层保持定期联系。

其防范措施主要包括：

① 修改审计计划；

② 向审计项目组委派经验更丰富的人员；

③ 由项目组之外的其他注册会计师复核前任审计项目组成员已执行的工作。

3. 前任成员加入的某一实体成为审计客户

如果会计师事务所前任合伙人加入了某一实体，而该实体后来成为会计师事务所的审计客户，则会计师事务所应当评价对独立性威胁的严重程度，并在必要时采取防范措施消除威胁或将其降至可接受水平。

4. 审计项目组成员拟加入审计客户

如果审计项目组成员拟加入审计客户，且仍在参与审计业务，将产生自身利益威胁。会计师事务所的政策和程序应当要求审计项目组成员在与客户进行雇佣用洽商时向会计师事务所进行通报。在接到该通报时，会计师事务所应当评价威胁的严重程度，并在必要时采取防范措施消除威胁或将其降至可接受水平。其防范措施主要包括：

① 将该人员调离审计项目组；

② 复核该人员在审计项目组时所做的重大判断。

3.2.6 高级职员与审计客户的长期关联

会计师事务所多年委派同一名高级职员（项目合伙人和高级经理）执行某一客户的审计业务，可能产生密切关系威胁和自身利益威胁。威胁的严重程度主要取决于下列因素：

① 该职员成为审计项目组成员的时间长短；

② 该职员在审计项目组中的角色；

③ 会计师事务所的结构；

④ 审计业务的性质；

⑤ 客户的管理团队是否发生变动；

⑥ 客户的会计和报告事项的性质或复杂程度是否发生变化。

会计师事务所应当评价威胁的重要程度，并在必要时采取防范措施消除威胁或将其降至可接受水平。其防范措施主要包括：

① 将该高级职员轮换出审计项目组；

② 由项目组之外的其他注册会计师复核该高级职员所执行的工作；

③ 定期对该业务进行内部或外部独立的质量复核。

实训与练习

一、单项选择题

1. 保密不仅仅涉及信息披露，还要求注册会计师不能出于个人或第三方的利益使用或被合理认为使用了在执业过程中获得的信息。在（   ）情形下，注册会计师透露被审计单位的商业信息不视为违反保密的职业道德。

    A. 对因商业信息而导致的财务报表重大不公允情况在审计报告中进行说明

    B. 在未取得客户授权的情况下，向后任注册会计师提供已审计财务报表的有关情况

    C. 因与其他会计师事务所的注册会计师交流经验的需要而介绍有关情况

    D. 被审计单位的职员因与管理层的纠纷而要求查阅本单位的有关情况

2. 下列选项中，会计师事务所违反保密义务的是（   ）。

    A. 接受委托后，后任注册会计师在取得了被审计单位口头授权后向前任注册会计师请求查阅审计工作底稿，前任注册会计师向后任注册会计师提供了支持

B. 某利害关系人向法院起诉会计师事务所，要求会计师事务所承担民事赔偿责任，会计师事务所未经被审计单位授权，向法院提交相关工作底稿作为抗辩的证据

C. 未经被审计单位授权，向监管机构报告发现的违反法规行为

D. 接受注册会计师协会依法进行的质量检查，并提供所要求的工作底稿，但未取得客户授权

3. ABC 会计师事务所委派 A 注册会计师担任甲股份有限公司 2009 年年度财务报表审计的项目负责人，在执业过程中发现自己不熟悉甲股份有限公司的会计电算化系统，以致无法对所形成的会计信息进行正确的判断，则 A 注册会计师的下列做法中正确的是（　　）。（假设 ABC 会计师事务所中有熟悉会计电算化系统的其他注册会计师）

A. 聘请相关专家协助工作

B. 请求会计师事务所改派其他胜任的注册会计师

C. 解除业务约定

D. 出具无法表示意见的审计报告

4. 以下属于具体业务层面的防范措施的是（　　）。

A. 轮换鉴证业务项目组合伙人和高级员工

B. 建立惩戒机制，保障相关政策和程序得到遵守

C. 指定高级管理人员负责监督质量控制系统是否有效运行

D. 制定有关政策和程序，防止项目组以外的人员对业务结果施加不当影响

5. 下列描述中，正确的是（　　）。

A. 注册会计师只要考取了注册会计师证书，就说明其具备了专业胜任能力

B. 会计师事务所推介审计客户的股份将产生外界压力导致的不利影响

C. 注册会计师在与现任注册会计师讨论客户事项前应当征得客户的书面同意

D. 如果会计师事务所的商业利益或活动可能与客户存在利益冲突，注册会计师应该拒绝接受委托或解除业务约定

6. 如果会计师事务所坚持不同意审计客户对某项交易的会计处理，审计客户可能不将计划中的非鉴证服务合同提供给该会计师事务所，该情形将因（　　）因素导致对职业道德基本原则产生不利影响。

A. 密切关系　　　　　　　　　B. 自身利益

C. 自我评价　　　　　　　　　D. 外在压力

7. 下列描述中，属于自我评价导致对职业道德基本原则产生不利影响的情况是（　　）。

A. 被审计单位财务经理曾经是事务所审计项目组成员

B. 审计项目组成员曾经是被审计单位的出纳

C. 审计小组成员的妻子是被审计单位的独立董事

D. 审计小组成员担任被审计单位的辩护人

8. 根据《中国注册会计师职业道德守则》，下列说法中正确的是（　　）。

A. 注册会计师在执业过程中，一定要保持实质上的独立性，但是形式上的独立性可以不需要保持

B. 注册会计师可以夸大宣传提供的服务、拥有的资质或获得的经验

C. 会计师事务所任何情况下都不得以或有收费的形式为客户提供鉴证服务

D. 在审计过程中，注册会计师应当保持职业怀疑态度，运用专业知识、技能和经验，获取和评价审计证据

9. 注册会计师的下列行为中，违反职业道德守则的是（　　）。

A. 注册会计师应按照业务约定和专业准则的要求完成委托业务

B. 注册会计师应当对执行业务过程中知悉的商业秘密保密，并不得利用其为自己或他人牟取利益

C. 除有关法规允许的情形外，会计师事务所不得以或有收费形式为客户提供各种鉴证服务

D. 注册会计师可以对其能够提供的服务、拥有的资质进行夸大宣传，但不得诋毁同行

10. 下列情形中，没有违背注册会计师职业道德的相关规定的是（　　）。

A. 鉴证业务项目组成员与鉴证客户存在重要的密切商业关系

B. 注册会计师采用或有收费的方式向客户提供鉴证服务

C. 某项目经理已经连续 5 年对 W 公司审计，由于对 W 公司较熟悉，容易发现问题，故今年仍安排其负责该公司的年度财务报表审计工作

D. 除非法律法规允许或要求，注册会计师应当拒绝承担保管客户资金和其他资产的责任

二、多项选择题

1. 注册会计师为了消除或有收费导致的不利影响，可以采取的措施包括（　　）。

A. 向预期的报告使用者披露注册会计师所执行的工作及收费的基础

B. 预先就收费的基础与客户达成书面协议

C. 实施质量控制政策和程序

D. 由独立第三方复核注册会计师已执行的工作

2. 下列说法不正确的是（　　）。

A. 在任何情况下，注册会计师应当对执业过程中获知的客户信息保密

B. 在终止与客户或雇佣单位的关系之后，会员仍然应当对在职业关系和商业

关系中获知的信息保密，但是会员无须对其预期的客户或雇佣单位的信息予以保密

C. 任何情况下，未经适当且特别授权，会员均不可向会计师事务所或雇佣单位以外的第三方披露由于职业关系和商业关系获知的涉密信息

D. 会计师事务所和注册会计师不得为招揽客户而向推荐方支付佣金，但可以在不影响独立性的前提下因向第三方推荐客户而收取佣金

3. 下列行为中，注册会计师违反保密原则的有（ 　 ）。

A. 与客户发生意见分歧时，诉诸媒体

B. 接受同业复核，提供审计工作底稿

C. 向监管机构报告发现的违反法规行为

D. 利用获知的客户信息买卖客户的股票

4. 在决定是否披露涉密信息时，会员应当考虑的因素有（ 　 ）。

A. 如果客户或工作单位同意披露涉密信息，是否会损害利害关系人的利益

B. 是否已了解和证实所有相关信息

C. 信息披露能给会计师事务所带来的经济利益

D. 可能承担的法律责任和后果

5. 以下属于会计师事务所层面的防范措施的有（ 　 ）。

A. 领导层强调鉴证业务项目组成员应当维护公众利益

B. 制定有关政策和程序，实施项目质量控制，监督业务质量

C. 对已执行的非鉴证业务，由未参与该业务的注册会计师进行复核，或在必要时提供建议

D. 向客户审计委员会、监管机构或注册会计师协会咨询

6. 如果被要求提供第二次意见，注册会计师应当评价不利影响的严重程度，并在必要时采取（ 　 ）防范措施消除不利影响或将其降至可接受水平。

A. 在与客户沟通中说明注册会计师发表专业意见的局限性

B. 征得客户同意与前任注册会计师沟通

C. 在审计报告中提及现任注册会计师的工作

D. 向前任注册会计师提供第二次意见的副本

7. 下列对职业道德基本原则产生不利影响的具体情形中，由外在压力因素导致的情形有（ 　 ）。

A. 会计师事务所受到客户解除业务关系的威胁

B. 注册会计师被会计师事务所合伙人告知，除非同意审计客户的不恰当会计处理，否则将不被提升

C. 客户的员工对所涉事项更具专长

D. 会计师事务所的高级员工长期与某一鉴证客户发生关联

8. 会员在遵循职业道德基本原则时遇到的某项重大冲突，如果重大冲突未能解决，会员可以（　　　）。

A. 考虑向相关职业团体或法律顾问获取专业建议

B. 如果道德问题涉及组织内部的冲突，会员必须向管理层咨询

C. 解除业务约定

D. 拒绝继续与产生冲突的事项发生关联

9. 下列描述中，不正确的有（　　　）。

A. 注册会计师在执行鉴证业务时，不得因任何利害关系影响其客观、公正的立场

B. 前任注册会计师未经被审计单位同意提供给后任注册会计师工作底稿

C. 在终止与客户或雇佣单位的关系之后，会员无须对在职业关系和商业关系中获知的信息保密

D. 注册会计师接受客户赠送的别墅，这种情况属于自我评价导致不利影响的情形

10. 职业道德基本原则包括（　　　）。

A. 诚信　　　B. 客观和公正　　　C. 职业谨慎　　　D. 良好职业行为

三、实训题

对遵循职业道德基本原则产生不利影响可能存在多种情形或关系。请回答对职业道德基本原则产生不利影响的因素具体可以归纳为哪几类，并完成以下表格。

对职业道德基本原则产生不利影响的具体情形	产生不利影响的因素
审计项目组成员与审计客户进行雇佣协商	
会计师事务所与鉴证业务相关的或有收费安排	
在鉴证客户与第三方发生诉讼或纠纷时，注册会计师担任该客户的辩护人	
会计师事务所编制用于生成有关记录的原始数据	
注册会计师接受客户的礼品或享受优惠待遇（价值重大）	
会计师事务所为鉴证客户提供的其他服务，直接影响鉴证业务中的鉴证对象信息	
项目小组成员的妻子是客户的出纳	
会计师事务所受到客户的起诉威胁	
注册会计师被会计师事务所合伙人告知，除非同意审计客户的不恰当会计处理，否则将不被提升	

第 4 章

审 计 目 标

学习目标

- 掌握财务报表审计目标的含义，明确被审计单位管理层和治理层与注册会计师承担的不同责任
- 掌握管理层认定与具体审计目标

案例导入

资料：某公司 12 月 31 日资产负债表反映的存货如下：

存货余额	3 450 000
减：存货跌价准备	90 000
存货账面价值	3 360 000

问题：管理当局对其所编制的会计报表做了哪些方面的认定？

4.1　财务报表审计目标与审计责任

审计目标是在一定历史环境下，人们通过审计实践活动所期望达到的境地或最终结果，它包括财务报表审计目标以及与各类交易、账户余额、列报相关的审计目标两个层次。

4.1.1 财务报表审计目标

1. 对财务报表发表意见

财务报表审计的目标是注册会计师通过执行审计工作，对财务报表的下列方面发表审计意见：①财务报表是否按照适用的会计准则和相关会计制度的规定编制；②财务报表是否在所有重大方面公允反映被审计单位的财务状况、经营成果和现金流量。

财务报表使用者之所以希望注册会计师对财务报表的合法性和公允性发表意见，主要有以下 4 个方面原因。

（1）利益冲突。财务报表使用者往往有着各自的利益，且这种利益与被审计单位管理层的利益大不相同。出于对自身利益的关心，财务报表使用者常常担心管理层提供带有偏见的、不公正的甚至欺诈性的财务报表。为此，他们往往向外部注册会计师寻求鉴证服务。

（2）财务信息的重要性。财务报表是财务报表使用者进行经济决策的重要信息来源，在有些情况下，还是唯一的信息来源。在进行投资、贷款和其他决策时，财务报表使用者期望财务报表中的信息可靠，并且期待注册会计师确定被审计单位是否按公认会计原则编制财务报表。

（3）复杂性。由于会计业务的处理及财务报表的编制日趋复杂，财务报表使用者因缺乏会计知识而难以对财务报表的质量做出评估，所以他们要求注册会计师对财务报表的质量进行鉴证。

（4）间接性。绝大多数财务报表使用者都远离客户，这种地域的限制导致财务报表使用者不可能接触到编制财务报表所依据的会计记录，即使使用者可以获得会计记录，也往往由于时间和成本的限制，而无法对会计记录进行有意义的审查。在这种情况下，使用者有两种选择：一是相信这些会计信息的质量；二是依赖第三者的鉴证。显然，使用者喜欢选择第二种方式。

2. 评价财务报表的合法性

在评价财务报表是否按照适用的会计准则和相关会计制度的规定编制时，注册会计师应当考虑下列内容。

（1）选择和运用的会计政策是否符合适用的会计准则和相关会计制度，并适合于被审计单位的具体情况。

（2）管理层作出的会计估计是否合理。

（3）财务报表反映的信息是否具有相关性、可靠性、可比性和可理解性。

（4）财务报表是否作出充分披露，使财务报表使用者能够理解重大交易和事项对被审计单位财务状况、经营成果和现金流量的影响。

3. 评价财务报表的公允性

在评价财务报表是否作出公允反映时，注册会计师应当考虑下列内容。

（1）经管理层调整后的财务报表是否与注册会计师对被审计单位及其环境的了解一致。

（2）财务报表的列报、结构和内容是否合理。

（3）财务报表是否真实地反映了交易和事项的经济实质。

4．财务报表审计的作用和局限性

财务报表审计属于鉴证业务。注册会计师作为独立第三方，运用专业知识、技能和经验对财务报表进行审计并发表审计意见，旨在提高财务报表的可信赖程度。由于审计存在固有限制，审计工作不能对财务报表整体不存在重大错报提供绝对保证。虽然财务报表使用者可以根据财务报表和审计意见对被审计单位未来生存能力或管理层的经营效率、经营效果作出某种判断，但审计意见本身并不是对被审计单位未来生存能力或管理层经营效率、经营效果提供的保证。

5．目标的导向作用

财务报表审计的目标对注册会计师的审计工作发挥着导向作用，它界定了注册会计师的责任范围，直接影响注册会计师计划和实施审计程序的性质、时间和范围，决定了注册会计师如何发表审计意见。例如，既然财务报表审计目标是对财务报表整体发表审计意见，注册会计师就可以只关注与财务报表编制和审计有关的内部控制，而不对内部控制本身发表鉴证意见。同样，注册会计师关注被审计单位的违反法规行为，是因为这些行为影响到财务报表，而不是对被审计单位是否存在违反法规行为提供鉴证。

4.1.2 财务报表审计责任

在财务报表审计中，被审计单位管理层和治理层与注册会计师承担着不同的责任，不能相互混淆和替代。明确划分责任，不仅有助于被审计单位管理层和治理层与注册会计师认真履行各自的职责，为财务报表及其审计报告的使用者提供有用的经济决策信息，还有利于保护相关各方的正当权益。

1．管理层和治理层的责任与注册会计师的责任

（1）管理层和治理层的责任。企业的所有权与经营权分离后，经营者负责企业的日常经营管理并承担受托责任。管理层通过编制财务报表反映受托责任的履行情况。为了借助公司内部之间的权力平衡和制约关系保证财务信息的质量，现代公司治理结构往往要求治理层对管理层编制财务报表的过程实施有效的监督。

在治理层的监督下，管理层作为会计工作的行为人，对编制财务报表负有直接责任。《中华人民共和国会计法》第二十一条规定，财务会计报告应当由单位负责人和主管会计工作的负责人、会计机构负责人（会计主管人员）签名并盖章；设置总会计师的单位，还须由总会计师签名并盖章。单位负责人应当保证财务会计报告真实、完整。《中华人民共和国公司法》第一百七十一条规定，公司应当向雇用的会计师事务所提供真实、完整的会计凭证、会计账簿、财务会计报告及其他会计资料，不得拒绝、隐匿、谎报。

因此，在被审计单位治理层的监督下，按照适用的会计准则和相关会计制度的规定编制财务报表是被审计单位管理层的责任。

管理层对编制财务报表的责任具体包括以下几点。

① 选择适用的会计准则和相关会计制度。管理层应当根据会计工作的性质和财务报表的编制目的，选择适用的会计准则和相关会计制度，并按照适用的会计准则和会计制度编制和列报财务报表。就会计主体性质而言，民间非盈利组织适合采用《民间非盈利组织会计制度》，事业单位通常适合采用《事业单位会计制度》，而企业根据规模或行业性质，分别适合采用《企业会计准则》、《企业会计制度》、《金融企业会计制度》和《小企业会计制度》等。

② 选择和运用恰当的会计政策。会计政策是指企业在会计确认、计量和报告中所采用的原则、基础和会计处理方法。管理层应当根据企业的具体情况，选择和运用恰当的会计政策。

③ 根据企业的具体情况，作出合理的会计估计。会计估计是指企业对其结果不确定的交易或事项以最近可利用的信息为基础所作的判断。财务报表中涉及大量的会计估计，如固定资产的预计使用年限和净残值、应收账款的可收回金额、存货的可变现净值以及预计负债的金额等。管理层有责任根据企业的实际情况，作出合理的会计估计。

为了履行编制财务报表的职责，管理层通常设计、实施和维护与财务报表编制相关的内部控制，以保证财务报表不存在由于舞弊或错误而导致的重大错报。

（2）注册会计师的责任。按照中国注册会计师审计准则（以下简称审计准则）的规定对财务报表发表审计意见是注册会计师的责任。

注册会计师作为独立的第三方，对财务报表发表审计意见，有利于提高财务报表的可信赖程度。为履行这一职责，注册会计师应当遵守职业道德规范，按照审计准则的规定计划和实施审计工作，获取充分、适当的审计证据，并根据获取的审计证据得出合理的审计结论，发表恰当的审计意见。注册会计师通过签署审计报告确认其责任。

（3）两种责任不能相互取代。财务报表审计不能减轻被审计单位管理层和治理层的责任。

财务报表编制和财务报表审计是财务信息生成链条上的不同环节，两者各司其职。法律法规要求管理层和治理层对编制财务报表承担责任，有利于从源头上保证财务信息质量。同时，在某些方面，注册会计师与管理层和治理层之间可能存在信息不对称。管理层和治理层作为内部人员，对企业的情况更为了解，更能作出适合企业特点的会计处理决策和判断，因此，管理层和治理层理应对编制财务报表承担完全责任。尽管在审计过程中，注册会计师可能向管理层和治理层提出调整建议，甚至在不违反独立性的前提下为管理层编制财务报表提供协助，但管理层仍然对编制财务报表承担责任，并通过签署财务报表确认这一责任。

如果财务报表存在重大错报，而注册会计师通过审计没有能够发现，也不能因为财务报表已经注册会计师审计这一事实而减轻管理层和治理层对财务报表的责任。

2. 财务报表审计的一般原则

（1）遵守职业道德规范。注册会计师应当遵守相关的职业道德规范，恪守独立、客观、公正的原则，保持专业胜任能力和应有的关注，并对执业过程中获知的信息保密。

（2）遵守质量控制准则。注册会计师应当遵守会计师事务所质量控制准则。目前，财政部已发布两项质量控制准则，即《会计师事务所质量控制准则第 5101 号——业务质量控制》和《中国注册会计师审计准则第 1121 号——历史财务信息审计的质量控制》。前者从会计师事务所层面上进行规范，适用于包括历史财务信息审计业务在内的各项业务；后者从执行审计项目的负责人层面上进行规范，仅适用于历史财务信息审计业务。这两项准则联系紧密，前者是后者的制定依据。

注册会计师应当遵守财政部发布的会计师事务所质量控制准则以及本所的质量控制制度。在执行某项审计业务时，注册会计师还应当同时遵守会计师事务所制定的审计质量控制程序。

（3）遵守审计准则。审计准则作为注册会计师提供的审计服务质量的技术标准，对注册会计师在某一审计领域的责任、所需要达到的目标和核心要求、为达到这一目标所要实施的必要审计程序做出了明确规范。注册会计师应当按照审计准则的规定执行审计工作，以保证审计工作质量，维护社会公众利益，增进社会公众对注册会计师行业的信心。

为了确保注册会计师在执行审计业务时遵守审计准则，注册会计师应当遵守会计师事务所按照有关质量控制准则要求而建立的适合于本所的质量控制制度，包括适合于审计业务的质量控制程序。

3. 财务报表审计范围

财务报表的审计范围是指为实现财务报表审计目标，注册会计师根据审计准则和职业判断实施的恰当的审计程序的总和。恰当的审计程序是指审计程序的性质、时间和范围是恰当的。

4. 职业怀疑态度

职业怀疑态度是指注册会计师以质疑的思维方式评价所获取审计证据的有效性，并对相互矛盾的审计证据以及引起对文件记录或管理层和治理层提供的信息的可靠性产生怀疑的审计证据保持警觉。

职业怀疑态度要求注册会计师凭证据"说话"。职业怀疑态度意味着在进行询问和实施其他审计程序时，注册会计师不能因轻信管理层和治理层的诚信而满足于说服力不够的审计证据。

职业怀疑态度要求注册会计师不应将审计中发现的舞弊视为孤立发生的事项。注册会计师还应当考虑发现的错报是否表明在某一特定领域存在舞弊导致的更高的重大错报风险。

职业怀疑态度要求，如果从不同来源获取的审计证据或获取的不同性质的审计证据不一致，可能表明其中某项或某几项审计证据不可靠，因此，注册会计师应当追加必要的审计程序。

职业怀疑态度要求，如果管理层的某项声明与其他审计证据相矛盾，注册会计师应当调查这种情况。必要时，注册会计师应重新考虑管理层作出的其他声明的可靠性。

职业怀疑态度要求，如果在审计过程中识别出异常情况，注册会计师应当作出进一步调查。

5. 合理保证

合理保证是一个与绝对保证相对应的概念。绝对保证是指注册会计师对财务报表整体不存在重大错报提供百分之百的保证。合理保证要求注册会计师通过不断修正的、系统的执业过程，获取充分、适当的审计证据，对财务报表整体发表审计意见，它提供的是一种高水平但非百分之百的保证。

4.2　管理层认定与具体审计目标

4.2.1　管理层认定

1. 管理层认定的含义

管理层认定是指管理层对财务报表组成要素的确认、计量、列报作出的明确或隐含的表达。管理层认定与审计目标密切相关，注册会计师的基本职责就是确定被审计单位管理层对其财务报表的认定是否恰当。注册会计师了解了认定，就很容易确定每个项目的具体审计目标。通过考虑可能发生的不同类型的潜在错报，注册会计师运用认定评估风险，并据此设计审计程序以应对评估的风险。

保证财务报表公允反映被审计单位的财务状况和经营情况等是管理层的责任。当管理层声明财务报表已按照适用的会计准则和相关会计制度进行编制，在所有重大方面作出公允反映时，就意味着管理层对财务报表各项组成要素的确认、计量、报告以及相关的披露作出了认定。管理层在财务报表上的认定有些是明确表达的，有些是隐含表达的。例如，管理层在资产负债表中列报存货及其金额，意味着作出了下列明确的认定：①记录的存货是存在的；②存货以恰当的金额包括在财务报表中，与之相关的计价或分摊调整已恰当记录。同时，管理层也作出下列隐含的认定：①所有记录的存货均已记录；②记录的存货都由被审计单位拥有。

管理层对财务报表各组成要素均作出了认定，注册会计师的审计工作就是要确定管理层的认定是否恰当。

2. 与各类交易和事项相关的认定

注册会计师对所审计期间的各类交易和事项运用的认定通常分为下列类别。

（1）发生：记录的交易和事项已发生且与被审计单位有关。

（2）完整性：所有应当记录的交易和事项均已记录。

（3）准确性：与交易和事项有关的金额及其他数据已恰当记录。

（4）截止：交易和事项已记录于正确的会计期间。

（5）分类：交易和事项已记录于恰当的账户。

3. 与期末账户余额相关的认定

注册会计师对期末账户余额运用的认定通常分为下列类别。

（1）存在：记录的资产、负债和所有者权益是存在的。

（2）权利和义务：记录的资产由被审计单位拥有或控制，记录的负债是被审计单位应当履行的偿还义务。

（3）完整性：所有应当记录的资产、负债和所有者权益均已记录。

（4）计价和分摊：资产、负债和所有者权益以恰当的金额包括在财务报表中，与之相关的计价或分摊调整已恰当记录。

4. 与列报相关的认定

各类交易和账户余额的认定正确只是为列报正确打下了必要的基础，财务报表还可能因被审计单位误解有关列报的规定或舞弊等而产生错报。另外，还可能因被审计单位没有遵守一些专门的披露要求而导致财务报表错报。因此，注册会计师还应当对各类交易、账户余额及相关事项在财务报表中列报的正确性实施审计。

基于此，注册会计师对列报运用的认定通常分为下列类别。

（1）发生及权利和义务：披露的交易、事项和其他情况已发生，且与被审计单位有关。

（2）完整性：所有应当包括在财务报表中的披露均已包括。

（3）分类和可理解性：财务信息已被恰当地列报和描述，且披露内容表述清楚。

（4）准确性和计价：财务信息和其他信息已公允披露，且金额恰当。

注册会计师可以按照上述分类运用认定，也可按其他方式表述认定，但应涵盖上述所有方面。

4.2.2 具体审计目标

注册会计师了解了认定，就很容易确定每个项目的具体审计目标，并以此作为评估重大错报风险以及设计和实施进一步审计程序的基础。

1. 与各类交易和事项相关的审计目标

（1）发生：由发生认定推导的审计目标是确认已记录的交易是真实的。例如，如果没有发生销售交易，但在销售日记账中记录了一笔销售，则违反了该目标。

发生认定所要解决的问题是管理层是否把那些不曾发生的项目列入财务报表，它主要与财务报表组成要素的高估有关。

（2）完整性：由完整性认定推导的审计目标是确认已发生的交易确实已经记录。例如，如果发生了销售交易，但没有在销售明细账和总账中记录，则违反了该目标。

发生和完整性两者强调的是相反的关注点。发生目标针对潜在的高估，而完整性目标则针对漏记交易（低估）。

（3）准确性：由准确性认定推导出的审计目标是确认已记录的交易是按正确金额反映的。例如，如果在销售交易中，发出商品的数量与账单上的数量不符，或是开账单时使用了错误的销售价格，或是账单中的乘积或加总有误，或是在销售明细账中记录了错误的金额，则违反了该目标。

准确性与发生、完整性之间存在区别。例如，若已记录的销售交易是不应当记录的（如发出的商品是寄销商品），则即使发票金额是准确计算的，仍违反了发生目标。再如，若已入账的销售交易是对正确发出商品的记录，但金额计算错误，则违反了准确性目标，但没有违反发生目标。在完整性与准确性之间也存在同样的关系。

（4）截止：由截止认定推导出的审计目标是确认接近于资产负债表日的交易记录于恰当的期间。例如，如果本期交易推到下期，或下期交易提到本期，均违反了截止目标。

（5）分类：由分类认定推导出的审计目标是确认被审计单位记录的交易经过适当分类。例如，如果将现销记录为赊销，将出售经营性固定资产所得的收入记录为营业收入，则导致交易分类的错误，违反了分类的目标。

2. 与期末账户余额相关的审计目标

（1）存在：由存在认定推导的审计目标是确认记录的金额确实存在。例如，如果不存在某顾客的应收账款，在应收账款明细表中却列入了对该顾客的应收账款，则违反了存在性目标。

（2）权利和义务：由权利和义务认定推导的审计目标是确认资产归属于被审计单位，负债属于被审计单位的义务。例如，将他人寄售商品列入被审计单位的存货中，违反了权利目标；将不属于被审计单位的债务记入账内，违反了义务目标。

（3）完整性：由完整性认定推导的审计目标是确认已存在的金额均已记录。例如，如果存在某顾客的应收账款，在应收账款明细表中却没有列入对该顾客的应收账款，则违反了完整性目标。

（4）计价和分摊：资产、负债和所有者权益以恰当的金额包括在财务报表中，与之相关的计价或分摊调整已被恰当记录。

3. 与列报相关的审计目标

（1）发生及权利和义务：将没有发生的交易、事项，或与被审计单位无关的交易和事项包括在财务报表中，则违反该目标。例如，复核董事会会议记录中是否记载了固定资产抵押等事项，询问管理层固定资产是否被抵押，即是对列报的权利认定的运用。如果被审计单位拥有被抵押的固定资产，则需要将其在财务报表中列报，并说明与之相关的权利受到限制。

（2）完整性：如果应当披露的事项没有包括在财务报表中，则违反该目标。例如，检查关联方和关联交易，以验证其在财务报表中是否得到充分披露，即是对列报的完整性认定的运用。

（3）分类和可理解性：表示财务信息已被恰当地列报和描述，且披露内容表述清楚。例如，检查存货的主要类别是否已披露，是否将一年内到期的长期负债列为流动负债，即是对列报的分类和可理解性认定的运用。

（4）准确性和计价：表示财务信息和其他信息已公允披露，且金额恰当。例如，检查财务报表附注是否分别对原材料、在产品和产成品等存货成本核算方法做了恰当说明，即是对列报的准确性和计价认定的运用。

通过上面的介绍可知，管理层认定是确定具体审计目标的基础。注册会计师通常将管理层认定转化为能够通过审计程序予以实现的审计目标。针对财务报表每一项目所表现出的各项认定，注册会计师相应地确定一项或多项审计目标，然后通过执行一系列审计程序获取充分、适当的审计证据以实现审计目标。管理层认定、审计目标和审计程序之间的关系举例如·所示。

表 4-1　　　　　管理层认定、审计目标和审计程序之间的关系举例

管理层认定	审 计 目 标	审 计 程 序
存在性	资产负债表列示的存货存在	实施存货监盘程序
完整性	销售收入包括了所有已发货的交易	检查发货单和销售发票的编号以及销售明细账
准确性	应收账款反映的销售业务是否基于正确的价格和数量，计算是否准确	比较价格清单与发票上的价格、发货单与销售订购单上的数量是否一致，重新计算发票上的金额
截止	销售业务记录在恰当的期间	比较上一年度最后几天和下一年度最初几天的发货单日期与记账日期
权利和义务	资产负债表中的固定资产确实为公司拥有	查阅所有权证书、购货合同、结算单和保险单
计价和分摊	以净值记录应收款项	检查应收账款账龄分析表、评估计提的坏账准备是否充足

实训与练习

一、单项选择题

1. 在财务报表审计中，有关管理层对财务报表责任的陈述中不恰当的是（　　）。

A. 选择和运用恰当的会计政策

B. 保证财务报表不存在重大错报以减轻注册会计师的责任

C. 根据企业的具体情况，作出合理的会计估计

D. 选择适用的会计准则和相关会计制度

2. 以下说法中不正确的是（　　）。

A. 职业怀疑态度并不要求注册会计师假设管理层是不诚信的，但也不能假设管理层的诚信毫无疑问

B. 如果从不同来源获取的审计证据或获取的不同性质的审计证据不一致，可能表明其中某项或某几项审计证据不可靠，因此，注册会计师应当追加必要的审计程序

C. 注册会计师通过不断修正的、系统的执业过程，获取充分、适当的审计证据，对财务报表整体发表审计意见，它提供的是一种高水平的绝对保证

D. 注册会计师不应将审计中发现的舞弊视为孤立发生的事项

3. 注册会计师在审查应收账款时，发现账上某笔记录"借：应收账款——A 公司 100，贷：营业收入 100"，通过函证 A 公司，检查该笔销货记录证实，A 公司实际欠款 50 万元。那么，注册会计师首先认为管理层对主营业务收入账户的（　　）认定存在问题。

A. 发生　　B. 准确性　　C. 完整性　　D. 权利和义务

4. 在注册会计师所关心的下列各种问题中，能够实现截止目标的是（　　）。

A. 应收账款是否已经按照规定计提坏账准备

B. 年后开出的支票是否未计入报告期报表中

C. 存货的跌价损失是否已抵减

D. 固定资产是否有用做抵押的

5. 在注册会计师针对下列各项目分别提出的具体目标中，属于完整性目标的是（　　）。

A. 实现的销售是否均已登记入账

B. 关联交易类型、金额是否在附注中恰当披露

C. 将下期交易提前到本期入账

D. 有价证券的金额是否予以适当列示

6. 注册会计师在审计"应付账款"余额时，下列属于管理层明示性认定的是（　　）。

A. 存在　　B. 完整性　　C. 权利和义务　　D. 分类与可理解性

7. 注册会计师在审查销售部门的销货合同时，发现与 A 公司有一笔 100 万元销售款未入账，通过函证 A 公司，检查该笔销货记录，证实 A 公司实际已购货且欠款 100 万元。那么，注册会计师首先认为管理层对主营业务收入账户的（　　）认定存在问题。

A. 发生　　B. 完整性　　C. 准确性　　D. 计价和分摊

8. 在被审计单位发生的下列事项中，违反管理层对所属项目的"计价和分摊"认定的是（　　）。

A. 将经营租赁的固定资产原值 80 万元计入固定资产账户中

B. 将应付天成公司的款项 280 万元计入甲公司名下

C. 未将向外单位拆借的 120 万元款项列入所属项目中

D. 将应收账款 420 万元记为 360 万元

9. 甲公司将 2008 年度的主营业务收入列入 2009 年度的财务报表，则针对 2008 年度财务报表存在错误的认定是（　　）。

 A. 存在 B. 发生 C. 准确性 D. 完整性

10. 下列有关财务报表审计目标的说法中错误的是（　　）。

A. 注册会计师作为独立第三方，运用专业知识、技能和经验对财务报表进行审计并发表审计意见，旨在增强预期使用者对财务报表信赖程度

B. 财务报表审计目标是对被审计单位财务报表的真实性和公允性表示意见

C. 财务报表审计目标界定了注册会计师的责任范围，直接影响注册会计师计划和实施审计程序的性质、时间和范围

D. 财务报表审计目标对注册会计师的审计工作发挥着导向作用

11. 在对资产存在认定获取审计证据时，正确的测试方向是（　　）。

A. 从财务报表到尚未记录的项目 B. 从尚未记录的项目到财务报表

C. 从会计记录到支持性证据 D. 从支持性证据到会计记录

二、多项选择题

1. 以下说法中正确的有（　　）。

A. 审计目标包括财务报表审计目标以及与各类交易、账户余额、列报相关的审计目标两个层次

B. 财务报表审计能够提高财务报表的可信赖程度

C. 在财务报表审计中，被审计单位管理层和治理层与注册会计师承担着不同的责任，不能相互混淆和替代

D. 审计目标界定了注册会计师的责任范围，决定了注册会计师如何发表审计意见

2. 关于职业怀疑态度，下列说法中正确的有（　　）。

A. 职业怀疑态度不能假设管理层的诚信毫无疑问，为了稳妥起见，要怀疑其是不诚信的

B. 如果从不同来源获取的审计证据或获取的不同性质的审计证据不一致，可能表明其中某项或某几项审计证据不可靠，因此，注册会计师应当追加必要的审计程序

C. 注册会计师通过不断修正的、系统的执业过程，获取充分、适当的审计证据，对财务报表整体发表审计意见，它提供的是一种高水平的绝对保证

D. 注册会计师不应将审计中发现的舞弊视为孤立发生的事项

3. 为实现对上市公司完整性认定相关的审计目标，注册会计师一般考虑与下列（　　）项目的低估有关。

　　A. 应付账款　　　　B. 应收账款　　　C. 管理费用　　　D. 预付款项

4. 注册会计师准备执行商业银行财务报表审计，在审计资产负债表表外业务时，注册会计师应当检查相应收入的来源，并实施相关审计程序，以证实（　　）。

　　A. 相关会计记录是否完整　　　　　B. 金额是否正确

　　C. 计提的减值准备是否充分　　　　D. 披露是否充分

5. 被审计单位将固定资产已作抵押，但未在财务报表附注中披露，则涉及的认定包括（　　）。

　　A. 计价和分摊　　　　　　　　　B. 完整性

　　C. 发生及权利和义务　　　　　　D. 分类和可理解性

6. 具体审计目标是注册会计师根据被审计单位管理层对财务报表的认定推论得出的，具体审计目标一般包括（　　）。

　　A. 总体合理性与其他审计目标　　B. 与各类交易和事项相关的审计目标

　　C. 与期末账户余额相关的审计目标　　D. 与列报相关的审计目标

7. 下列审计程序中，能够为注册会计师确认应收账款的计价和分摊认定的有（　　）。

　　A. 复核销售发票上记录的数据

　　B. 检查被审计单位坏账准备计提的是否充分

　　C. 检查应收账款的总账和明细账的金额是否一致

　　D. 检查是否存在没有发生的应收账款却已经记录

8. 注册会计师对财务报表实施审计的目标是对（　　）发表审计意见。

　　A. 被审计单位是否存在违反法律法规的行为

　　B. 财务报表是否按照适用的会计准则和相关会计制度的规定编制

　　C. 财务报表是否在所有重大方面公允反映被审计单位的财务状况、经营成果和现金流量

　　D. 财务报表是否真实反映了管理层的判断和决策

9. 在评价财务报表是否按照适用的会计准则和相关会计制度的规定编制时，注册会计师应当考虑（　　）。

　　A. 选择和运用的会计政策是否符合适用的会计准则和相关会计制度，并适合于被审计单位的具体情况

　　B. 财务报表是否真实地反映了交易和事项的经济实质

　　C. 财务报表反映的信息是否具有相关性、可靠性、可比性和可理解性

　　D. 管理层作出的会计估计是否合理

10. 风险评估程序包括的主要内容有（　　　）。

    A. 了解被审计单位及其环境

    B. 识别和评估财务报表层次以及各类交易、账户余额、列报认定层次的重大错报风险

    C. 对内控有效性进行检查

    D. 检查与交易和事项有关的金额及其他数据是否已恰当记录

11. 在接受业务委托前，会计师事务所应该获取（　　　）信息。

    A. 客户的诚信程度   B. 专业胜任能力

    C. 执行业务所需时间和资源   D. 执行业务必要的素质

三、实训题

假设你是甲会计师事务所的注册会计师，你在执行 ABC 公司财务报表审计时分别发现表 4-2 中的事项，请分别针对每一事项指明被审计单位违反了哪一项认定。

要求：先写出认定的大类，再写出认定的名称，如："与各类交易和事项相关的认定：发生"。

表 4-2 　　　　　　　　　　被审计单位违反了哪一项认定

财务报表审计时分别发现的问题	被审计单位违反了哪一项认定
本期交易推迟至下期记账，或者将下期应当记录的交易提前到本期记录	
期末少计提累计折旧错误	
在销售明细账中记录了并没有发生的一笔销售业务	
不存在某顾客，在应收账款明细表中却列入了对该顾客的应收账款	
财务报表附注没有分别对原材料、在产品和产成品等存货成本核算方法做恰当的说明	
将不属于被审计单位的债务记入账内	
将出售某经营性固定资产（并非企业的日常交易事项）所得的收入记录为主营业务收入	
没有将一年内到期的长期负债列为一年内到期的非流动负债	
发生了一项销售交易，但没有在销售明细账和总账中记录	
在销售交易中有如下情况：1. 发出商品的数量与账单上的数量不符；2. 开具账单时运用了错误的销售价格；3. 财务账单中的乘积或加总有误；4. 在销售明细账中记录了错误的金额	
存在对某客户的应收账款，在应收账款明细表中却没有列入对该客户的应收账款	
关联交易类型、金额没有在财务报表附注中作恰当披露	
关联方和关联交易，没有在财务报表中充分披露	
将现销记录为赊销	

第5章

审 计 计 划

→ 学习目标

- 了解审计计划工作包含的内容
- 掌握初步业务活动的内容、审计业务约定书的基本内容、总体审计策略和具体审计计划包含的内容
- 理解审计的重要性和审计风险的含义以及两者之间的关系，掌握重要性水平的确定

→ 案例导入

资料:假若 A 和 B 注册会计师对甲股份有限公司 2010 年年度会计报表进行审计，其未经审计的有关报表项目如表 5-1 所示。

表 5-1　　　　　　　　　　　未经审计的有关报表项目　　　　　　　　（单位：万元）

会计报表项目名称	金额
资产总计	360 000
股东权益总计	176 000
主营业务收入	480 000
净利润	48 240

要求：

（1）如果以资产、净资产、主营业务收入、净利润为判断基础，选用的判断比率分别为 0.5%，1%，0.5%，5%，请代 A 和 B 注册会计师确定甲股份有限公司 2010 年年度会计报表层次的重要性水平。

（2）说明重要性水平与审计风险之间的关系。

计划审计工作对于注册会计师顺利完成审计工作和控制审计风险具有非常重要的意义。合理的审计计划有助于注册会计师关注重点审计领域、及时发现和解决潜在问题及恰当地组织和管理审计工作。同时，充分的审计计划可以帮助注册会计师对项目组成员进行恰当分工和指导监督，并复核其工作，还有助于协调其他注册会计师和专家的工作。在计划审计工作时，注册会计师需要进行初步业务活动，制定总体审计策略和具体审计计划。在此过程中，注册会计师需要做出很多关键决策，包括确定可接受的审计风险水平和重要性、配置项目人员等。

5.1　初步业务活动

5.1.1　初步业务活动的目的和内容

1. 初步业务活动的目的

注册会计师在计划审计工作前，需要开展初步业务活动，以实现以下 3 个目的：第一，确保注册会计师已具备执行业务所需的独立性和专业胜任能力；第二，确保不存在因管理层诚信问题而影响注册会计师保持该项业务意愿的情况；第三，确保与被审计单位不存在对业务约定条款的误解。

2. 初步业务活动的内容

注册会计师在本期审计业务开始时应当开展下列初步业务活动：一是针对保持客户关系和具体审计业务实施相应的质量控制程序；二是评价遵守职业道德规范的情况；三是及时签订或修改审计业务约定书。

针对保持客户关系和具体审计业务实施质量控制程序，并且根据实施相应程序的结果作出适当的决策是注册会计师控制审计风险的重要环节。《中国注册会计师审计准则 1121 号——历史财务信息审计的质量控制》及《会计师事务所质量控制准则第5101 号——业务质量控制》含有与客户关系和具体业务的接受与保持的相关要求，注册会计师应当按照其规定开展初步业务活动。

评价遵守职业道德规范的情况也是一项非常重要的初步业务活动。质量控制准则含有包括独立性在内的有关职业道德要求，注册会计师应当按照其规定执行。虽然保持客户关系及具体审计业务和评价职业道德的工作贯穿审计业务的全过程，但是这两项活动需要安排在其他审计工作之前，以确保注册会计师已具备执行业务所需要的独立性和专业胜任能力，且不存在因管理层诚信问题而影响注册会计师保持该项业务意愿等情况。在连续审计的业务中，这些初步业务活动通常是在上期审计工作结束后不久或将要结束时就已开始了。

在作出接受或保持客户关系及具体审计业务的决策后，注册会计师应当按照《中国注册会计师审计准则第 1111 号——审计业务约定书》的规定，在审计业务开始前，与被审计单位就审计业务约定条款达成一致意见，签订或修改审计业务约定书，以避免双方对审计业务的理解产生分歧。

5.1.2　审计业务约定书

审计业务约定书是指会计师事务所与被审计单位签订的、用以记录和确认审计业务的委托与受托关系、审计目标和范围、双方的责任以及报告的格式等事项的书面协议。会计师事务所承接任何审计业务，都应与被审计单位签订审计业务约定书。

1. 审计业务约定书的基本内容

审计业务约定书的具体内容和格式可能因被审计单位的不同而不同，但应当包括以下主要内容：

① 财务报表审计的目标；

② 管理层对财务报表的责任；

③ 管理层编制财务报表采用的会计准则和相关会计制度；

④ 审计范围，包括指明在执行财务报表审计业务时遵守的中国注册会计师审计准则；

⑤ 执行审计工作的安排，包括出具审计报告的时间要求；

⑥ 审计报告格式和对审计结果的其他沟通形式；

⑦ 由于测试的性质和审计的其他固有限制，以及内部控制的固有局限性，审计过程不可避免地存在着某些重大错报可能仍然未被发现的风险；

⑧ 管理层为注册会计师提供必要的工作条件和协助；

⑨ 注册会计师不受限制地接触任何与审计有关的记录、文件和所需要的其他信息；

⑩ 管理层对其做出的与审计有关的声明予以书面确认；

⑪ 注册会计师对执业过程中获知的信息保密；

⑫ 审计收费，包括收费的计算基础和收费安排；

⑬ 违约责任；

⑭ 解决争议的方法；

⑮ 签约双方法定代表人或其授权代表的签字盖章，以及签约双方加盖的公章。

2. 审计业务约定书的特殊考虑

（1）考虑特定需要。如果情况需要，注册会计师还应当考虑在审计业务约定书中列明下列内容：

① 在某些方面对利用其他注册会计师和专家工作的安排；

② 与审计涉及的内部审计人员和被审计单位其他员工工作的协调；

③ 预期向被审计单位提交的其他函件或报告；

④ 与治理层整体直接沟通；

⑤ 在首次接受审计委托时，对与前任注册会计师沟通的安排；

⑥ 注册会计师与被审计单位之间需要达成进一步协议的事项。

（2）集团审计。如果负责集团财务报表审计的注册会计师同时负责组成部分财务报表的审计，注册会计师应当考虑下列因素，决定是否与各个组成部分单独签订审计业务约定书：

① 组成部分注册会计师的委托人；

② 是否对组成部分单独出具审计报告；

③ 法律法规的规定；

④ 母公司、总公司或总部拥有组成部分的所有权份额；

⑤ 组成部分管理层的独立程度。

（3）连续审计。对于连续审计，注册会计师应当考虑是否需要根据具体情况修改业务约定书的条款，以及是否需要提醒被审计单位注意现有的业务约定条款。

注册会计师可以与被审计单位签订长期审计业务约定书，但如果出现下列情况，应当考虑重新签订审计业务约定书：

① 有迹象表明被审计单位误解审计目标和范围；

② 需要修改约定条款或增加特别条款；

③ 高级管理人员、董事会或所有权结构近期发生变动；

④ 被审计单位业务的性质或规模发生重大变化；

⑤ 法律法规的规定；

⑥ 管理层编制财务报表采用的会计准则和相关会计制度发生变化。

（4）审计业务的变更。在完成审计业务前，如果被审计单位要求注册会计师将审计业务变更为保证程度较低的鉴证业务或相关服务，注册会计师应当考虑变更业务的适当性。

下列原因可能导致被审计单位要求变更业务：

① 情况变化对审计服务的需求产生影响；

② 对原来要求的审计业务的性质存在误解；

③ 审计范围存在限制。

上述项第①项和第②项通常被认为是变更业务的合理理由，但如果有迹象表明该变更要求与错误的、不完整的或者不能令人满意的信息有关，注册会计师不应认为该变更是合理的。

如果没有合理的理由，注册会计师不应同意变更业务。如果不同意变更业务，被审计单位又不允许继续执行原审计业务，注册会计师应当解除业务约定，并考虑是否有义务向被审计单位董事会或股东会等方面说明解除业务约定的理由。

5.2　总体审计策略和具体审计计划

审计计划分为总体审计策略和具体审计计划两个层次。图 5-1 所示为计划审计工作的两个层次。注册会计师应当针对总体审计策略中所识别的不同事项，制定具体审计计划，并考虑通过有效利用审计资源以实现审计目标。值得注意的是，虽然制定总体审计策略的过程通常在具体审计计划之前，但是两项计划具有内在紧密联系，对其中一项的决定可能会影响甚至改变对另外一项的决定。

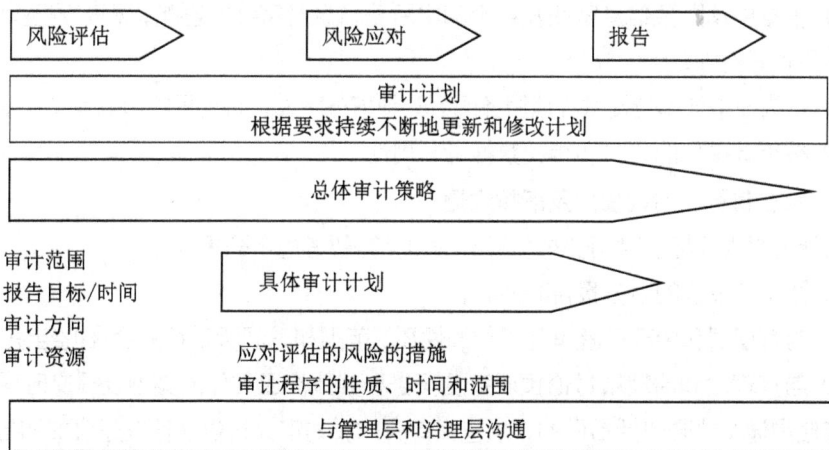

图 5-1　审计计划的两个层次

5.2.1　总体审计策略

注册会计师应当为审计工作制定总体审计策略。总体审计策略用以确定审计范围、时间和方向，并指导具体审计计划的制订。在制定总体审计策略时，应当考虑以下事项。

1. 审计范围

在确定审计范围时，需要考虑下列具体事项：

① 编制财务报表适用的会计准则和相关会计制度；

② 特定行业的报告要求，如某些行业的监管部门要求提交的报告；

③ 预期的审计工作涵盖范围，包括需审计的集团内组成部分的数量及所在地点；

④ 母公司和集团内其他组成部分之间存在的控制关系的性质，以确定如何编制合并财务报表；

⑤ 其他注册会计师参与审计集团内组成部分的范围；

⑥ 需审计的业务分部性质，包括是否需要具备专门知识；

⑦ 外币业务的核算方法及外币财务报表折算和合并方法；

⑧ 除对合并财务报表审计之外，是否需要对组成部分的财务报表单独进行法定审计；

⑨ 内部审计工作的可利用性及对内部审计工作的拟依赖程度；

⑩ 被审计单位使用服务机构的情况，及注册会计师如何取得有关服务机构内部控制设计、执行和运行有效性的证据；

⑪ 预期利用在以前期间审计工作中获取的审计证据的程度，如获取的与风险评估程序和控制测试相关的审计证据；

⑫ 信息技术对审计程序的影响，包括数据的可获得性和预期使用计算机辅助审计技术的情况；

⑬ 根据中期财务信息审阅及在审阅中所获信息对审计的影响，相应调整审计涵盖范围和时间安排；

⑭ 与为被审计单位提供其他服务的会计师事务所人员讨论可能影响审计的事项；

⑮ 被审计单位的人员和相关数据可利用性。

2. 报告目标、时间安排及所需沟通

为计划报告目标、时间安排和所需沟通，需要考虑下列事项：

① 被审计单位的财务报告时间表；

② 与管理层和治理层就审计工作的性质、范围和时间所举行的会议的组织工作；

③ 与管理层和治理层讨论预期签发报告和其他沟通文件的类型及提交时间，报告和其他沟通文件既包括书面的，也包括口头的，如审计报告、管理建议书和与治理层沟通函等；

④ 就组成部分的报告及其他沟通文件的类型及提交时间与组成部分的注册会计师沟通；

⑤ 项目组成员之间预期沟通的性质和时间安排，包括项目组会议的性质和时间安排及复核工作的时间安排；

⑥ 是否需要跟第三方沟通，包括与审计相关的法律法规规定和业务约定书约定的报告责任；

⑦ 与管理层讨论在整个审计过程中通报审计工作进展及审计结果的预期方式。

3. 审计方向

总体审计策略的制定应当包括考虑影响审计业务的重要因素，以确定项目组工作方向，包括确定适当的重要性水平，初步识别可能存在的重大错报风险较高的领域，初步

识别重要的组成部分和账户余额，评价是否需要针对内部控制的有效性获取审计证据，识别被审计单位、所处行业、财务报告要求及其他相关方面最近发生的重大变化等。

在确定审计方向时，注册会计师需要考虑下列事项。

（1）重要性方面。具体包括以下几方面。

① 为计划目的确定重要性。

② 为组成部分确定重要性且与组成部分的注册会计师沟通。

③ 在审计过程中重新考虑重要性。

④ 识别重要的组成部分和账户余额。

（2）重大错报风险较高的审计领域。

（3）评估的财务报表层次的重大错报风险对指导、监督及复核的影响。

（4）项目组人员的选择（在必要时包括项目质量控制复核人员）和工作分工，包括向重大错报风险较高的审计领域分派具备适当经验的人员。

（5）项目预算，包括考虑为重大错报风险可能性较高的审计领域分配适当的工作时间。

（6）如何向项目组成员强调在收集和评价审计证据过程中保持职业怀疑必要性的方式。

（7）以往审计中对内部控制运行有效性评价的结果，包括所识别的控制缺陷的性质及应对措施。

（8）管理层重视设计和实施健全的内部控制的相关证据，包括这些内部控制得以适当记录的证据。

（9）业务交易量规模，以基于审计效率的考虑确定是否依赖内部控制。

（10）对内部控制重要性的重视程度。

（11）影响被审计单位经营的重大发展变化，包括信息技术和业务流程的变化、关键管理人员变化、以及收购、兼并和分立。

（12）重大的行业发展情况，如行业法规变化和新的报告规定。

（13）会计准则及会计制度的变化。

（14）其他重大变化，如影响被审计单位的法律环境的变化。

4. 审计资源

注册会计师应当在总体审计策略中清楚地说明审计资源的规划和调配，包括确定执行审计业务所必需的审计资源的性质、时间和范围。

（1）向具体审计领域调配的资源，包括向高风险领域分派有适当经验的项目组成员，就复杂的问题利用专家工作等。

（2）向具体审计领域分配资源的数量，包括安排到重要存货存放地观察存货盘点的项目组成员的数量，对其他注册会计师工作的复核范围，对高风险领域安排的审计时间预算等。

（3）何时调配这些资源，包括是在期中审计阶段还是在关键的截止日期调配资源等。

（4）如何管理、指导、监督这些资源的利用，包括预期何时召开项目组预备会和总结会，预期项目负责人和经理如何进行复核，是否需要实施项目质量控制复核等。

总体审计策略格式如下。

总体审计策略参考格式

被审计单位：_____	索引号：**BE**_____
项目：　　总体审计策略	财务报表截止日/期间：_____
编制：_____	复核：_____
日期：_____	日期：_____

一、审计范围

报告要求	
适用的会计准则和相关会计制度	
适用的审计准则	
与财务报告相关的行业特别规定	如监管机构发布的有关信息披露法规、特定行业主管部门发布的与财务报告相关的法规等
需审计的集团内组成部分的数量及所在地点	
需要阅读的含有已审计财务报表的文件中的其他信息	如上市公司年报
制定审计策略需考虑的其他事项	如单独出具报告的子公司范围等

二、审计业务时间安排

（一）对外报告时间安排：_____

（二）执行审计时间安排

执行审计时间安排	时　间
1. 期中审计	
（1）制定总体审计策略	
（2）制定具体审计计划	
……	
2. 期末审计	
（1）存货监盘	
……	

（三）沟通的时间安排

所 需 沟 通	时　间
与管理层及治理层的会议	
项目组会议（包括预备会和总结会）	
与专家或有关人士的沟通	
与其他注册会计师沟通	

续表

所 需 沟 通	时 间
与前任注册会计师沟通	
……	

三、影响审计业务的重要因素

（一）重要性

确定的重要性水平	索 引 号

（二）可能存在较高重大错报风险的领域

可能存在较高重大错报风险的领域	索 引 号

（三）重要的组成部分和账户余额

填写说明：

1. 记录所审计的集团内重要的组成部分；

2. 记录重要的账户余额，包括本身具有重要性的账户余额（如存货），以及评估出存在重大错报风险的账户余额。

重要的组成部分和账户余额	索 引 号
1. 重要的组成部分	
……	
2. 重要的账户余额	
……	

四、人员安排

（一）项目组主要成员的责任

职 位	姓 名	主 要 职 责

注：在分配职责时可以根据被审计单位的不同情况按会计科目划分，或按交易类别划分。

（二）与项目质量控制复核人员的沟通（如适用）

复核的范围：＿＿＿＿＿＿＿＿＿＿＿＿＿＿＿＿＿＿＿＿

沟 通 内 容	负责沟通的项目组成员	计划沟通时间
风险评估、对审计计划的讨论		
对财务报表的复核		
……		

五、对专家或有关人士工作的利用（如适用）

注：如果项目组计划利用专家或有关人士的工作，需要记录其工作的范围和涉及的主要会计科目等。另外，项目组还应按照相关审计准则的要求对专家或有关人士的能力、客观性及其工作等进行考虑及评估。

（一）对内部审计工作的利用

主要报表项目	拟利用的内部审计工作	索 引 号
存货	内部审计部门对各仓库的存货每半年至少盘点一次。在中期审计时，项目组已经对内部审计部门盘点步骤进行观察，其结果满意，因此项目组将审阅其年底的盘点结果，并缩小存货监盘的范围。	
……		

（二）对其他注册会计师工作的利用

其他注册会计师名称	利用其工作的范围及程度	索 引 号

（三）对专家工作的利用

主要报表项目	专家名称	主要职责及工作范围	利用专家工作的原因	索 引 号

（四）对被审计单位使用服务机构的考虑

主要报表项目	服务机构名称	服务机构提供的相关服务及其注册会计师出具的审计报告意见及日期	索引号

5.2.2　具体审计计划

　　注册会计师应当为审计工作制定具体审计计划。具体审计计划比总体审计策略更加详细，其内容包括为获取充分、适当的审计证据以将审计风险降至可接受的低水平，项目组成员拟实施的审计程序的性质、时间和范围。可以说，为获取充分、适当的审计证据，而确定审计程序的性质、时间和范围的决策是具体审计计划的核心。具体审计计划应当包括风险评估程序、计划实施的进一步审计程序和其他审计程序。

1. 风险评估程序

　　具体审计计划应当包括按照《中国注册会计师审计准则第 1211 号——了解被审计单位及其环境并评估重大错报风险》的规定，为了足够识别和评估财务报表重大错报风险，注册会计师计划实施的风险评估程序的性质、时间和范围。

2. 计划实施的进一步审计程序

　　具体审计计划应当包括按照《中国注册会计师审计准则第 1231 号——针对评估的重大错报风险实施的程序》的规定，针对评估的认定层次的重大错报风险，注册会计师计划实施的进一步审计程序的性质、时间和范围。进一步审计程序包括控制测试和实质性程序。

　　需要强调的是，随着审计工作的推进，对审计程序的计划会一步步深入，并贯穿于整个审计过程。

　　通常，注册会计师计划的进一步审计程序可以分为进一步审计程序的总体方案和拟实施的具体审计程序（包括进一步审计程序的具体性质、时间和范围）两个层次。进一步审计程序的总体方案主要是指注册会计师针对各类交易、账户余额和列报决定采用的总体方案（包括实质性方案或综合性方案）。具体审计程序则是对进一步审计程序的总体方案的延伸和细化，它通常包括控制测试和实质性程序的性质、时间和范围。

　　另外，完整、详细的进一步审计程序的计划包括对各类交易、账户余额和列报实施的具体审计程序的性质、时间和范围，包括抽取的样本量等。在实务中，注册会计师可以统筹安排进一步审计程序的先后顺序，如果对某类交易、账户余额或列报已经做出计划，则可以安排先行开展工作，与此同时再制定其他交易、账户余额和列报的进一步审计程序。

3. 计划其他审计程序

具体审计计划应当包括根据审计准则的规定，注册会计师针对审计业务需要实施的其他审计程序。计划的其他审计程序可以包括上述进一步程序的计划中没有涵盖的、根据其他审计准则的要求注册会计师应当执行的既定程序。

在审计计划阶段，除了按照《中国注册会计师审计准则第 1211 号——了解被审计单位及其环境并评估重大错报风险》进行计划工作，注册会计师还需要兼顾其他准则中规定的、针对特定项目在审计计划阶段应执行的程序及记录要求。

5.2.3 审计过程中对计划的更改

计划审计工作并非审计业务的一个孤立阶段，而是一个持续的、不断修正的过程，贯穿于整个审计业务的始终。由于未预期事项、条件的变化或在实施审计程序中获取的审计证据等原因，注册会计师在必要时应当对总体审计策略和具体审计计划做出更新和修改。

审计过程可以分为不同阶段，通常前面阶段的工作结果会对后面阶段的工作计划产生一定的影响，而后面阶段的工作过程中又可能发现需要对已制定的相关计划进行相应的更新和修改。通常来讲，这些更新和修改涉及比较重要的事项。例如，对重要性水平的修改，对某类交易、账户余额和列报的重大错报风险的评估和进一步审计程序（包括总体方案和拟实施的具体审计程序）的更新和修改等。一旦计划被更新和修改，审计工作也就应当进行相应修正。

5.2.4 指导、监督与复核

注册会计师应当就对项目组成员工作的指导、监督与复核的性质、时间和范围制订计划。对项目组成员工作的指导、监督与复核的性质、时间和范围主要取决于下列因素：

① 被审计单位的规模和复杂程度；

② 审计领域；

③ 重大错报风险；

④ 执行审计工作的项目组成员的素质和专业胜任能力。

注册会计师应在评估重大错报风险的基础上，计划对项目组成员工作的指导、监督与复核的性质、时间和范围。当评估的重大错报风险增加时，注册会计师通常会扩大指导与监督的范围，增强指导与监督的及时性，执行更详细的复核工作。在计划复核的性质、时间和范围时，注册会计师还应考虑单个项目组成员的素质和专业胜任能力。

5.3 审计重要性

审计重要性是审计学的一个基本概念。审计重要性概念的运用贯穿于整个审计过程。

5.3.1　重要性的含义

重要性取决于在具体环境下对错报金额和性质的判断。如果一项错报单独或连同其他错报可能影响财务报表使用者依据财务报表做出的经济决策，则该项错报是重大的。在审计开始时，就必须对重大错报的规模和性质做出一个判断，这包括制定财务报表层次的重要性水平和特定交易类别、账户余额和披露的重要性水平。当错报金额低于整体重要性水平时，就很可能对使用者根据财务报表作出的经济决策产生影响。

审计中可能存在未被发现的错报和不重大错报汇总后就变成重大错报的情况。为允许可能存在的这种情况，注册会计师应当制定一个比重要性水平更低的金额，以便评估风险、设计进一步的审计程序。注册会计师使用整体重要性水平（将财务报表作为整体）的目的有：①决定风险评估程序的性质、时间和范围；②识别和评估重大错报风险；③确定进一步审计程序的性质、时间和范围。在整个业务过程中，随着审计工作的进展，注册会计师应当根据所获得的新信息更新重要性。在形成审计结论阶段，要使用整体重要性水平和为特定交易类别、账户余额和披露而制定的较低金额的重要性水平来评价已识别的错报对财务报表的影响和对审计报告中审计意见的影响。

为了更清楚地理解审计重要性的概念，需要注意把握以下几点。

（1）判断一项错报重要与否，应视其对财务报表使用者依据财务报表做出经济决策的影响程度而定。如果财务报表中的某项错报足以改变或影响财务报表使用者的相关决策，则该项错报就是重要的，否则就不重要。

（2）重要性受到错报的性质或者数量的影响，或者受到两者的共同影响。一般而言，金额大的错报比金额小的错报更重要。在有些情况下，某些金额的错报从数量上看并不重要，但从性质上考虑，则可能是重要的。对于某些财务报表披露的错报，如果难以从数量上判断是否重要，应从性质上考虑其是否重要。

（3）判断一个事项对财务报表使用者是否重大，是将使用者作为一个群体，对共同性的财务信息的需求来考虑的。没有考虑错报对个别特定使用者可能产生的影响，因为个别特定使用者的需求可能极其不同。

（4）重要性的确定离不开具体环境。由于不同的被审计单位面临不同的环境，不同的报表使用者有着不同的信息需求，因此注册会计师确定的重要性也不相同。某一金额的错报对某被审计单位的财务报表来说是重要的，而对另一个被审计单位的财务报表来说可能不重要。

（5）对重要性的评估需要运用职业判断。影响重要性的因素很多，注册会计师应当根据被审计单位面临的环境，综合考虑其他因素，合理确定重要性水平。不同的注册会计师在确定同一被审计单位财务报表层次和认定层次的重要性水平时，得出的结果可能不同。这主要是因为不同的注册会计师对影响重要性的各因素的判断存在差异。因此，注册会计师需要运用职业判断来合理评估重要性。

需要注意的是，如果仅从数量角度考虑，重要性水平只是一个门槛或临界点。在该门槛或临界点之上的错报就是重要的；反之，该错报则不重要。重要性并不是财务信息的主要质量特征。

5.3.2　审计风险

在执行审计业务时，注册会计师应当考虑重要性及重要性与审计风险的关系。注册会计师审计风险是指财务报表存在重大错报而注册会计师发表不恰当审计意见的可能性。可接受的审计风险的确定，需要考虑会计师事务所对审计风险的态度、审计失败对会计师事务所可能造成损失的大小等因素。其中，审计失败对会计师事务所可能造成的损失大小又受所审计财务报表的用途、使用者的范围等因素的影响。但必须注意，审计业务是一种保证程度高的鉴证业务，可接受的审计风险应当足够低，以使注册会计师能够合理保证所审计财务报表不含有重大错报。审计风险取决于重大错报风险和检查风险。

1. 重大错报风险

重大错报风险是指财务报表在审计前存在重大错报的可能性。重大错报风险与被审计单位的风险相关，且独立存在于财务报表的审计中。在设计审计程序以确定财务报表整体是否存在重大错报时，注册会计师应当从财务报表的层次和各类交易、账户余额、列报认定的层次方面考虑重大错报风险。

（1）两个层次的重大错报风险。财务报表层次重大错报风险与财务报表整体存在广泛联系，可能影响多项认定。此类风险通常与控制环境有关，但也可能与其他因素有关，如经济萧条。此类风险难以界定某类交易、账户余额、列报的具体认定；相反，此类风险增大了任何数目的不同认定发生重大错报的可能性，对注册会计师考虑由舞弊引起的风险特别重要。

注册会计师评估财务报表层次重大错报风险的措施包括：①考虑审计项目组承担重要责任的人员的学识、技术和能力，是否需要专家介入；②考虑给予业务助理人员适当程度的监督指导；③考虑是否存在导致注册会计师怀疑被审计单位持续经营假设合理性的事项或情况。

注册会计师同时考虑各类交易、账户余额、列报认定层次的重大错报风险，考虑的结果直接有助于注册会计师确定认定层次上实施的进一步审计程序的性质、时间和范围。注册会计师在各类交易、账户余额、列报认定层次获取审计证据，以便能够在审计工作完成时，以可接受的低审计风险水平对财务报表整体发表审计意见。

（2）固有风险和控制风险。认定层次的重大错报风险又可以进一步细分为固有风险和控制风险。

固有风险是指假设不存在相关的内部控制，某一认定发生重大错报的可能性，无论该错报单独考虑，还是连同其他错报构成重大错报。

某些类别的交易、账户余额、列报及其认定的固有风险较高。例如，复杂的计算比简单计算更有可能出错；受重大计量不确定性影响的会计发生错报的可能性较大。产生经营风险的外部因素也可能影响固有风险，例如，技术进步可能导致某项产品陈旧，进而导致存货易于发生高估错报（计价认定）。被审计单位及其环境中的某些因素还可能与多个甚至所有类别的交易、账户余额、列报有关，进而影响认定的固有风险。这些因素包括维持经营的流动资金匮乏等。

控制风险是指某项认定发生了重大错报，无论该错报单独考虑，还是连同其他错报构成重大错报，而该错报没有被企业的内部控制及时防止、发现和纠正的可能性。控制风险取决于与财务报表编制有关的内部控制的设计和运行的有效性。由于控制的固有局限性，某种程度的控制风险始终存在。

需要特别说明的是，由于固有风险和控制风险不可分割地交织在一起，有时无法单独进行评估，本书通常不再单独提到固有风险和控制风险，而只是将这两者合并称为"重大错报风险"，但这并不意味着注册会计师不可以单独对固有风险和控制风险进行评估。相反，注册会计师既可以对两者进行单独评估，也可以对两者进行合并评估。具体采用的评估方法取决于会计师事务所偏好的审计技术和方法及实务上的考虑。

2. 检查风险

检查风险是指某一认定存在错报，该错报单独或连同其他错报是重大的，但注册会计师未能发现这种错报的可能性。检查风险取决于审计程序设计的合理性和执行的有效性。由于注册会计师通常并不对所有的交易、账户余额和列报进行检查，以及一些其他原因，检查风险不可能降低为零。其他原因包括注册会计师可能选择了不恰当的审计程序、审计过程执行不当，或者错误解读了审计结论。这些其他因素可以通过适当计划、在项目组成员之间进行恰当的职责分配、保持职业怀疑态度以及监督、指导和复核助理人员所执行的审计工作来解决。

3. 检查风险与重大错报风险的反向关系

在既定的审计风险水平下，可接受的检查风险水平与认定层次重大错报风险的评估结果成反向关系。评估的重大错报风险越高，可接受的检查风险越低；评估的重大错报风险越低，可接受的检查风险越高。这两种风险的关系可以用图5-2 表示。检查风险与重大错报风险的反向关系可用下列数学模型表示：

审计风险 = 重大错报风险 × 检查风险

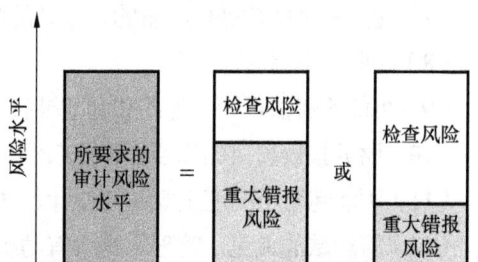

图 5-2 检查风险与重大错报风险的反向关系

这个模型也就是审计风险模型。假设针对某一认定，注册会计师将可接受的审计风险水平设定为 5%，注册会计师实施风险评估程序后将重大错报风险评估为 25%，则根据这一模型，可接受的检查风险为 20%。当然，实务中，注册会计师不一定用绝对数量表达这些风险水平，而选用"高"、"中"、"低"等文字描述。

注册会计师应当合理设计审计程序的性质、时间和范围，并有效执行审计程序，以控制检查风险。上例中，注册会计师根据确定的可接受检查风险（20%），设计审计程序的性质、时间和范围。审计计划在很大程度上围绕确定审计程序的性质、时间和范围而展开。

5.3.3 重要性水平的确定

在计划审计工作时，注册会计师应当确定一个可接受的重要性水平，以发现在金额上的重大错报。注册会计师在确定计划的重要性水平时，需要考虑对被审计单位及其环境的了解、审计的目标、财务报表各项目的性质及其相互关系、财务报表项目的金额及其波动幅度。同时，还应当从性质和数量两个方面合理确定重要性水平。

1. 从性质方面考虑重要性

在某些情况下，金额相对较少的错报可能会对财务报表产生重大影响。例如，发生了一项不重大的违法支付或者没有遵循某项法律规定的行为，但该支付或违法行为可能导致一项有负债的、重大的资产损失或者收入损失，就认为上述事项是重大的。下面列出了可能构成重要性的因素。

（1）对财务报表使用者需要的感知。他们对财务报表的哪一方面是感兴趣。

（2）获利能力趋势。

（3）因没有遵守贷款契约、合同约定、法规条款和法定的或常规的报告要求而产生错报的影响。

（4）计算管理层报酬（奖金等）的依据。

（5）由于错误或舞弊而使一些账户项目对损失的敏感性。

（6）重大或有负债。

（7）通过一个账户处理大量的、复杂的和相同性质的个别交易。

（8）关联方交易。

（9）可能的违法行为、违约和利益冲突。

（10）财务报表项目的重要性和复杂性。

（11）可能包含了高度主观性的估计、分配或不确定性。

（12）管理层的偏见。管理层是否有动机将收益最大化或最小化。

（13）管理层一直不愿意纠正已报告的与财务报告相关的内部控制制度的缺陷。

（14）与账户相关联的核算与报告的复杂性。

（15）目前一个会计期间以来账户特征发生的改变（如新的复杂性、主观性或交易的种类）。

（16）个别极其重大但不同的错报抵消产生的影响。

2. 从数量方面考虑重要性

（1）财务报表层次的重要性水平。由于财务报表审计的目标是注册会计师通过执行审计工作对财务报表发表审计意见，因此，注册会计师应当考虑财务报表层次的重要性。只有这样，才能得出财务报表是否公允反映的结论。注册会计师在制定总体审计策略时，应当确定财务报表层次的重要性水平。

确定多大的错报会影响到财务报表使用者所做的决策，是注册会计师运用职业判断的结果。很多注册会计师根据所在会计师事务所的惯例及自己的经验，考虑重要性水平。注册会计师通常先选择一个恰当的基准，再选用适当的百分比乘以该基准，从而得出财务报表层次的重要性水平。

在实务中，有许多汇总性财务数据可以用做确定财务报表层次重要性水平的基准，如总资产、净资产、销售收入、费用总额、毛利、净利润等。在选择适当的基准时，注册会计师应当考虑的因素包括：

① 财务报表的要素（如资产、负债、所有者权益、收入、费用和利润等）、适用的会计准则和相关会计制度所定义的财务报表指标（如财务状况、经营成果和现金流量），以及适用的会计准则和相关会计制度提出的其他具体要求；

② 对某被审计单位而言，是否存在财务报表使用者特别关注的报表项目（如特别关注与评价经营成果相关的信息）；

③ 被审计单位的性质及所在行业；

④ 被审计单位的规模、所有权性质以及融资方式；

⑤ 基准的相对不稳定性。

注册会计师对基准的选择有赖于被审计单位的性质和环境。注册会计师通常选择一个相对稳定、可预测且能够反映被审计单位正常规模的基准。由于销售收入和总资产具有相对稳定性，注册会计师经常将其用做确定计划重要性水平的基准。

在确定恰当的基准后，注册会计师通常运用职业判断，合理选择百分比，据此确定重要性水平。以下是一些参考数值的举例。

① 对于以盈利为目的的企业，来自经常性业务的税前利润或税后净利润的 5%，或总收入的 0.5%。

② 对于非盈利组织，费用总额或总收入的 0.5%。

③ 对于共同基金公司，净资产的 0.5%。

注册会计师执行具体审计业务时，可能认为采用比上述百分比更高或更低的比例是适当的。

此外，注册会计师在确定重要性时，通常考虑以前期间的经营成果和财务状况、本期的经营成果和财务状况、本期的预算和预测结果、被审计单位情况的重大变化（如重大的企业购并）以及宏观经济环境和所在行业环境发生的相关变化。

注册会计师在确定重要性水平时，不需考虑与具体项目计量相关的固有不确定性。例如，财务报表含有高度不确定性的大额估计，注册会计师并不会因此而确定一个比不含有该估计的财务报表的重要性更高或更低的重要性水平。

（2）各类交易、账户余额、列报认定层次的重要性水平。由于财务报表提供的信息由各类交易、账户余额、列报认定层次的信息汇集加工而成，注册会计师只有通过对各类交易、账户余额、列报认定实施审计，才能得出财务报表是否公允反映的结论。因此，注册会计师还应当考虑各类交易、账户余额、列报认定层次的重要性。

各类交易、账户余额、列报认定层次的重要性水平称为"可容忍错报"。可容忍错报的确定以注册会计师对财务报表层次重要性水平的初步评估为基础。它是在不导致财务报表存在重大错报的情况下，注册会计师对各类交易、账户余额、列报确定的可接受的最大错报。

在确定各类交易、账户余额、列报认定层次的重要性水平时，注册会计师应当考虑以下主要因素：第一，各类交易、账户余额、列报的性质及错报的可能性；第二，各类交易、账户余额、列报的重要性水平与财务报表层次重要性水平的关系。由于为各类交易、账户余额、列报确定的重要性水平，即可容忍错报对审计证据数量有直接的影响，因此，注册会计师应当合理确定可容忍错报。

需要强调的是，在制定总体审计策略时，注册会计师应当对那些金额本身就低于所确定的财务报表层次重要性水平的特定项目做额外的考虑。注册会计师应当根据被审计单位的具体情况，运用职业判断，考虑是否能够合理地预计这些项目的错报将影响使用者依据财务报表做出的经济决策（如有这种情况的话）。注册会计师在做出这一判断时，应当考虑的因素包括：

① 会计准则、法律法规是否影响财务报表使用者对特定项目计量和披露的预期（如关联方交易、管理层及治理层的报酬）；

② 与被审计单位所处行业及其环境相关的关键性披露（如制药业的研究与开发成本）；

③ 财务报表使用者是否特别关注财务报表中单独披露的特定业务分部（如新近购买的业务）的财务业绩。

了解治理层和管理层对上述问题的看法和预期，可能有助于注册会计师根据被审计单位的具体情况作出这一判断。

3. 对计划阶段确定的重要性水平的调整

在审计执行阶段，随着审计过程的推进，注册会计师应当及时评价计划阶段确定的重要性水平是否仍然合理，并根据具体环境的变化或在审计执行过程中进一步获取的信息，修正计划的重要性水平，进而修改进一步审计程序的性质、时间和范围。在确定审计程序后，如果注册会计师决定接受更低的重要性水平，审计风险将增加。注册会计师应当选用下列方法将审计风险降至可接受的低水平。

（1）如有可能，通过扩大控制测试范围或实施追加的控制测试，降低评估的重大错报风险，并支持降低后的重大错报风险水平。

（2）通过修改计划实施的实质性程序的性质、时间和范围，降低检查风险。

4. 重要性与审计风险的关系

重要性与审计风险之间存在反向关系。重要性水平越高，审计风险越低；重要性水平越低，审计风险越高。这里所说的重要性水平高低指的是金额的大小。通常，4 000元的重要性水平比 2 000 元的重要性水平高。在理解两者之间的关系时，必须注意，重要性水平是注册会计师从财务报表使用者的角度进行判断的结果。如果重要性水平是 4 000 元，则意味着低于 4 000 元的错报不会影响到财务报表使用者的决策，此时注册会计师需要通过执行有关审计程序合理保证能发现高于 4 000 元的错报。如果重要性水平是 2 000 元，则金额在 2 000 元以上的错报就会影响财务报表使用者的决策，此时注册会计师需要通过执行有关审计程序合理保证能发现金额在 2 000 元以上的错报。显然，重要性水平为 2 000 元时审计不出这样的重大错报的可能性即审计风险，要比重要性水平为 4 000 元时的审计风险高。审计风险越高，越要求注册会计师收集更多更有效的审计证据，以将审计风险降至可接受的低水平。因此，重要性和审计证据之间也是反向变动关系。

值得注意的是，注册会计师不能不合理地人为调高重要性水平，降低审计风险。因为重要性是依据重要性概念中所述的判断标准确定的，而不是由主观期望的审计风险水平决定的。

由于重要性和审计风险存在上述反向关系，而且这种关系对注册会计师将要执行的审计程序的性质、时间和范围有直接的影响，因此，注册会计师应当综合考虑各种因素，合理确定重要性水平。

5.3.4　评价错报的影响

1. 尚未更正错报的汇总数

尚未更正错报的汇总数包括已经识别的具体错报和推断误差，下面分别说明。

（1）已经识别的具体错报。已经识别的具体错报是指注册会计师在审计过程中发现的，能够准确计量的错报，包括下列两类。

① 对事实的错报。这类错报产生于被审计单位收集和处理数据的错误，对事实的忽略或误解，或故意舞弊行为。例如，注册会计师在审计测试中发现最近购入存货的实际价值为 15 000 元，但账面记录的金额却为 10 000 元。因此，存货和应付账款

分别被低估了 5 000 元，这里被低估的 5 000 元就是已识别的对事实的具体错报。

② 涉及主观决策的错报。这类错报产生于两种情况：一是管理层和注册会计师对会计估计值的判断差异，例如，由于包含在财务报表中的管理层做出的估计值超出了注册会计师确定的一个合理范围，导致出现判断差异；二是管理层和注册会计师对选择和运用会计政策的判断差异，由于注册会计师认为管理层选用会计政策造成错报，管理层却认为选用会计政策适当，导致出现判断差异。

（2）推断误差。推断误差也称为"可能误差"，是注册会计师对不能明确、具体识别的其他错报的最佳估计数。推断误差通常包括：

① 通过测试样本估计出的总体错报减去在测试中发现的已经识别的具体错报。例如，应收账款年末余额为 2 000 万元，注册会计师抽查 10% 样本发现金额有 100 万元的高估，高估部分为账面金额的 20%，据此注册会计师推断总体的错报金额为 400 万元（即 2 000×20%），那么上述 100 万元就是已识别的具体错报，其余 300 万元即推断误差。

② 通过实质性分析程序推断出的估计错报。例如，注册会计师根据客户的预算资料及行业趋势等要素，对客户年度销售费用独立做出估计，并与客户账面金额比较，发现两者间有 50% 的差异；考虑到估计的精确性有限，注册会计师根据经验认为 10% 的差异通常是可接受的，而剩余 40% 的差异需要有合理的解释并取得佐证性证据；假定注册会计师对其中 10% 的差异无法得到合理解释或不能取得佐证，则该部分差异金额即为推断误差。

2. 评价尚未更正错报的汇总数的影响

注册会计师应当评估在审计过程中已识别但尚未更正错报的汇总数是否重大。

注册会计师需要在出具审计报告之前，评估尚未更正错报单独或累积的影响是否重大。在评估时，注册会计师应当从特定的某类交易、账户余额及列报的认定层次和财务报表层次考虑这些错报的金额和性质，以及这些错报发生的特定环境。

注册会计师应当分别考虑每项错报对相关交易、账户余额及列报的影响，包括错报是否超过之前为特定交易、账户余额及列报所设定的比财务报表层次重要性水平更低的可容忍错报。此外，如果某项错报是（或可能是）由舞弊造成的，无论其金额大小，注册会计师均应当按照《中国注册会计师审计准则第 1141 号——财务报表审计中对舞弊的考虑》的规定，考虑其对整个财务报表审计的影响。考虑到某些错报发生的环境，即使其金额低于计划的重要性水平，注册会计师仍可能认为其单独或连同其他错报从性质上看是重大的。前面已经提到，可能影响注册会计师评估错报从性质上看是否重大的因素包括错报是否与违反监管要求或合同规定有关；是否掩盖了收益或其他趋势的变化；是否影响用来评价被审计单位财务状况、经营成果和现金流量的相关比率；是否会导致管理层报酬的增加；是否影响财务报表中列出的分部信息等。

注册会计师在评估未更正错报是否重大时，不仅需要考虑每项错报对财务报表的单独影响，而且需要考虑所有错报对财务报表的累积影响及其形成原因，尤其是一些金额较小的错报，虽然单个看起来并不重大，但是其累计数却可能对财务报表产生重大的影响。为全面地评价错报的影响，注册会计师应将审计过程中已识别的具体错报和推断误差进行汇总。

尚未更正错报与财务报表层次重要性水平相比，可能出现以下两种情况。

（1）尚未更正错报的汇总数低于重要性水平（并且特定项目的尚未更正错报也低于考虑其性质所设定的更低的重要性水平，下同）。如果尚未更正错报汇总数低于重要性水平，对财务报表的影响不重大，注册会计师可以发表无保留意见的审计报告。

（2）尚未更正错报的汇总数超过或接近重要性水平。如果尚未更正错报汇总数超过了重要性水平，对财务报表的影响可能是重大的，注册会计师应当考虑通过扩大审计程序的范围或要求管理层调整财务报表以降低审计风险。除非错报金额非常小且性质不严重，注册会计师都应当要求管理层就已识别的错报调整财务报表。如果管理层拒绝调整财务报表，并且扩大审计程序范围的结果不能使注册会计师认为尚未更正错报的汇总数不重大，注册会计师应当考虑出具非无保留意见的审计报告。

如果已识别但尚未更正错报的汇总数接近重要性水平，注册会计师应当考虑该汇总数连同尚未发现的错报是否可能超过重要性水平，并考虑通过实施追加的审计程序，或要求管理层调整财务报表降低审计风险。

在评价审计程序结果时，注册会计师确定的重要性和审计风险，可能与计划审计工作时评估的重要性和审计风险存在差异。在这种情况下，注册会计师应当考虑实施的审计程序是否充分。

实训与练习

一、单项选择题

1. 具体审计计划的内容不包括（　　　）。

  A．风险评估程序   B．进一步审计程序

  C．初步业务活动   D．计划其他审计程序

2. 会计师事务所开展初步业务活动，以确保在计划审计工作时执行审计工作的注册会计师达到（　　　）的要求。

  A．对客户的商业机密保密 B．按适当的方式收费

  C．独立性和专业胜任能力 D．合理利用专家工作

3. 东莱会计师事务所接受委托审计斯勤公司 2010 年财务报表审计业务，在对项目组成员的工作进行指导、监督与复核的过程中，对项目组成员工作的指导、监督与

复核的性质、时间和范围不取决于（　　　）。

    A. 重大错报风险

    B. 执行审计工作的项目组成员的素质和专业胜任能力

    C. 被审计单位的规模和复杂程度

    D. 实施审计需要的时间

4. 总体审计策略的制定应当包括考虑影响审计业务的重要因素，以确定项目组工作方向。在确定审计方向时，应当考虑的因素不包括（　　　）。

    A. 项目预算   B. 重要性方面

    C. 信息技术对审计程序的影响   D. 重大错报风险较高的审计领域

5. 在既定的审计风险水平下，下列表述错误的有（　　　）。

    A. 评估的重大错报风险越低，可接受的检查风险越高

    B. 可接受的检查风险水平与认定层次重大错报风险的评估结果成反向关系

    C. 评估的重大错报风险越高，可接受的检查风险越低

    D. 可接受的检查风险水平与认定层次重大错报风险的评估结果成正向关系

二、多项选择题

1. 下列说法中，正确的有（　　　）。

    A. 计划审计工作贯穿于整个审计业务的始终，并不是审计业务的一个孤立阶段，而是一个持续的、不断修正的过程

    B. 按照审计准则的规定，注册会计师在编制审计计划时，可以和被审计单位有关人员就某些审计程序进行讨论，并共同编制审计计划

    C. 审计业务约定书具有经济合同的性质，一旦约定双方签字认可，即成为注册会计师与被审计单位之间在法律上生效的契约

    D. 在初步计划审计工作时，注册会计师就应当确定在被审计单位财务报表中可能存在重大错报风险的重大账户及其相关认定

2. 在确定审计范围的时候，注册会计师应该考虑以下事项（　　　）

    A. 编制财务报表适用的会计准则和相关会计制度

    B. 需审计的业务分部性质，包括是否需要具备专门知识

    C. 内部审计工作的可利用性及其对内部审计工作的拟依赖程度

    D. 被审计单位的人员和相关数据的可利用性

3. 注册会计师应当在总体审计策略中清楚地说明下列（　　　）内容。

    A. 向具体审计领域调配的资源，包括向高风险领域分派有适当经验的项目组成员，就复杂的问题利用专家工作等

    B. 如何管理、指导、监督这些资源的利用，包括预期何时召开项目组预备会

和总结会，预期项目负责人和经理如何进行复核，是否需要实施项目质量控制复核等

  C. 何时调配这些资源，包括是在期中审计阶段还是在关键的截止日期调配资源等

  D. 向具体审计领域分配资源的数量，包括安排到重要存货存放地观察存货盘点的项目组成员的数量，对其他注册会计师工作的复核范围，对高风险领域安排的审计时间预算等

4. 下列说法中，不正确的有（　　　）。

  A. 在确定审计范围时候，不需要考虑外币业务的相关内容

  B. 签订审计业务约定书一般都是在了解被审计单位及其环境时进行

  C. 注册会计师应该根据采用的会计准则和相关会计制度、特定行业的报告要求以及被审计单位组成部分的分布等，以界定审计范围

  D. 初步业务活动是在计划审计工作之后进行的

5. 为计划报告目标、时间安排和所需沟通，注册会计师需要考虑（　　　）

  A. 被审计单位的财务报告时间表

  B. 与管理层和治理层就审计工作的性质、范围和时间所举行的会议的组织工作

  C. 项目组成员之间预期沟通的性质和时间安排，包括项目组会议的性质和时间安排以及复核工作的时间安排

  D. 是否需要跟第三方沟通，包括与审计相关的法律法规和业务约定书约定的报告责任

6. 在为某项审计业务编制具体审计计划时，考虑的因素应该包括各具体项目的（　　　）。

  A. 审计方向   B. 风险评估程序

  C. 计划实施的进一步审计程序 D. 计划其他审计程序

7. 下列说法中不正确的有（　　　）。

  A. 样本量越大，抽样风险越大

  B. 审计风险越高，重要性水平越高

  C. 重要性水平越低，应当获取的审计证据越多

  D. 总体项目的变异性越低，通常样本规模越小

8. 注册会计师在确定计划的重要性水平时，需要考虑以下主要因素（　　　）。

  A. 对被审计单位及其环境的了解

  B. 审计的目标，包括特定报告要求

  C. 财务报表各项目的性质及其相互关系

  D. 财务报表项目的金额及其波动幅度

三、实训题

A 注册会计师负责对常年审计客户甲公司 2010 年度财务报表进行审计，撰写了总体审计策略和具体审计计划，部分内容摘录如下。

（1）初步了解 2010 年度甲公司及其环境未发生重大变化，拟信赖以往审计中对管理层、治理层诚信形成的判断。

（2）因对甲公司内部审计人员的客观性和专业胜任能力存有疑虑，拟不利用内部审计的工作。

（3）如对计划的重要性水平做出修正，拟通过修改计划实施的实质性程序的性质、时间和范围降低重大错报风险。

（4）假定甲公司在收入确认方面存在舞弊风险，拟将销售交易及其认定的重大错报风险评估为高水平，不再了解和评估相关控制设计的合理性并确定其是否已得到执行，直接实施细节测试。

（5）因甲公司于 2010 年 9 月关闭某地办事处并注销其银行账户，拟不再函证该银行账户。

（6）因审计工作时间安排紧张，拟不函证应收账款，直接实施替代审计程序。

（7）2010 年度甲公司购入股票作为可供出售的金融资产核算。除实施询问程序外，预期无法获取有关管理层持有意图的其他充分、适当的审计证据，拟就询问结果获取管理层书面声明。

要求：

针对上述事项（1）至（7），逐项指出 A 注册会计师拟定的计划是否存在不当之处。如有不当之处，简要说明理由。

第6章

审 计 证 据

学习目标

- 掌握审计工作底稿的含义、编制目的、编制要求，掌握其格式、要素和范围
- 熟悉审计工作底稿的归档和复核

案例导入

　　某公司是美国一家大型上市公司，该公司为掩盖其重大经营损失的真相，将250万美元的损失改为150万美元的收益。其中102.6万美元是通过减少应付账款来实现的。执行该公司审计业务的会计师事务所由于执行了一些并无实效的审计程序，尤其执行了无效的函证程序，而导致审计失败。最后，该零售公司倒闭了，会计师事务所也难辞其咎，受到证券委员会的批评，并且在联邦法院处理此事之前，负责该公司审计的合伙人被暂停执业5个月。

　　下面是审计人员执行函证程序过程中的一些细节。

　　（1）审计人员为了验证30万美元预付广告费的真实性，从1 100家广告商中抽取了24个样本，并向其中的4个广告商发函询证。

　　（2）审计人员为了印证17.7万美元的差价退款，从该公司提供的名单中，随意抽取几个供应商，通过电话函证进价过高是否真实。在15个电话的函证过程中，公司先同供应商联系并通话交谈，然后将电话交给审计人员。

（3）两位业务助理人员就贷项通知单询问公司员工时，得到了先后 3 个不同的解释，并且最终也未拿到书面证明文件，因此对贷项通知单的真实性提出质疑，在工作底稿中形成了一份备忘录。负责公司审计工作的事务所合伙人认为函证已经搜集到了足够的证据，可以证实贷项通知单的真实性，不需要实施追加的审计程序。

请你根据以上细节，对本案例进行分析。

6.1　审计证据的性质

6.1.1　审计证据的含义

审计证据是指注册会计师为了得出审计结论、形成审计意见而使用的所有信息，包括财务报表依据的会计记录中含有的信息和其他信息。

1. 会计记录中含有的信息

依据会计记录编制财务报表是被审计单位管理层的责任，注册会计师应当测试会计记录以获取审计证据。会计记录主要包括原始凭证、记账凭证、总分类账和明细分类账、未在记账凭证中反映的对财务报表的其他调整，以及支持成本分配、计算、调节和披露的手工计算表和电子数据表。

2. 其他信息

会计记录中含有的信息本身并不足以提供充分的审计证据作为对财务报表发表审计意见的基础，注册会计师还应当获取用做审计证据的其他信息。可用做审计证据的其他信息包括注册会计师从被审计单位内部或外部获取的会计记录以外的信息，如被审计单位会议记录、内部控制手册、询证函的回函、分析师的报告、与竞争者的比较数据等；通过询问、观察、检查等审计程序获取的信息，如通过检查存货获取存货存在性的证据等；以及自身编制或获取的可以通过合理推断得出结论的信息，如注册会计师编制的各种计算表、分析表等。

财务报表依据的会计记录中包含的信息和其他信息共同构成了审计证据，两者缺一不可。如果没有前者，审计工作将无法进行；如果没有后者，可能无法识别重大错报风险。只有将两者结合在一起，才能将审计风险降至可接受的低水平，为注册会计师发表审计意见提供合理基础。

6.1.2　审计证据的充分性与适当性

1. 审计证据的充分性

审计证据的充分性是对审计证据数量的衡量，主要与注册会计师确定的样本量有关。

注册会计师需要获取的审计证据的数量受错报风险的影响，并受到错报发生的可能性以及记录金额的重要性的影响。注册会计师通常从复核内部控制、控制测试和分析性复核获得一些保证。注册会计师需要确定进一步实质性细节证据的性质和范围，以便将审计风险限制在可接受的水平。当被审计单位的重要性限制被设在 20 000 元而不是 50 000 元时，注册会计师需要更多的审计证据。因此，错报风险越大，需要的审计证据可能越多。具体来说，在可接受的审计风险水平一定的情况下，重大错报风险越大，注册会计师就应实施越多的测试工作，将检查风险降至可接受水平，以将审计风险控制在可接受的低水平范围内。

2. 审计证据的适当性

审计证据的适当性是对审计证据质量的衡量，即审计证据在支持各类交易、账户余额、列报的相关认定，或发现其中存在错报方面具有相关性和可靠性。相关性和可靠性是审计证据适当性的核心内容，只有相关且可靠的审计证据才是高质量的。

（1）审计证据的相关性。审计证据要有证明力，必须与注册会计师的审计目标相关。例如，注册会计师在审计过程中怀疑被审计单位发出存货却没有给顾客开具发票，需要确认销售是否完整。注册会计师应当从发货单中选取样本，追查与每张发货单相应的销售发票副本，以确定是否每张发货单均已开具发票。如果注册会计师从销售发票副本中选取样本，并追查至与每张发票相应的发货单，由此所获得的证据与完整性目标就不相关。

（2）审计证据的可靠性。审计证据的可靠性是指证据的可信程度。例如，注册会计师亲自检查存货所获得的证据，就比被审计单位管理层提供给注册会计师的存货数据更可靠。

注册会计师在判断审计证据的可靠性时，通常会考虑下列原则。

① 从外部独立来源获取的审计证据比从其他来源获取的审计证据更可靠。从外部独立来源获取的审计证据未经被审计单位有关职员之手，从而减少了伪造、更改凭证或业务记录的可能性，因而其证明力最强。

② 内部控制有效时内部生成的审计证据比内部控制薄弱时内部生成的审计证据更可靠。如果被审计单位有着健全的内部控制制度，且在日常管理中得到一贯的执行，会计记录的可信赖程度将会增加。

③ 直接获取的审计证据比间接获取或推论得出的审计证据更可靠。例如，注册会计师观察某项内部控制的运行得到的证据比询问被审计单位某项内部控制的运行得到的证据更可靠。

④ 以文件、记录形式（无论是纸质、电子或其他介质）存在的审计证据比口头形式的审计证据更可靠。例如，会议的同步书面记录比对讨论事项事后的口头表述更可靠。

⑤ 从原件获取的审计证据比从传真件或复印件获取的审计证据更可靠。注册会计师可审查原件是否有被涂改或伪造的迹象，排除伪证，提高证据的可信赖程度。

（3）充分性和适当性之间的关系。充分性和适当性是审计证据的两个重要特征，两者缺一不可，只有充分且适当的审计证据才是有证明力的。

尽管审计证据的充分性和适当性相关，但如果审计证据的质量存在缺陷，那么注册会计师仅靠获取更多的审计证据可能无法弥补其质量上的缺陷。例如，注册会计师应当获取与销售收入完整性相关的证据，而实际获取到的却是有关销售收入真实性的证据，审计证据与完整性目标不相关，即使获取的证据再多，也证明不了收入的完整性。

6.2 获取审计证据的审计程序

6.2.1 审计程序的作用

审计程序是指注册会计师在审计过程中的某个时间，对将要获取的某类审计证据如何进行收集的详细指令。在设计审计程序时，注册会计师通常使用规范的措辞或术语，以使审计人员能够准确理解和执行。

6.2.2 审计程序的种类

1. 检查记录或文件

检查记录或文件是指注册会计师对被审计单位内部或外部生成的，以纸质、电子或其他介质形式存在的记录或文件进行审查。

检查记录或文件的目的是对财务报表所包含或应包含的信息进行验证。例如，被审计单位通常对每一笔销售交易都保留一份客户订购单、一张发货单和一份销售发票副本。这些凭证对于注册会计师验证被审计单位记录的销售交易的正确性是有用的证据。

2. 检查有形资产

检查有形资产是指注册会计师对资产实物进行审查。检查有形资产程序主要适用于存货和现金，也适用于有价证券、应收票据、固定资产等。

3. 观察

观察是指注册会计师查看相关人员正在从事的活动或执行的程序。例如，对客户执行的存货盘点或控制活动进行观察。

观察提供的审计证据仅限于观察发生的时点，并且在相关人员已知被观察时，相关人员从事活动或执行程序可能与日常的做法不同，从而会影响注册会计师对真实情况的了解。因此，注册会计师有必要获取其他类型的佐证证据。

4. 询问

询问是指注册会计师以书面或口头方式，向被审计单位内部或外部的知情人员获取财务信息和非财务信息，并对答复进行评价的过程。

询问本身不足以发现认定层次存在的重大错报，也不足以测试内部控制运行的有效性，注册会计师还应当实施其他审计程序以获取充分、适当的审计证据。

5. 函证

函证是指注册会计师为了获取影响财务报表或相关披露认定的项目的信息，通过直接来自第三方的对有关信息和现存状况的声明，获取和评价审计证据的过程。例如，对应收账款余额或银行存款的函证。

6. 重新计算

重新计算是指注册会计师以人工方式或使用计算机辅助审计技术，对记录或文件中数据计算的准确性进行核对。重新计算通常包括计算销售发票和存货的总金额，加总日记账和明细账，检查折旧费用和预付费用的计算，检查应纳税额的计算等。

7. 重新执行

重新执行是指注册会计师以人工方式或使用计算机辅助审计技术，重新独立执行作为被审计单位内部控制组成部分的程序或控制。例如，注册会计师利用被审计单位的银行存款日记账和银行对账单，重新编制银行存款余额调节表，并与被审计单位编制的银行存款余额调节表进行比较。

8. 分析程序

分析程序是指注册会计师通过研究不同财务数据之间以及财务数据与非财务数据之间的内在关系，对财务信息作出评价。分析程序还包括调查识别出的、与其他相关信息不一致或与预期数据严重偏离的波动和关系。

上述审计程序单独或组合起来，可用做风险评估程序、控制测试和实质性程序。

6.3　函证

6.3.1　函证决策

在作出决策时，注册会计师应当考虑以下因素。

1. 评估的认定层次重大错报风险

评估的认定层次重大错报风险水平越高，注册会计师对通过实质性程序获取的审计证据的相关性和可靠性的要求越高。

2. 函证程序所审计的认定

对特定认定函证的相关性受注册会计师选择函证信息的目标的影响。例如，在审计应付账款完整性认定时，注册会计师需要获取没有重大未记录负债的证据。相应的，向被审计单位主要供应商函证，即使记录显示应付金额为零，相对于选择大金额的应付账款进行函证，这在检查未记录负债方面通常更有效。

3. 实施其他审计程序获取的审计证据如何将检查风险降至可接受的水平

针对同一项认定可以从不同来源获取审计证据或获取不同性质的审计证据。这里的其他审计程序是指除函证程序以外的其他审计程序。

注册会计师应当考虑被审计单位的经营环境、内部控制的有效性、账户或交易的性质、被询证者处理询证函的习惯做法及回函的可能性等，以确定函证的内容、范围、时间和方式。例如，如果被审计单位与应收账款存在性有关的内部控制设计良好并有效运行，注册会计师可适当减少函证的样本量。

6.3.2 函证的内容

1. 银行存款、借款及与金融机构往来的其他重要信息

注册会计师应当对银行存款、借款（包括零余额账户和在本期内注销的账户）及与金融机构往来的其他重要信息实施函证。

2. 应收账款

除非存在下列两种情形之一，注册会计师应当对应收账款实施函证。

（1）根据审计重要性原则，有充分证据表明应收账款对财务报表不重要。

（2）注册会计师认为函证很可能无效。如果注册会计师认为被询证者很可能不回函或即使回函也不可信，可不对应收账款实施函证。

3. 函证的其他内容

注册会计师可以根据具体情况和实际需要对下列内容（包括但并不限于）实施函证：短期投资；应收票据；其他应收款；预付账款；由其他单位代为保管、加工或销售的存货；长期投资；委托贷款；应付账款；预收账款；保证、抵押或质押；或有事项；重大或异常的交易。

4. 函证程序实施的范围

根据对被审计单位的了解、评估的重大错报风险、所测试总体的特征等，注册会计师可以确定从总体中选取特定项目进行测试。选取的特定项目可能包括：

（1）金额较大的项目；

（2）账龄较长的项目；

（3）交易频繁但期末余额较小的项目；

（4）重大关联方交易；

（5）重大或异常的交易；

（6）可能存在争议以及产生重大舞弊或错误的交易。

5. 函证的时间

注册会计师通常以资产负债表日为截止日，在资产负债表日后适当时间内实施函

证。如果重大错报风险评估为低水平，注册会计师可选择资产负债表日前适当日期为截止日实施函证，并对所函证项目自该截止日起至资产负债表日止发生的变动实施实质性程序。

以应收账款为例，注册会计师通常在资产负债日后某一天函证资产负债表日的应收账款余额。如果在资产负债表日前对应收账户余额实施函证程序，注册会计师应当针对询证函件指明的截止日期与资产负债表日期间实施进一步的实质性程序，或将实质性程序和控制测试结合使用，以将期中测试得出的结论合理延伸至期末。实质性程序包括测试期间发生的影响应收账款余额的交易或实施分析程序等。控制测试包括测试销售交易、收款交易及与应收账款冲销有关的内部控制的有效性等。

6. 管理层要求不实施函证时的处理

当被审计单位管理层要求对拟函证的某些账户余额或其他信息不实施函证时，注册会计师应当考虑该项要求是否合理，并获取审计证据予以支持。如果认为管理层的要求合理，注册会计师应当实施替代审计程序，以获取与这些账户余额或其他信息相关的充分、适当的审计证据。如果认为管理层的要求不合理，且被其阻挠而无法实施函证，注册会计师应当视为审计范围受到限制，并考虑对审计报告可能产生的影响。

分析管理层要求不实施函证的原因时，注册会计师应当保持职业怀疑态度，并考虑：

（1）管理层是否诚信；

（2）是否可能存在重大的舞弊或错误；

（3）替代审计程序能否提供与这些账户余额或其他信息相关的充分、适当的审计证据。

6.3.3　询证函的设计

1. 设计询证函的总体要求

注册会计师应当根据特定审计目标设计询证函。询证函的设计服从于审计目标的需要。通常，在针对账户余额的存在性认定获取审计证据时，注册会计师应当在询证函中列明相关信息，要求对方核对确认。但在针对账户余额的完整性认定获取审计证据时，注册会计师则需要改变询证函的内容设计或者采用其他审计程序。

例如，在函证应收账款时，询证函中不列出账户余额，而是要求被询证者提供余额信息，这样才能发现应收账款低估错报。再如，在对应付账款的完整性获取审计证据时，根据被审计单位的供货商明细表向被审计单位的主要供货商发出询证函，就比从应付账款明细表中选择询证对象更容易发现未入账的负债。

2. 设计询证函需要考虑的因素

可能影响函证可靠性的因素主要包括以下几种。

（1）函证的方式。函证的方式有两种：积极式函证和消极式函证。不同的函证方式，其提供审计证据的可靠性不同。

（2）以往审计或类似业务的经验。当注册会计师根据以往经验认为，即使询证函设计恰当，回函率仍很低，应考虑从其他途径获取审计证据。

（3）拟函证信息的性质。信息的性质是指信息的内容和特点。注册会计师应当了解被审计单位与第三方之间交易的实质，以确定哪些信息需要进行函证。

（4）选择被询证者的适当性。注册会计师应当向所询证信息知情的第三方发送询证函。例如，对短期投资和长期投资，注册会计师通常向股票、债券专门保管或登记机构发函询证或向接受投资的一方发函询证。

（5）被询证者易于回函的信息类型。询证函所函证信息是否便于被询证者回答，影响到回函率和所获取审计证据的性质。例如，某些被询证者的信息系统可能便于对形成账户余额的每笔交易进行函证，而不是对账户余额本身进行函证。

3. 积极与消极的函证方式

注册会计师可采用积极的或消极的函证方式实施函证，也可将两种方式结合使用。

（1）积极的函证方式。如果采用积极的函证方式，注册会计师应当要求被询证者在所有情况下必须回函，确认询证函所列示信息是否正确，或填列询证函要求的信息。

在采用积极的函证方式时，只有注册会计师收到回函，才能为财务报表认定提供审计证据。注册会计师没有收到回函，可能是由于被询证者根本不存在，或是由于被询证者没有收到询证函，也可能是由于询证者没有理会询证函，因此，无法证明所函证信息是否正确。

（2）消极的函证方式。如果采用消极的函证方式，注册会计师只要求被询证者仅在不同意询证函列示信息的情况下才予以回函。

在采用消极的函证方式时，如果收到回函，能够为财务报表认定提供说服力强的审计证据。未收到回函可能是因为被询证者已收到询证函且核对无误，也可能是因为被询证者根本就没有收到询证函。因此，采用积极的函证方式通常比消极的函证方式提供的审计证据可靠。因而在采用消极的方式函证时，注册会计师通常还需辅之以其他审计程序。

当同时存在下列情况时，注册会计师可考虑采用消极的函证方式：

① 重大错报风险评估为低水平；

② 涉及大量余额较小的账户；

③ 预期不存在大量的错误；

④ 没有理由相信被询证者不认真对待函证。

（3）两种方式的结合使用。在实务中，注册会计师也可将这两种方式结合使用。以应收账款为例，当应收账款的余额是由少量的大额应收账款和大量的小额应收账款构成时，注册会计师可以对所有的或抽取的大额应收账款样本采用积极的函证方式，而对抽取的小额应收账款样本采用消极的函证方式。

6.3.4　函证的实施与评价

1. 函证实施过程的控制

当实施函证时，注册会计师应当对选择被询证者、设计询证函以及发出和收回询证函保持控制。出于掩盖舞弊的目的，被审计单位可能想方设法拦截或更改询证函及回函的内容。如果注册会计师对函证程序控制不严密，就可能给被审计单位造成可乘之机，导致函证结果发生偏差和函证程序失效。

注册会计师应当采取下列措施对函证实施过程进行控制。

（1）将被询证者的名称、地址与被审计单位有关记录核对。

（2）将询证函中列示的账户余额或其他信息与被审计单位有关资料核对。

（3）在询证函中指明直接向接受审计业务委托的会计师事务所回函。

（4）询证函经被审计单位盖章后，由注册会计师直接发出。

（5）将发出询证函的情况形成审计工作记录。

（6）将收到的回函形成审计工作记录，并汇总统计函证结果。

此外，注册会计师还应当考虑回函是否来自所要求的回函人。

2. 以传真、电子邮件等方式回函时的处理

被询证者以传真、电子邮件等方式回函确实能让注册会计师及时得到回函信息，但由于这些方式易被截留、篡改或难以确定回函者的真实身份，因此，如果被询证者以传真、电子邮件等方式回函，注册会计师应当直接接收，并要求被询证者寄回询证函原件。

3. 积极式函证未收到回函的处理

如果采用积极的函证方式实施函证而未能收到回函的情况，注册会计师应当考虑与被询证者联系，要求对方做出回应或再次寄发询证函。如果未能得到被询证者的回应，注册会计师应当实施替代审计程序。例如，对应付账款的存在性认定，替代审计程序可能包括检查期后付款记录、对方提供的对账单等；对完整性认定，替代审计程序可能包括检查收货单等入库记录和凭证。

4. 评价审计证据的充分性和适当性时应考虑的因素

如果实施函证和替代审计程序都不能提供财务报表有关认定的充分、适当的审计证据，注册会计师应当实施追加的审计程序。在评价实施函证和替代审计程序获取的审计证据是否充分、适当时，注册会计师应当考虑：

（1）函证和替代审计程序的可靠性；

（2）不符事项的原因、频率、性质和金额；

（3）实施其他审计程序获取的审计证据。

5. 评价函证的可靠性

函证所获取的审计证据的可靠性主要取决于注册会计师设计询证函、实施函证程序、评价函证结果等程序的适当性。

在评价函证的可靠性时，注册会计师应当考虑：

（1）对询证函的设计、发出及收回的控制情况；

（2）被询证者的胜任能力、独立性、授权回函情况、对函证项目的了解及其客观性；

（3）被审计单位施加的限制或回函中的限制。

6. 对不符事项的处理

如果发现了不符事项，注册会计师应当首先提请被审计单位查明原因，并作进一步分析和核实。不符事项的原因可能是由于双方登记入账的时间不同，或是由于一方或双方记账错误，也可能是被审计单位的舞弊行为。

6.4 分析程序

6.4.1 分析程序的目的

注册会计师实施分析程序的目的如下。

（1）用做风险评估程序，以了解被审计单位及其环境。注册会计师实施风险评估程序的目的在于了解被审计单位及其环境，并评估财务报表层次和认定层次的重大错报风险。

（2）当使用分析程序比细节测试能更有效地将认定层次的检查风险降至可接受的水平时，分析程序可以用做实质性程序。在针对评估的重大错报风险实施进一步审计程序时，运用分析程序可以减少细节测试的工作量，节约审计成本，降低审计风险，使审计工作更有效率和效果。

（3）在审计结束或临近结束时对财务报表进行总体复核。在审计结束或临近结束时，注册会计师应当运用分析程序，在已收集的审计证据的基础上，对财务报表整体的合理性做最终把握，评价报表仍然存在重大错报风险而未被发现的可能性，考虑是否需要追加审计程序，以便为发表审计意见提供合理基础。

6.4.2 用做风险评估程序

1. 总体要求

注册会计师在实施风险评估程序时，应当运用分析程序，以了解被审计单位及其环境。在实施风险评估程序时，运用分析程序的目的是了解被审计单位及其环境并评估重大错报风险，注册会计师应当围绕这一目的运用分析程序。在这个阶段运用分析程序是强制要求。

2. 在风险评估程序中的具体运用

注册会计师在将分析程序用做风险评估程序时，可以将分析程序与询问、检查和观察程序结合运用，以获取对被审计单位及其环境的了解，识别和评估财务报表层次及具体认定层次的重大错报风险。

　　需要注意的是，注册会计师无须在了解被审计单位及其环境的每一方面时都实施分析程序。例如，在对内部控制的了解中，注册会计师一般不会运用分析程序。

　　3. 风险评估过程中运用的分析程序的特点

　　风险评估程序中运用分析程序的主要目的在于识别那些可能表明财务报表存在重大错报风险的异常变化。因此，所使用的数据汇总性比较强，其对象主要是财务报表中账户余额及其相互之间的关系；所使用的分析程序通常包括对账户余额变化的分析，并辅之以趋势分析和比率分析。

6.4.3　用做实质性程序

　　1. 总体要求

　　注册会计师应当针对评估的认定层次重大错报风险，设计和实施实质性程序。实质性程序包括对各类交易、账户余额、列报的细节测试以及实质性分析程序。

　　实质性分析程序是指用做实质性程序的分析程序，它与细节测试都可用于收集审计证据，以识别财务报表认定层次的重大错报风险。当使用分析程序比细节测试能更有效地将认定层次的检查风险降至可接受的水平时，注册会计师可以考虑单独或结合细节测试，运用实质性分析程序。实质性分析程序不仅仅是细节测试的一种补充，在某些审计领域，如果重大错报风险较低且数据之间具有稳定的预期关系，注册会计师可以单独使用实质性分析程序获取充分、适当的审计证据。

　　实质性分析程序的运用包括以下几个步骤：

　　（1）识别需要运用分析程序的账户余额或交易；

　　（2）确定期望值；

　　（3）确定可接受的差异额；

　　（4）识别需要进一步调查的差异；

　　（5）调查异常数据关系；

　　（6）评估分析程序的结果。

　　2. 确定实质性分析程序对特定认定的适用性

　　并非所有认定都适合使用实质性分析程序。研究不同财务数据之间以及财务数据与非财务数据之间的内在关系是运用分析程序的基础，如果数据之间不存在稳定的可预期关系，注册会计师将无法运用实质性分析程序，而只能考虑利用检查、函证等其他审计程序，收集充分、适当的审计证据，作为发表审计意见的合理基础。

　　在确定实质性分析程序对特定认定的适用性时，注册会计师应当考虑下列因素。

　　（1）评估的重大错报风险。鉴于实质性分析程序能够提供的精确度受到种种限制，评估的重大错报风险水平越高，注册会计师越应当谨慎使用实质性分析程序。如果针对特别风险仅实施实质性程序，注册会计师应当使用细节测试，或将细节测试和实质性分析程序结合使用，以获取充分、适当的审计证据。

（2）针对同一认定的细节测试。在对同一认定实施细节测试的同时，实施实质性分析程序可能是适当的。例如，注册会计师在考虑应收账款的可收回性时，除了对期后收到现金的情况进行细节测试之外，也可以针对应收账款的账龄实施实质性分析程序。

3. 数据的可靠性

注册会计师对已记录的金额或比率作出预期时，需要采用内部或外部的数据。

影响数据可靠性的因素很多。数据的可靠性受其来源及性质的影响，并有赖于获取该数据的环境。在确定实质性分析程序使用的数据是否可靠时，注册会计师应当考虑下列因素。

（1）可获得信息的来源。数据来源的客观性或独立性越强，所获取数据的可靠性将越高；来源不同的数据相互印证时比单一来源的数据更可靠。

（2）可获得信息的可比性。实施分析程序使用的相关数据必须具有可比性。通常，被审计单位所处行业的数据与被审计单位的相关数据具有一定的可比性。但应当注意，对于生产和销售专门产品的被审计单位，注册会计师应考虑获取广泛的相关行业数据，以增强信息的可比性，进而提高数据的可靠性。

（3）可获得信息的性质和相关性。例如，被审计单位管理层制定预算时，是将该预算作为预期的结果还是作为将要达到的目标。若为预期的结果，则预算的相关程度较高；若仅为希望达到的目标，则预算的相关程度较低。此外，可获得的信息与审计目标越相关，数据就越可靠。

（4）与信息编制相关的控制。与信息编制相关的控制越有效，该信息越可靠。

为了更全面地考虑数据的可靠性，当实施实质性分析程序时，如果使用被审计单位编制的信息，注册会计师应当考虑测试与信息编制相关的控制，以及这些信息是否在本期或前期经过审计。

上述测试的结果有助于注册会计师就该信息的准确性和完整性获取审计证据，以更好地判断分析程序使用的数据是否可靠。如果注册会计师通过测试获知与信息编制相关的控制运行有效，或信息在本期或前期经过审计，该信息的可靠性将更高。

4. 做出预期的准确程度

准确程度是对预期值与真实值之间接近程度的度量，也称精确度。分析程序的有效性，很大程度上取决于注册会计师形成的预期值的准确性。预期值的准确性越高，注册会计师通过分析程序获取的保证水平将越高。

在评价作出预期的准确程度是否足以在计划的保证水平上识别重大错报时，注册会计师应当考虑下列主要因素。

（1）对实质性分析程序的预期结果作出预测的准确性。例如，与各年度的研究开发和广告费用支出相比，注册会计师通常预期各期的毛利率更具有稳定性。

（2）信息可分解的程度。信息可分解的程度是指用于分析程序的信息的详细程度，如按月份或地区分部分解的数据。通常，数据的可分解程度越高，预期值的准确性越高，注册会计师将相应获取较高的保证水平。当被审计单位经营复杂或多元化时，分解程度高的详细数据更为重要。

（3）财务和非财务信息的可获得性。在设计实质性分析程序时，注册会计师应考虑是否可以获得财务信息（如预算和预测）以及非财务信息（如已生产或已销售产品的数量），以有助于运用分析程序。

5. 已记录金额与预期值之间可接受的差异额

预期值只是一个估计数据，大多数情况下与已记录金额并不一致。为此，在设计和实施实质性分析程序时，注册会计师应当确定已记录金额与预期值之间可接受的差异额。

可接受的差异额是指已记录金额与预期值之间的差额，注册会计师认为该差额无须做进一步调查。注册会计师应当将识别出的差异额（账面金额与审定金额之间的差异）与可接受的差异额进行比较，以确定差异是否重大，是否需要做进一步调查。

在确定可接受的差异额时，注册会计师应当主要考虑各类交易、账户余额、列报及相关认定的重要性和计划的保证水平。通常，可容忍错报越低，可接受的差异额越小；计划的保证水平越高，可接受的差异额越小。

注册会计师可以通过降低可接受的差异额应对重大错报风险的增加。可接受的差异额越低，注册会计师需要收集越多的审计证据，以尽可能发现财务报表中的重大错报，获取计划的保证水平。

如果认为仅实施实质性分析程序不足以收集充分、适当的审计证据，注册会计师还应测试剩余期间相关控制运行的有效性或针对期末实施细节测试。

6.4.4　用于总体复核

1. 总体要求

在审计结束或临近结束时，注册会计师运用分析程序的目的是确定财务报表整体是否与其对被审计单位的了解一致，注册会计师应当围绕这一目的运用分析程序。这时运用分析程序是强制要求，注册会计师在这个阶段应当运用分析程序。

2. 总体复核阶段分析程序的特点

在总体复核阶段执行分析程序，所进行的比较和使用的手段与风险评估程序中使用的分析程序基本相同，但两者的目的不同。在总体复核阶段实施的分析程序主要在于强调并解释财务报表项目自上个会计期间以来发生的重大变化，以证实财务报表中列报的所有信息与注册会计师对被审计单位及其环境的了解一致，与注册会计师取得的审计证据一致。因此，两者的主要差别在于实施分析程序的时间和重点不同，以及所取得的数据的数量和质量不同。另外，因为在总体复核阶段实施的分析程序并非为了对特定账户余额和披露提供实质性的保证水平，因此并不如实质性分析程序那样详细和具体，而往往集中在财务报表层次。

3. 再评估重大错报风险

在运用分析程序进行总体复核时，如果识别出以前未识别的重大错报风险，注册会计师应当重新考虑对全部或部分各类交易、账户余额、列报评估的风险是否恰当，并在此基础上重新评价之前计划的审计程序是否充分，是否有必要追加审计程序。

实训与练习

一、单项选择题

1. 下列关于审计程序的说法中不正确的是（　　　）。
   - A. 检查有形资产可提供权利和义务的全部审计证据
   - B. 观察提供的审计证据仅限于观察发生的时点
   - C. 对于询问的答复，注册会计师应当通过获取其他证据予以佐证
   - D. 分析程序包括调查识别出的、与其他相关信息不一致或与预期数据严重偏离的波动和关系

2. 注册会计师评估的重大错报风险与所需审计证据的数量之间的关系正确的是（　　　）。
   - A. 同向　　　　　　B. 反向　　　　　　C. 比例　　　　　　D. 不存在关系

3. 注册会计师执行财务报表审计业务获取的下列审计证据中，可靠性最强的是（　　　）。
   - A. 购货发票　　　　　　　　　　B. 销货发票
   - C. 采购订货单副本　　　　　　　D. 应收账款询证函回函

4. 作为内部证据的会计记录，在下列情形中可靠性较强的是（　　　）。
   - A. 在外部流转　　　　　　　　　B. 经注册会计师验证
   - C. 有健全有效的内部控制制度　　D. 被审计单位管理当局声明

5. 以下关于审计证据可靠性的表述中，不正确的是（　　　）。
   - A. 从外部独立来源获取的审计证据比从其他来源获取的审计证据更可靠
   - B. 内部控制有效时内部生成的审计证据比内部控制薄弱时内部生成的审计证据更可靠
   - C. 注册会计师推理得出的审计证据比直接获取的审计证据可靠
   - D. 直接获取的审计证据比间接获取或推论得出的更可靠

6. 下列关于审计证据的充分性和适当性表述中，不正确的是（　　）。

    A. 充分性和适当性两者缺一不可，只有充分且适当的审计证据才是有证明力的

    B. 审计证据质量越高，需要的审计证据数量可能越少

    C. 如果审计证据的质量存在缺陷，仅靠获取更多的审计证据可能无法弥补其质量上的缺陷

    D. 如果审计证据的质量存在缺陷，注册会计师必须收集更多数量的审计证据，否则无法形成审计意见

二、多项选择题

1. 注册会计师在获取和评价审计证据的充分性和适当性时，特别要考虑的因素有（　　）。

    A. 对文件记录可靠性的考虑　　　　B. 使用被审计单位生成信息时的考虑

    C. 证据相互矛盾时的考虑　　　　　D. 获取审计证据时对成本的考虑

2. 下列关于分析程序运用的目的中，表达恰当的有（　　）。

    A. 用做风险评估程序分析程序，是为了了解被审计单位及其环境的目的

    B. 用做风险评估程序分析程序，是为了了解被审计单位内部控制的目的

    C. 当使用分析程序比细节测试能更有效地将认定层次的检查风险降至可接受的水平时，分析程序可以用做实质性程序的目的

    D. 在审计结束或临近结束时，运用分析程序是为了对财务报表进行总体复核的目的

3. 以下有关分析程序在风险评估程序中的具体运用中，正确的表达有（　　）。

    A. 注册会计师可以将分析程序与函证和监盘程序结合运用，以获取对被审计单位及其环境的了解，识别和评估财务报表层次及具体认定层次的重大错报风险

    B. 在运用分析程序时，注册会计师应重点关注关键的账户余额、趋势和财务比率关系等方面，对其形成一个合理的预期，并与被审计单位记录的金额、依据记录金额计算的比率或趋势相比较

    C. 如果分析程序的结果显示的比率、比例或趋势与注册会计师对被审计单位及其环境的了解不一致，注册会计师应当考虑其是否表明被审计单位的财务报表存在重大错报风险

    D. 注册会计师无须在了解被审计单位及其环境的每一方面都实施分析程序

4. 在确定实质性分析程序使用的数据是否可靠时，注册会计师应当考虑以下因素（　　）。

    A. 可获得信息的来源　　　　　　　B. 可获得信息的可比性

    C. 可获得信息的性质和相关性　　　D. 与信息编制相关的控制

5. 在确定审计证据的相关性时，注册会计师应当考虑（　　）。

A. 特定的审计程序可能只为某些认定提供相关的审计证据，而与其他认定无关

B. 针对同一项认定可以从不同来源获取审计证据或获取不同性质的审计证据

C. 只与特定认定相关的审计证据并不能替代与其他认定相关的审计证据

D. 一种审计程序往往只能取得某一认定的审计证据

6. 以下关于分析程序的各种表达中不恰当的有（　　　）。

A. 分析程序是指注册会计师通过研究不同财务数据之间的内在关系，对财务信息作出评价

B. 风险评估程序中运用分析程序的主要目的在于识别财务报表中的错报

C. 在总体复核阶段实施的分析程序，主要在于强调并解释财务报表项目自上个会计期间以来发生的重大变化，以证实财务报表中列报的所有信息与注册会计师对被审计单位及其环境的了解一致，与注册会计师取得的审计证据一致

D. 在运用分析程序进行总体复核时，如果识别出以前未识别的重大错报风险，注册会计师应当重新考虑出具审计报告

三、实训题

项目一：注册会计师在对某客户审计过程中，收集到下列 4 组审计证据：

（1）销货发票副本与购货发票；

（2）审计助理人员监盘存货的记录与客户自编的存货盘点表；

（3）审计人员收回的应收账款函证回函与询问客户应收账款负责人的记录；

（4）银行存款余额调节表与银行函证的回函。

要求：请分别说明每组审计证据中的哪项审计证据更为可靠？为什么？

项目二：下面是某注册会计师在审计过程中所收集的书面证据：①销售发票；②明细账；③银行对账单；④应收票据；⑤有限责任公司章程；⑥采购合同；⑦董事会会议记录；⑧应收账款函证回函；⑨管理当局声明书；⑩货运提单复印件。

要求：（1）将上述书面审计证据按其来源划分为外部证据和内部证据；

（2）为什么说外部证据的可靠性要大于内部证据？

（3）外部证据之间是否存在可靠性的差异？

项目三：注册会计师在对昌盛公司进行审计时，发现该公司内部控制制度具有严重缺陷，与管理层人员沟通相关问题时，他们的眼神飘忽不定，逻辑混乱。在此情况下，注册会计师能否依赖下列证据：

（1）销货发票副本；

（2）监盘客户的存货（不涉及检查相关的所有权凭证）；

（3）外部律师提供的声明书；

（4）管理层声明书；

（5）会计记录。

第7章

审计工作底稿

学习目标

- 掌握审计工作底稿的含义、编制目的、编制要求，掌握其格式、要素和范围
- 熟悉审计工作底稿的归档和复核

案例导入

ABC 会计师事务所承接了甲公司 2009 年度财务报表审计工作，审计报告日是 2010 年 3 月 15 日，提交审计报告的时间是 2010 年 3 月 17 日。同时约定下一年审计工作依然由 ABC 会计师事务所承接。ABC 会计师事务所于 2010 年 5 月 24 日完成审计工作底稿归档工作。

根据上述材料，请简要回答下列问题。

（1）ABC 会计师事务所本次审计的审计工作底稿的归档期限是否正确，并说明理由。

（2）审计工作底稿归档后，出现何种情形可以修改现有审计工作底稿或增加新的审计工作底稿？

（3）审计工作底稿归档后，如果有必要修改现有审计工作底稿或增加新的审计工作底稿，注册会计师应当记录的事项有哪些？

（4）本次审计工作底稿的保存期限。

7.1　审计工作底稿概述

7.1.1　审计工作底稿的含义

审计工作底稿，是指注册会计师对制订的审计计划、实施的审计程序、获取的相关审计证据，以及得出的审计结论做出的记录。审计工作底稿是审计证据的载体，是注册会计师在审计过程中形成的审计工作记录和获取的资料。它形成于审计过程，也反映整个审计过程。

7.1.2　审计工作底稿的编制目的

审计工作底稿在计划和执行审计工作中发挥着关键作用。它提供了审计工作实际执行情况的记录，并形成审计报告的基础。审计工作底稿也可用于质量控制复核、监督会计师事务所对审计准则的遵循情况，以及第三方的检查等。在会计师事务所因执业质量而涉及诉讼或有关监管机构进行执业质量检查时，审计工作底稿能够提供证据，证明会计师事务所是否按照中国注册会计师审计准则（以下简称审计准则）的规定执行了审计工作。

7.1.3　审计工作底稿的编制要求

注册会计师编制的审计工作底稿，应当使未曾接触该项审计工作的有经验的专业人士清楚地了解：

（1）按照审计准则的规定实施的审计程序的性质、时间和范围；

（2）实施审计程序的结果和获取的审计证据；

（3）就重大事项得出的结论。

有经验的专业人士，是指对下列方面有合理了解的人士：

（1）审计过程；

（2）相关法律法规和审计准则的规定；

（3）被审计单位所处的经营环境；

（4）与被审计单位所处行业相关的会计和审计问题。

7.1.4　审计工作底稿的性质

1．审计工作底稿的存在形式

审计工作底稿可以以纸质、电子或其他介质形式存在。

随着信息技术的广泛运用，审计工作底稿的形式从传统的纸质形式扩展到电子或其他介质形式。

为便于会计师事务所内部进行质量控制和外部执业质量检查或调查，以电子或其他介质形式存在的审计工作底稿，应与其他纸质形式的审计工作底稿一并归档，并应能通过打印等方式，转换成纸质形式的审计工作底稿。

在实务中，为便于复核，注册会计师可以将以电子或其他介质形式存在的审计工作底稿通过打印等方式，转换成纸质形式的审计工作底稿，并与其他纸质形式的审计工作底稿一并归档，同时，单独保存这些以电子或其他介质形式存在的审计工作底稿。

2. 审计工作底稿通常包括的内容

审计工作底稿通常包括总体审计策略、具体审计计划、分析表、问题备忘录、重大事项概要、询证函回函、管理层声明书、核对表、有关重大事项的往来信件（包括电子邮件），以及对被审计单位文件记录的摘要或复印件等。

此外，审计工作底稿通常还包括业务约定书、管理建议书、项目组内部或项目组与被审计单位举行的会议记录、与其他人士（如其他注册会计师、律师、专家等）的沟通文件及错报汇总表等。但是，审计工作底稿并不能代替被审计单位的会计记录。

一般情况下，分析表主要是指对被审计单位财务信息执行分析程序的记录。例如，记录对被审计单位本年各月收入与上一年度的同期数据进行比较的情况，记录对差异的分析等。

3. 审计工作底稿通常不包括的内容

审计工作底稿通常不包括已被取代的审计工作底稿的草稿或财务报表的草稿、对不全面或初步思考的记录、存在印刷错误或其他错误而作废的文本，以及重复的文件记录等。由于这些草稿、错误的文本或重复的文件记录不直接构成审计结论和审计意见的支持性证据，因此，注册会计师通常无须保留这些记录。

7.2　审计工作底稿的格式、要素和范围

7.2.1　确定审计工作底稿的格式、要素和范围时考虑的因素

在确定审计工作底稿的格式、要素和范围时，注册会计师应当考虑下列因素。

（1）实施审计程序的性质。通常，不同的审计程序会要求注册会计师获取不同性质的审计证据，由此注册会计师可能会编制不同的审计工作底稿。

（2）已识别的重大错报风险。识别和评估的重大错报风险水平的不同，可能导致注册会计师实施的审计程序和获取的审计证据不尽相同。例如，如果注册会计师识别出应收账款存在较高的重大错报风险，而其他应收款的重大错报风险较低，则可能对

应收账款实施较多的审计程序并获取较多的审计证据，因而对测试应收账款的记录会比针对测试其他应收款记录的内容多且范围广。

（3）在执行审计工作和评价审计结果时需要做出判断的程度。审计程序的选择和实施及审计结果的评价通常需要不同程度的职业判断。

（4）已获取审计证据的重要程度。注册会计师通过执行多项审计程序可能会获取不同的审计证据，审计证据的重要程度也会影响审计工作底稿的格式、内容和范围。

（5）已识别的例外事项的性质和范围。有时注册会计师在执行审计程序时会发现例外事项，由此可能导致审计工作底稿在格式、内容和范围方面的不同。例如，某个函证的回函表明存在不符事项，如果在实施恰当的追查后发现该例外事项并未构成错报，注册会计师可能只在审计工作底稿中解释发生该例外事项的原因及影响；反之，如果该例外事项构成错报，注册会计师可能需要执行额外的审计程序并获取更多的审计证据，由此编制的审计工作底稿在内容和范围方面可能有很大不同。

（6）当从已执行审计工作或获取审计证据的记录中不易确定结论或结论的基础时，记录结论或结论基础的必要性。

（7）使用的审计方法和工具。使用的审计方法和工具可能影响审计工作底稿的格式、内容和范围。例如，如果使用计算机辅助审计技术对应收账款的账龄进行重新计算时，通常可以针对总体进行测试，而采用人工方式重新计算时则可能会针对样本进行测试，由此形成的审计工作底稿会在格式、内容和范围方面有所不同。

7.2.2 审计工作底稿的要素

通常，审计工作底稿包括下列全部或部分要素。

1. 审计工作底稿的标题

每张底稿应当包括被审计单位的名称、审计项目的名称以及资产负债表日或底稿覆盖的会计期间（如果与交易相关）。

2. 审计过程记录

在记录审计过程时，应当特别注意以下几个重点方面。

（1）特定项目或事项的识别特征。在记录实施审计程序的性质、时间和范围时，注册会计师应当记录测试的特定项目或事项的识别特征。记录特定项目或事项的识别特征可以实现多种目的。例如，便于对例外事项或不符事项进行检查，以及对测试的项目或事项进行复核。

识别特征是指被测试的项目或事项表现出的征象或标志。识别特征因审计程序的性质和所测试的项目或事项不同而不同。对某一个具体项目或事项而言，其识别特征通常具有唯一性，这种特性可以使其他人员根据识别特征在总体中识别该项目或事项并重新执行该测试。为帮助理解，以下列举部分审计程序中所测试的样本的识别特征。

例如，在对被审计单位生成的订购单进行细节测试时，注册会计师可能以订购单的日期或编号作为测试订购单的识别特征。需要注意的是，在以日期或编号作为识别特征时，需要同时考虑被审计单位对订购单编号的方式，若被审计单位按年对订购单依次编号，则识别特征是××年的××号；若被审计单位仅以序列号进行编号，则可以直接将该号码作为识别特征。

对于需要选取或复核既定总体内一定金额以上的所有项目的审计程序，注册会计师可能会以实施审计程序的范围作为识别特征。例如，总账中一定金额以上的所有会计分录。对于需要系统化抽样的审计程序，注册会计师可能会通过记录样本的来源、抽样的起点及抽样间隔来识别已选取的样本。例如，若被审计单位对发运单顺序编号，测试的发运单的识别特征可以是对 4 月 1 日至 9 月 30 日的发运台账，从第 12345 号发运单开始每隔 125 号系统抽取发运单。

对于需要询问被审计单位中特定人员的审计程序，注册会计师可能会以询问的时间、被询问人的姓名及职位作为识别特征。

对于观察程序，注册会计师可能会以观察的对象或观察过程、观察的地点和时间作为识别特征。

（2）重大事项。注册会计师应当根据具体情况判断某一事项是否属于重大事项。重大事项通常包括：

① 引起特别风险的事项；

② 实施审计程序的结果，该结果表明财务信息可能存在重大错报，或需要修正以前对重大错报风险的评估和针对这些风险拟采取的应对措施；

③ 导致注册会计师难以实施必要审计程序的情形；

④ 导致出具非标准审计报告的事项。

注册会计师应当及时记录与管理层、治理层和其他人员对重大事项的讨论，包括讨论的内容、时间、地点和参加人员。

有关重大事项的记录可能分散在审计工作底稿的不同部分。将这些分散在审计工作底稿中的有关重大事项的记录汇总在重大事项概要中，不仅可以帮助注册会计师集中考虑重大事项对审计工作的影响，还便于审计工作的复核人员全面、快速地了解重大事项，从而提高复核工作的效率。对于大型、复杂的审计项目，重大事项概要的作用尤为重要。因此，注册会计师应当考虑编制重大事项概要，将其作为审计工作底稿的组成部分，以有效地复核和检查审计工作底稿，并评价重大事项的影响。

重大事项概要包括审计过程中识别的重大事项及其如何得到解决，或对其他支持性审计工作底稿的交叉索引。

（3）针对重大事项如何处理矛盾或不一致的情况。如果识别出的信息与针对某重大事项得出的最终结论相矛盾或不一致，注册会计师应当记录形成最终结论时如何处理该矛盾或不一致的情况。

上述情况包括但不限于注册会计师针对该信息执行的审计程序、项目组成员对某事项的职业判断不同而向专业技术部门咨询的情况，以及项目组成员和被咨询人员不同意见（如项目组与专业技术部门的不同意见）的解决情况。

记录如何处理识别出的信息与针对重大事项得出的结论相矛盾或不一致的情况是非常必要的，它有助于注册会计师关注这些矛盾或不一致，并对此执行必要的审计程序以恰当地解决这些矛盾或不一致。

但是，对如何解决这些矛盾或不一致的记录要求并不意味着注册会计师需要保留不正确的或被取代的资料。例如，某些信息初步显示与针对某重大事项得出的最终结论相矛盾或不一致，注册会计师发现这些信息是错误的或不完整的，并且初步显示的矛盾或不一致可以通过获取正确或完整的信息得到满意的解决，则注册会计师无须保留这些错误的或不完整的信息。此外，对于职业判断的差异，若初步的判断意见是基于不完整的资料或数据，则注册会计师也无须保留这些初步的判断意见。

3. 审计结论

审计工作的每一部分都应包含与已实施审计程序的结果及其是否实现既定审计目标相关的结论，这还应包括审计程序识别出的例外情况和重大事项如何得到解决的结论。注册会计师恰当地记录审计结论非常重要。注册会计师需要根据所实施的审计程序及获取的审计证据得出结论，并以此作为对财务报表发表审计意见的基础。在记录审计结论时需注意，在审计工作底稿中记录的审计程序和审计证据是否足以支持所得出的审计结论。

4. 审计标识及其说明

审计标识被用于与已实施审计程序相关的底稿。每张底稿都应包含对已实施程序的性质和范围所作的解释，以支持每一个标识的含义。审计工作底稿中可使用各种审计标识，但应说明其含义，并保持前后一致。以下是注册会计师在审计工作底稿中列明标识并说明其含义的例子，仅供参考。在实务中，注册会计师也可以依据实际情况运用更多的审计标识。

∧：纵加核对。

<：横加核对。

B：与上年结转数核对一致。

T：与原始凭证核对一致。

G：与总分类账核对一致。

S：与明细账核对一致。

T/B：与试算平衡表核对一致。

C：已发询证函。

C\：已收回询证函。

5. 索引号及编号

通常，审计工作底稿需要注明索引号及顺序编号，相关审计工作底稿之间需要保持清晰的勾稽关系。为了汇总及便于交叉索引和复核，每个会计师事务所都会制订特定的审计工作底稿归档流程。因此，每张表或记录都应有一个索引号，如 A1、D6 等，以说明其在审计工作底稿中的放置位置。审计工作底稿中每张表所包含的信息都应当与另一张表中的相关信息进行交叉索引，如现金盘点表应当与列示所有现金余额的导表进行交叉索引。利用计算机编制工作底稿时，可以采用电子索引和链接。随着审计工作的推进，链接表还可予以自动更新。例如，审计调整表可以链接到工作试算平衡表，当新的调整分录编制完后，计算机会自动更新工作试算平衡表，为相关调整分录插入索引号。同样，评估的固有风险或控制风险可以与针对特定风险领域设计的相关审计计划程序进行交叉索引。

在实务中，注册会计师可以按照所记录的审计工作的内容层次进行编号。例如，固定资产汇总表的编号为 C1，按类别列示的固定资产明细表的编号为 C1-1，房屋建筑物的编号为 C1-1-1，机器设备的编号为 C1-1-2，运输工具的编号为 C1-1-3，其他设备的编号为 C1-1-4。相互引用时，需要在审计工作底稿中交叉注明索引号。

以下是不同审计工作底稿之间相互索引的例子，供参考。

例如，固定资产的原值、累计折旧及净值的总额应分别与固定资产明细表的数字互相勾稽。以下是从固定资产汇总表工作底稿（见表 7-1）及固定资产明细表工作底稿（见表 7-2）中节选的部分，以作相互索引的示范。

表 7-1　　　　　固定资产汇总表（工作底稿索引号：C1）（节选）

工作底稿索引号	固 定 资 产	20x2 年 12 月 31 日	20x1 年 12 月 31 日
C1-1	原值	×××G	×××
C1-1	累计折旧	×××G	×××
	净值	×××T/B∧	×××B∧

表 7-2　　　　　固定资产明细表（工作底稿索引号：C1-1）（节选）

工作底稿索引号	固 定 资 产	起 初 余 额	本 期 增 加	本 期 减 少	期 末 余 额
	原值				
C1-1-1	1. 房屋建筑物	×××		×××	×××S
C1-1-2	2. 机器设备	×××	×××		×××S
C1-1-3	3. 运输工具	×××			×××S
C1-1-4	4. 其他设备	×××			×××S
	小计	×××B∧	×××∧	×××∧	×××<C1∧

工作底稿索引号	固定资产	起初余额	本期增加	本期减少	期末余额
	累计折旧				
Cl-1-1	1. 房屋建筑物	×××			×××S
Cl-1-2	2. 机器设备	×××	×××		×××S
Cl-1-3	3. 运输工具	×××			×××S
Cl-1-4	4. 其他设备	×××			×××S
	小计	×××B∧	×××∧	×××∧	×××<Cl∧
	净值	×××B∧			×××Cl∧

注："∧"表示纵加核对相符；"<"表示横加核对相符。

6. 编制者和复核者姓名及执行日期

为了明确责任，在各自完成与特定工作底稿相关的任务之后，编制者和复核者都应在审计工作底稿上签名并注明编制日期和复核日期。在记录实施审计程序的性质、时间和范围时，注册会计师应当记录：

（1）审计工作的执行人员及完成该项审计工作的日期；

（2）审计工作的复核人员及复核的日期和范围。

在需要项目质量控制复核的情况下，还需要注明项目质量控制复核人员及复核的日期。

通常，需要在每一张审计工作底稿上注明审计工作的执行人员和复核人员、完成该项审计工作的日期以及完成复核的日期。

在实务中，如果若干页的审计工作底稿记录同一性质的具体审计程序或事项，并且编制在同一个索引号中，此时可以仅在审计工作底稿的第一页上记录审计工作的执行人员和复核人员并注明日期。例如，应收账款函证核对表的索引号为 L3-1-1/21，相对应的询证函回函共有 20 份，每一份应收账款询证函回函索引号以 L3-1-2/21、L3-1-3/21，…，L3-1-21/21 表示，对于这种情况，就可以仅在应收账款函证核对表上记录审计工作的执行人员和复核人员并注明日期。

7.3 审计工作底稿的归档

7.3.1 审计工作底稿归档工作的性质

在出具审计报告前，注册会计师应完成所有必要的审计程序，取得充分、适当的审计证据并得出适当的审计结论。由此，在审计报告日后将审计工作底稿归档为最终审计档案是一项事务性的工作，不涉及实施新的程序或得出新的结论。

如果在归档期间对审计工作底稿做出的变动属于事务性质，注册会计师可以做出变动，主要包括：

（1）删除或废弃被取代的审计工作底稿；

（2）对审计工作底稿进行分类、整理和交叉索引；

（3）对审计档案归整工作的完成和对表签字认可；

（4）记录在审计报告之前获取的、与审计项目组相关成员进行讨论并取得一致意见的审计证据。

7.3.2　审计档案的结构

对每项具体审计业务，注册会计师应当将审计工作底稿归整为审计档案。

在实务中，审计档案可以分为永久性档案和当期档案。这一分类主要是基于具体实务中对审计档案使用的时间而划分。

1．永久性档案

永久性档案是指那些记录内容相对稳定，具有长期使用价值，并对以后审计工作具有重要影响和直接作用的审计档案。例如，被审计单位的组织结构、批准证书、营业执照、章程、重要资产的所有权或使用权的证明文件复印件等。若永久性档案中的某些内容已发生变化，注册会计师应当及时予以更新。例如，被审计单位因增加注册资本而变更了营业执照等法律文件，被替换的旧营业执照等文件可以汇总在一起，与其他有效的资料分开，作为单独部分归整在永久性档案中。

2．当期档案

当期档案是指那些记录内容经常变化，主要供当期和下期审计使用的审计档案。例如，总体审计策略和具体审计计划。

目前，一些大型国际会计师事务所不再区分永久性档案和当期档案。这主要是以电子形式保留审计工作底稿的使用，尽管大部分会计师事务所仍然既保留电子版又保留纸质的审计档案。

以下是典型的审计档案结构。

（1）沟通和报告相关工作底稿。

① 审计报告和经审计的财务报表；

② 与主审注册会计师的沟通和报告；

③ 与治理层的沟通和报告；

④ 与管理层的沟通和报告；

⑤ 管理建议书。

（2）审计完成阶段工作底稿。

① 审计工作完成情况核对表；

② 管理层声明书原件；

③ 重大事项概要；

④ 错报汇总表；

⑤ 被审计单位财务报表和试算平衡表；

⑥ 有关列报的工作底稿（如现金流量表、关联方和关联交易的披露等）；

⑦ 财务报表所属期间的董事会会议纪要；

⑧ 总结会会议纪要。

（3）审计计划阶段工作底稿。

① 总体审计策略和具体审计计划；

② 对内部审计职能的评价；

③ 对外部专家的评价；

④ 对服务机构的评价；

⑤ 被审计单位提交的资料清单；

⑥ 主审注册会计师的指示；

⑦ 前期审计报告和经审计的财务报表；

⑧ 预备会会议纪要。

（4）特定项目审计程序表。

① 舞弊；

② 持续经营；

③ 对法律法规的考虑；

④ 关联方。

（5）进一步审计程序工作底稿。

① 有关控制测试工作底稿；

② 有关实质性程序工作底稿（包括实质性分析程序和细节测试）。

7.3.3 审计工作底稿归档的期限

注册会计师应当按照会计师事务所质量控制政策和程序的规定，及时将审计工作底稿归整为最终审计档案。审计工作底稿的归档期限为审计报告日后 60 天内。如果注册会计师未能完成审计业务，审计工作底稿的归档期限为审计业务终止后的 60 天内。

如果针对客户的同一财务信息执行不同的委托业务，出具两个或多个不同的报告，会计师事务所应当将其视为不同的业务，根据会计师事务所内部制定的政策和程序，在规定的归档期限内分别将审计工作底稿归整为最终审计档案。

7.3.4 审计工作底稿归档后的变动

在完成最终审计档案的归整工作后，注册会计师不得在规定的保存期限届满前删除或废弃审计工作底稿。

1. 需要变动审计工作底稿的情形

注册会计师发现有必要修改现有审计工作底稿或增加新的审计工作底稿的情形主要有以下两种。

（1）注册会计师已实施了必要的审计程序，取得了充分、适当的审计证据并得出了恰当的审计结论，但审计工作底稿的记录不够充分。

（2）审计报告日后发现例外情况，要求注册会计师实施新的或追加审计程序，或导致注册会计师得出新的结论。

2. 变动审计工作底稿时的记录要求

在完成最终审计档案的归整工作后，如果发现有必要修改现有审计工作底稿或增加新的审计工作底稿，无论修改或增加的性质如何，注册会计师均应当记录下列事项。

（1）修改或增加审计工作底稿的时间和人员，以及复核的时间和人员。

（2）修改或增加审计工作底稿的具体理由。

（3）修改或增加审计工作底稿对审计结论产生的影响。

7.3.5　审计工作底稿的保存期限

会计师事务所应当自审计报告日起，对审计工作底稿至少保存 10 年。如果注册会计师未能完成审计业务，会计师事务所应当自审计业务终止日起，对审计工作底稿至少保存 10 年。值得注意的是，对于连续审计的情况，当期归整的永久性档案可能包括以前年度获取的资料（有可能是 10 年以前）。这些资料虽然是在以前年度获取，但由于其作为本期档案的一部分，并作为支持审计结论的基础，因此，注册会计师对于这些对当期有效的档案，应视为当期取得并保存 10 年。如果这些资料在某一个审计期间被替换，被替换资料应该从被替换的年度起至少保存 10 年。

在完成最终审计档案的归整工作后，注册会计师不得在规定的保存期届满前删除或废弃审计工作底稿。

7.3.6　审计工作底稿的复核

1. 项目组成员实施的复核

由项目组内经验较多的人员（包括项目负责人）复核经验较少人员的工作时，复核人员应当考虑如下几点。

（1）审计工作是否已按照法律法规、职业道德规范和审计准则的规定执行。

（2）重大事项是否已提请进一步考虑。

（3）相关事项是否已进行适当咨询，由此形成的结论是否得到记录和执行。

（4）是否需要修改已执行审计工作的性质、时间和范围。

（5）已执行的审计工作是否支持形成的结论，并已得到适当记录。

（6）获取的审计证据是否充分、适当，足以支持审计报告。

（7）审计程序的目标是否已经实现。

为了监督审计业务的进程，并考虑助理人员是否具备足够的专业技能和胜任能力，以执行分派的审计工作，了解审计指令及按照总体审计计划和具体审计计划执行工作，有必要对执行业务的助理人员进行适当的督导和复核。

复核人员应当知悉并解决重大的会计和审计问题，考虑其重要程度并适当修改总体审计计划和具体审计计划。此外，项目组成员与客户的专业判断分歧应当得到解决，必要时，应考虑寻求恰当的咨询。

复核工作应当由至少具备同等专业胜任能力的人员完成，复核时应考虑是否已按照具体审计计划执行审计工作，审计工作和结论是否予以充分记录，所有重大事项是否已得到解决或在审计结论中予以反映，审计程序的目标是否已实现，审计结论是否与审计工作的结果一致并支持审计意见。

复核范围因审计规模、审计复杂程度以及工作安排的不同而存在显著差异。有时由高级助理人员复核低层次助理人员执行的工作，有时由项目经理完成，并最终由项目负责人复核。如上所述，对审计工作底稿实施的复核必须留下证据，一般由复核者在相关审计工作底稿上签名并注明日期。

2. 项目质量控制复核

注册会计师在出具审计报告前，会计师事务所应当指定专门的机构或人员对审计项目组执行的审计实施项目质量控制复核。

项目负责人有责任采取以下措施。

（1）确定会计师事务所已委派项目质量控制复核人员。

（2）与项目质量控制复核人员讨论在审计过程中遇到的重大事项，包括项目质量控制复核中识别的重大事项；

（3）在项目质量控制复核完成后，才能出具审计报告。

项目质量控制复核应当包括客观评价下列事项。

（1）项目组做出的重大判断。

（2）在准备审计报告时得出的结论。

会计师事务所采用制衡制度，以确保委派独立的、有经验的审计人员作为其所熟悉行业的项目质量控制复核人员。复核范围取决于审计项目的复杂程度以及未能根据具体情况出具审计报告的风险。许多会计师事务所不仅对上市公司审计进行项目质量控制复核，也会联系审计客户的组合，对那些高风险或涉及公众利益的审计项目实施项目控制质量复核。

实训与练习

一、单项选择题

1. 注册会计师在审计过程中形成的审计工作底稿的所有权应当属于（　　）。

    A. 被审计单位
            B. 会计师事务所

    C. 注册会计师个人
        D. 预期使用者

2. 注册会计师在记录审计过程时需要记录特定事项或项目的识别特征。下列关于识别特征表述不恰当的是（　　）。

    A. 在对应收账款计价测试时，需要将应收账款的账龄作为识别特征

    B. 在系统抽样时，需要以总体抽样起点和抽样间隔作为识别特征

    C. 在询问被审计单位特定人员时，应以询问的时间、询问人的姓名及职业作为识别特征

    D. 在对被审计单位生成的订单进行细节测试时，需将订单的数量、单价和金额作为识别特征

3. 以下关于审计工作底稿的存在形式表述正确的是（　　）。

    A. 只能以纸质形式存在

    B. 只能以纸质或电子形式存在

    C. 可以以纸质、电子或其他介质形式存在

    D. 一份工作底稿，只能以同一种形式存在

4. 会计师事务所在归档期间对审计工作底稿作出的变动属于事务性的。注册会计师实施的以下工作中不恰当的是（　　）。

    A. 删除或废弃部分审计工作底稿

    B. 对审计工作底稿进行分类、整理和交叉索引

    C. 对审计档案归整工作的完成核对表签字认可

    D. 记录在审计报告日前获取的、与审计项目组相关成员进行讨论并取得一致意见的审计证据

5. 审计工作底稿的归档期限是（　　）。

    A. 审计报告日后 30 天
      B. 审计报告日后 60 天

    C. 审计业务约定书后 60 天
    D. 审计业务终止后 90 天

6. 以下对审计档案的理解中，不恰当的是（　　）。

    A. 对每项具体审计业务，注册会计师应当将审计工作底稿归整为审计档案

    B. 永久性档案是指那些记录内容相对稳定，具有长期使用价值，并对以后审

计工作具有重要影响和直接作用的审计档案

C. 当期档案是指那些记录内容经常变化，主要供当期审计使用的审计档案

D. 永久性档案需要永久保存，当期档案至少保存 10 年

二、多项选择题

1. 以下关于审计工作底稿的归档和保存的说法，不正确的是（　　　）。

A. 在审计报告归档之后不能对审计工作底稿进行修改或增加

B. 在完成最终审计档案的归整工作后，如果发现有必要修改现有审计工作底稿，注册会计师只需记录修改审计工作底稿对审计结论产生的影响

C. 审计报告日后发现例外情况，要求注册会计师实施新的或追加审计程序，或导致注册会计师得出新的结论

D. 审计工作底稿的归档期限是签约后 60 天内

2. 注册会计师应当及时编制审计工作底稿，其主要目的体现在（　　　）。

A. 提供充分、适当的记录作为审计报告的基础

B. 提高审计工作的质量

C. 提供证据证明其按照中国注册会计师审计准则的规定执行了审计工作

D. 便于对审计结论进行有效复核和评价

3. 审计工作底稿在计划和执行审计工作中发挥着重要作用，下列对编制审计工作底稿的目的的陈述中恰当的有（　　　）。

A. 审计工作底稿是形成审计报告的基础

B. 审计工作底稿可用于会计师事务所质量控制复核

C. 审计工作底稿可用于监管会计师事务所对审计准则的遵循情况

D. 审计工作底稿可作为注册会计师涉诉时向法庭提供的证明其按照审计准则的规定执行了审计工作的证据

4. 注册会计师在决定审计工作底稿的格式、要素和范围时，应考虑的因素中恰当的有（　　　）。

A. 不同的审计程序得到不同的审计证据，审计工作底稿格式和要求也会有所不同

B. 如果是已识别的重大错报风险较高的项目，审计工作底稿记录的内容无须那么多

C. 审计证据的重要程度对审计工作底稿的格式、内容和范围有直接影响

D. 如果从已执行审计工作或获取审计证据的记录中不易确定审计结论时，需要记录结论或结论的基础

5. 为了明确审计工作底稿的编制者和复核者的责任，每一张审计工作底稿需要对此进行记录。下列关于审计工作底稿标题中应记录的编制者和复核者，描述恰当的

有（　　）。

  A. 执行人完成该项审计工作的日期

  B. 执行人、执行日期

  C. 复核人完成工作日期

  D. 复核人、复核日期

6. 注册会计师编制的审计工作底稿，应当使未曾接触该项审计工作的有经验的专业人士清楚地了解的内容包括（　　）。

  A. 按照审计准则的规定实施的审计程序的性质、时间和范围

  B. 实施审计程序的结果和获取的审计证据

  C. 审计证据是否充分和适当

  D. 就重大事项得出的结论

三、简答题

审计工作底稿归档之后需要变动的情形有哪些？注册会计师应当怎样记录变动的情况？

四、实训题

基本案情：一个业绩蒸蒸日上的 A 上市公司，逐步确立以房地产和股权投资为主导的投资方向，先后在北京、上海、天津、青岛等重点城市进行房地产投资；同时，该公司还投资参股了十多家企业，投资总额高达 8 000 万元以上。为了获得更为理想的投资回报和战略效果，该公司用了近 4 000 万元通过二级市场购买了上海的某家上市公司 5%的股份。按照我国证监会的关于上市公司的期中会计报表须经独立审计的规定，A 上市公司委托 B 会计师事务所对当年的期中会计报表进行审计。约定条件之一就是：为避免公司遭受损失，要求注册会计师在了解被审单位有关的投资计划和投资实施阶段的情况后，能够保守商业机密，尤其不能在审计工作底稿中公开。这为审计的注册会计师提出一个很大的难题：如果不在审计工作底稿中详细记录被审单位的投资项目和投资过程，就无法形成和发表与审计意见有关的审计证据，也不符合审计工作底稿的编写要求。如果在审计工作底稿中详细说明，又会违背已经做出的承诺。在这艰难的抉择和痛苦的思索中，注册会计师冥思苦想，终于有了一个两全其美的办法，即在填写长期投资项目的审计工作底稿时，不直接用项目本身的名称，而是根据不同性质的投资拟定审计工作底稿的秘密代码。该代码作为机密，单独由审计组长亲自保管并存放于专门的保密档案专柜中。

请思考：本案例带给你哪些启示？

第8章

审 计 抽 样

→ 学习目标

- 了解审计抽样的概念及基本原理
- 理解统计抽样与非统计抽样的含义与区分
- 掌握属性抽样与变量抽样的含义与区分
- 掌握样本的设计、选取及抽样结果的评价。

→ 案例导入

ABC 会计师事务所的甲和乙注册会计师接受委派，对 A 公司 2009 年度财务报表进行审计。确定财务报表可容忍错报为 10 000 元。在实质性程序中，甲和乙注册会计师运用统计抽样，发现一些样本存在误差，在分析样本误差时，履行了以下程序。

（1）对某项目无法或没有执行替代审计程序，视该项目为一项误差。

（2）某些样本误差项目具有共同的特征，作为一个整体，实施相应的审计程序，并根据审计结果进行单独的评价。

（3）在分析抽样中所发现的误差时，还应考虑误差的质的方面，包括误差的性质、原因及其对其他相关审计工作的影响。

要求：

（1）根据样本误差推断总体错报上限，如果小于、大于或等于可容忍错报，甲和乙注册会计师应如何处理？

（2）甲和乙注册会计师在分析样本误差时，履行的程序是否合适？

8.1　审计抽样的基本概念

8.1.1　审计抽样

审计抽样是指注册会计师对某类交易或账户余额中低于百分之百的项目实施审计程序，且所有项目都有机会被选取。审计抽样使注册会计师通过获取与被选取项目某一特征有关的审计证据，以形成或帮助形成对总体的结论。

审计抽样应当具备 3 个基本特征。

（1）对某类交易或账户余额中低于百分之百的项目实施审计程序。

（2）所有抽样单元都有被选取的机会。

（3）审计测试的目的是为了评价该账户余额或交易类型的某一特征。

审计抽样并非在所有审计程序中都可使用。注册会计师拟实施的审计程序将对运用审计抽样产生重要影响。在风险评估程序、控制测试和实质性程序中，有些审计程序可以使用审计抽样，有些审计程序则不宜使用审计抽样。

8.1.2　抽样风险和非抽样风险

在获取审计证据时，注册会计师应当运用职业判断，评估重大错报风险，并设计进一步审计程序，以确保将审计风险降至可接受的低水平。在使用审计抽样时，审计风险既可能受到抽样风险的影响，又可能受到非抽样风险的影响。

1.　抽样风险

抽样风险是指注册会计师根据样本得出的结论，和对总体全部项目实施与样本同样的审计程序得出的结论存在差异的可能性，也就是抽出的样本不能代表总体的风险。

控制测试中的抽样风险包括信赖过度风险和信赖不足风险。信赖过度风险是指推断的控制有效性高于其实际有效性的风险，也可以说，尽管样本结果支持注册会计师计划信赖内部控制的程度，但实际偏差率不支持该信赖程度的风险。信赖过度风险与审计的效果有关。如果注册会计师评估的控制有效性高于其实际有效性，从而导致评估的重大错报风险水平偏低，注册会计师可能不适当地减少从实质性程序中获取的证据，因此审计的有效性下降。对于注册会计师而言，信赖过度风险更容易导致注册会计师发表不恰当的审计意见，因而更应予以关注。相反，信赖不足风险是指推断的控制有效性低于其实际有效性的风险，也可以说，尽管样本结果不支持注册会计师计划信赖内部控制的程度，但实际偏差率支持该信赖程度的风险。信赖不足风险与审计的效率有关。当注册会计师评估的控制有效性低于其实际有效性时，评估的重大错报风险水平高于实际水平，注册会计师可能会增加不必要的实质性程序。在这种情况下，审计效率可能降低。控制测试中的抽样风险类型如表 8-1 所示。

表 8-1　　　　　　　　　　　控制测试中的抽样风险类型

注册会计师根据样本结果得出的结论＼被审计单位控制活动、政策或程序的实际运行有效性	控制风险初步评估结果适当	控制风险初步评估结果不适当
支持初步评估的控制风险水平	正确结论	信赖过度风险：评估的控制风险太低（审计无效）
不支持初步评估的控制风验水平	信赖不足风险：评估的控制风险太高（审计效率低）	正确结论

在实施细节测试时，注册会计师也要关注两类抽样风险：误受风险和误拒风险。误受风险是指注册会计师推断某一重大错报不存在而实际上存在的风险。如果账面金额实际上存在重大错报而注册会计师认为其不存在重大错报，注册会计师通常会停止对该账面金额继续进行测试，并根据样本结果得出账面金额无重大错报的结论。与信赖过度风险类似，误受风险影响审计效果，容易导致注册会计师发表不恰当的审计意见，因此注册会计师更应予以关注。误拒风险是指注册会计师推断某一重大错报存在而实际上不存在的风险。与信赖不足风险类似，误拒风险影响审计效率。如果账面金额不存在重大错报而注册会计师认为其存在重大错报，注册会计师会扩大细节测试的范围并考虑获取其他审计证据，最终注册会计师会得出恰当的结论。在这种情况下，审计效率可能降低。细节测试中的抽样风险类型如表 8-2 所示。

表 8-2　　　　　　　　　　　细节测试中的抽样风险类型

注册会计师根据样本结果得出的结论＼被审计单位交易或账户余额记录的实际情况	被审计单位交易或账户余额记录不存在重大错报	被审计单位交易或账户余额记录存在重大错报
交易或账户余额记录不存在重大错报	正确结论	误受风险（审计无效）
交易或账户余额记录存在重大错报	误拒风险（审计效率低）	正确结论

也就是说，无论在控制测试还是在细节测试中，抽样风险都可以分为两种类型：一类是影响审计效果的抽样风险，包括控制测试中的信赖过度风险和细节测试中的误受风险；另一类是影响审计效率的抽样风险，包括控制测试中的信赖不足风险和细节测试中的误拒风险。

只要使用了审计抽样，抽样风险总会存在。在使用统计抽样时，注册会计师可以准确地计量和控制抽样风险。在使用非统计抽样时，注册会计师无法量化抽样风险，只能根据职业判断对其进行定性的评价和控制。抽样风险与样本规模反方向变动：样本规模越小，抽样风险越大；样本规模越大，抽样风险越小。无论是控制测试还是细节测试，注册会计师都可以通过扩大样本规模降低抽样风险。如果对总体中的所有项目都实施检查，就不存在抽样风险，此时审计风险完全由非抽样风险产生。

2. 非抽样风险

非抽样风险是指由于某些与样本规模无关的因素而导致注册会计师得出错误结论的可能性。注册会计师即使对某类交易或账户余额的所有项目实施审计程序，也可能仍未能发现重大错报或控制失效。

在审计过程中，可能导致非抽样风险的原因包括下列情况。

（1）注册会计师选择的总体不适合于测试目标。例如，注册会计师在测试应收账款销售的完整性认定时选择主营业务收入日记账作为总体。

（2）注册会计师未能适当地定义误差（包括控制偏差或错报），导致注册会计师未能发现样本中存在的偏差或错报。例如，注册会计师在测试现金支付授权控制的有效性时，未将签字人未得到适当授权的情况界定为控制偏差。

（3）注册会计师选择了不适于实现特定目标的审计程序。例如，注册会计师依赖应收账款函证来揭露未入账的应收账款。

（4）注册会计师未能适当地评价审计发现的情况。例如，注册会计师错误解读审计证据可能导致没有发现误差。注册会计师对所发现误差的重要性的判断有误，从而忽略了性质十分重要的误差，也可能导致得出不恰当的结论。

（5）其他原因。

非抽样风险是由人为错误造成的，因而可以降低、消除或防范。虽然在任何一种抽样方法中注册会计师都不能量化非抽样风险，但通过采取适当的质量控制政策和程序，对审计工作进行适当的指导、监督和复核，以及对注册会计师实务的适当改进，可以将非抽样风险降至可以接受的水平。

8.1.3　统计抽样和非统计抽样

在对某类交易或账户余额使用审计抽样时，注册会计师可以使用统计抽样方法，也可以使用非统计抽样方法。统计抽样是指同时具备下列特征的抽样方法：

（1）随机选取样本。

（2）运用概率论评价样本结果，包括计量抽样风险。

统计抽样的样本必须同时具备上述两个特征，不同时具备上述两个特征的抽样方法为非统计抽样。

注册会计师应当根据具体情况并运用职业判断，确定使用统计抽样或非统计抽样方法，以最有效率地获取审计证据。注册会计师在统计抽样与非统计抽样方法之间进行选择时，主要考虑成本效益。统计抽样的优点在于能够客观地计量抽样风险，并通过调整样本规模精确地控制风险，这是与非统计抽样最重要的区别。另外，统计抽样还有助于注册会计师高效地设计样本，计量所获取证据的充分性，以及定量评价样本结果。

但统计抽样又可能发生额外的成本。首先，统计抽样需要特殊的专业技能，因此，使用统计抽样需要增加额外的支出对注册会计师进行培训。其次，统计抽样要求单个样本项目符合统计要求，这些也可能需要支出额外的费用。非统计抽样如果设计适当，也能提供与统计抽样方法同样有效的结果。注册会计师使用非统计抽样时，也必须考虑抽样风险并将其降至可接受水平，但不能精确地测定出抽样风险。

不管统计抽样还是非统计抽样，两种方法都要求注册会计师在设计、实施和评价样本时运用职业判断。另外，对选取的样本项目实施的审计程序通常也与使用的抽样方法无关。

8.1.4 统计抽样的方法

1. 属性抽样

属性抽样是一种用来对总体中某一事件发生率得出结论的统计抽样方法。属性抽样在审计中最常见的用途是测试某一控制的偏差率，以支持注册会计师评估的控制有效性。在属性抽样中，设定控制的每一次发生或偏离都被赋予同样的权重，而不管交易金额的大小。

2. 变量抽样

变量抽样是一种用来对总体金额得出结论的统计抽样方法。变量抽样通常回答下列问题：金额是多少？账户是否存在错报？变量抽样在审计中的主要用途是进行细节测试，以确定记录金额是否合理。

一般而言，属性抽样得出的结论与总体发生率有关，而变量抽样得出的结论与总体的金额有关。但有一个例外，即统计抽样中的概率比例规模抽样（PPS 抽样），是运用属性抽样的原理得出以金额表示的结论。

8.2 审计抽样的基本原理

注册会计师在控制测试和细节测试中使用审计抽样方法，主要分为 3 个阶段进行。第一阶段是样本设计阶段，旨在根据测试的目标和抽样总体，制订选取样本的计划。第二阶段是选取样本阶段，旨在按照适当的方法从相应的抽样总体中选取所需的样本，并对其实施检查，以确定是否存在误差。第三阶段是评价样本结果阶段，旨在根据对误差的性质和原因的分析，将样本结果推断至总体，形成对总体的结论。

8.2.1　样本设计阶段

在设计审计样本时，注册会计师应当考虑审计程序的目标和抽样总体的属性。审计抽样中样本设计阶段的工作主要包括以下几个步骤。

1. 确定测试目标

审计抽样必须紧紧围绕审计测试的目标展开，因此，确定测试目标是样本设计阶段的第一项工作。一般而言，控制测试是为了获取关于某项控制的设计或运行是否有效的证据，而细节测试的目的是确定某类交易或账户余额的金额是否正确，获取与存在的错报有关的证据。

2. 定义总体与抽样单元

（1）总体。在实施抽样之前，注册会计师必须仔细定义总体，确定抽样总体的范围。总体可以包括构成某类交易或账户余额的所有项目，也可以只包括某类交易或账户余额中的部分项目。注册会计师所定义的总体应具备下列两个特征。

① 适当性。注册会计师应确定总体适合于特定的审计目标，包括适合于测试的方向。例如，在控制测试中，如果要测试用以保证所有发运商品都已开单的控制是否有效运行，注册会计师从已开单的项目中抽取样本不能发现误差，因为该总体不包含那些已发运但未开单的项目。为发现这种误差，将所有已发运的项目作为总体通常比较适当。

② 完整性。注册会计师应当从总体项目内容和涉及时间等方面确定总体的完整性。例如，如果注册会计师从档案中选取付款证明，除非确信所有的付款证明都已归档，否则注册会计师不能对该期间的所有付款证明做出结论。

（2）定义抽样单元。在定义抽样单元时，注册会计师应使其与审计测试目标保持一致。注册会计师在定义总体时通常都指明了适当的抽样单元。在控制测试中，抽样单元通常是能够提供控制运行证据的文件资料，而在细节测试中，抽样单元可能是一个账户余额、一笔交易或交易中的一项记录，甚至每个货币单元。

（3）分层。如果总体项目存在重大的变异性，注册会计师应当考虑分层。分层是指将一个总体划分为多个子总体的过程，每个子总体由一组具有相同特征（通常指金额）的抽样单元组成。注册会计师应当仔细界定子总体，以使每一抽样单元只能属于一个层。

当实施细节测试时，注册会计师通常按照金额对某类交易或账户余额进行分层，以将更多的审计资源投入到大额项目中。例如，在对被审计单位的财务报表进行审计时，为了函证应收账款，注册会计师可以将应收账款账户按其金额大小分为 3 层，即账户金额在 10 000 元以上的，账户金额为 5 000～10 000 元的，账户金额在 5 000 元以下的。然后，根据各层的重要性分别采取不同的选样方法。对于金额在 10 000 元以上的应收账款账户，应进行全部函证；对于金额在 5 000～10 000 元以及 5 000 元以下的应收账款账户，则可采用适当的选样方法选取进行函证的样本。注册会计师也可以按照显示较高误差风险的某一特定特征对总体进行分层。例如，在测试应收账款估价时，余额可以根据账龄分层。

3. 定义误差构成条件

注册会计师必须事先准确定义构成误差的条件，否则执行审计程序时就没有识别误差的标准。在控制测试中，误差是指控制偏差，注册会计师要仔细定义所要测试的控制及可能出现偏差的情况；在细节测试中，误差是指错报，注册会计师要确定哪些情况构成错报。

注册会计师定义误差构成条件时要考虑审计程序的目标，清楚地了解误差构成条件，对于确保在推断误差时将且仅将所有与审计目标相关的条件包括在内至关重要。例如，在对应收账款存在性的细节测试中（如函证），客户在函证日之前支付、被审计单位在函证日之后不久收到的款项（即未达账项）不构成误差。而且，被审计单位在不同客户之间误登明细账也不构成误差，因其并不影响应收账款账户的总额。即使这种情况可能对审计的其他方面（如对舞弊的可能性或坏账准备的适当性的评估）产生重要影响，在评价该审计程序的样本结果时将其判定为误差也是不适当的。

4. 确定审计程序

注册会计师必须确定能够最好地实现测试目标的审计程序组合。例如，如果注册会计师的审计目标是通过测试某一阶段的适当授权证实交易的有效性，审计程序就是检查特定人员已在某文件上签字以示授权的书面证据。注册会计师预计样本中每一张该文件上都有适当的签名。

注册会计师应当将交易类型、账户余额，以及列报和披露的认定与重大错报风险的评估和进一步审计程序的设计及实施相联系。通常，注册会计师在获取关于财务报表中列报和披露的审计证据时不采用抽样方法，因而审计测试目标通常与获取关于某类交易或账户余额的财务报表认定的审计证据有关，如表 8-3 所示。

表 8-3　　　　　　　　　　注册会计师获取审计证据时使用的认定

关于被审计期间交易和事项类型的认定	关于期末账户余额的认定
发生	存在
完整	权利与义务
准确	完整
截止	计价与分摊

8.2.2　选取样本阶段

1. 确定样本规模

样本规模是指从总体中选取样本项目的数量。在审计抽样中，如果样本规模过小，就不能反映出审计对象总体的特征，注册会计师就无法获取充分的审计证据，其审计结论的可靠性就会大打折扣，甚至可能得出错误的审计结论；相反，如果样本规模过大，则会增加审计工作量，造成不必要的时间和人力上的浪费，加大审计成本，降低审计效率，就会失去审计抽样的意义。

影响样本规模的因素主要包括以下内容。

（1）可接受的抽样风险。在确定样本规模时，注册会计师应当考虑能否将抽样风险降至可接受的低水平。可接受的抽样风险与样本规模成反比。注册会计师愿意接受的抽样风险越低，样本规模通常越大。

（2）可容忍误差。可容忍误差是指注册会计师在认为测试目标已实现的情况下准备接受的总体最大误差。在控制测试中，它指注册会计师能够接受的最大偏差数量，如果偏差超过这一数量，则减少或取消对控制程序的信赖。在细节测试中，它与在审计计划阶段设定的重要性金额有关。保证程度一定时，注册会计师运用职业判断确定该因素。可容忍误差越小，为实现同样的保证程度所需的样本规模越大。

（3）预计总体误差。预计总体误差是指注册会计师根据以前对被审计单位的经验或实施风险评估程序的结果而估计总体中可能存在的误差。预计总体误差越大，可容忍误差也应当越大，但预计总体误差不应超过可容忍误差。在既定的可容忍误差下，当预计总体误差增加时，所需的样本规模更大。

（4）总体变异性。总体变异性是指总体的某一特征（如金额）在各项目之间的差异程度。在控制测试中，注册会计师在确定样本规模时一般不考虑总体变异性。在细节测试中，注册会计师确定适当的样本规模时要考虑特征的变异性。总体项目的变异性越低，通常样本规模越小。

（5）总体规模。除非总体非常小，一般而言，总体规模对样本规模的影响几乎为零。注册会计师通常将抽样单元超过 5 000 个的总体视为大规模总体。对大规模总体而言，总体的实际容量对样本规模几乎没有影响。对小规模总体而言，审计抽样比其他选择测试项目的方法效率低。

表 8-4 所示为审计抽样中影响样本规模的因素，并分别说明了这些影响因素在控制测试和细节测试中的表现形式。

表 8-4　　　　　　　　　　　　影响样本规模的因素

影　响　因　素	控　制　测　试	细　节　测　试	与样本规模的关系
可接受的抽样风险	可接受的信赖过度风险	可接受的误受风险	反向变动
可容忍误差	可容忍偏差率	可容忍错报	反向变动
预计总体误差	预计总体偏差率	预计总体错报	同向变动
总体变异性	—	总体变异性	同向变动
总体规模	总体规模	总体规模	影响很小

2. 选取样本

不管使用统计抽样或非统计抽样，在选取样本项目时，注册会计师都应当使总体中的所有抽样单元均有被选取的机会。选取样本的基本方法，包括使用随机数表或计算机辅助审计技术选样、系统选样和随意选样。

（1）使用随机数表或计算机辅助审计技术选样。使用随机数表或计算机辅助审计技术选样又称为随机数选样。使用随机数选样需以总体中的每一项目都有不同的编号为前提。随机数是一组从长期来看出现概率相同的数码，且不会产生可识别的模式。随机数表也称乱数表，它是由随机生成的从 0～9 共 10 个数字所组成的数表，每个数字在表中出现的次数是大致相同的，它们出现在表上的顺序是随机的。表 8-5 所示为 5 位随机数表的一部分。

表 8-5 随机数表

列\行	1	2	3	4	5	6	7	8	9	10
1	32 044	69 037	29 655	92 114	81 034	40 582	01 584	77 184	85 762	46 505
2	23 821	96 070	82 592	81 642	08 971	07 411	09 037	81 530	56 195	98 425
3	82 383	94 987	66 441	28 677	95 961	78 346	37 916	09 416	42 438	48 432
4	68 310	21 792	71 635	86 089	38 157	95 620	96 718	79 554	50 209	17 705
5	94 856	76 940	22 165	01 414	01 413	37 231	05 509	37 489	56 459	52 983
6	95 000	61 958	83 430	98 250	70 030	05 436	74 814	45 978	09 277	13 827
7	20 764	64 638	11 359	32 556	89 822	02 713	81 293	52 970	25 080	33 555
8	71 401	17 964	50 940	95 753	34 905	93 566	36 318	79 530	51 105	26 952
9	38 464	75 707	16 750	61 371	01 523	69 205	32 122	03 436	14 489	02 086
10	59 442	59 247	74 955	82 835	98 378	83 513	47 870	20 795	01 352	89 906

应用随机数表选样的步骤如下。

① 对总体项目进行编号，建立总体中的项目与表中数字的一一对应关系。一般情况下，编号可利用总体项目中原有的某些编号，如凭证号、支票号、发票号等。在没有事先编号的情况下，注册会计师需按一定的方法进行编号。

例如，由 40 页、每页 50 行组成的应收账款明细表，可采用 4 位数字编号，前两位由 01～40 的整数组成，表示该记录在明细表中的页数，后两位数字由 01～50 的整数组成，表示该记录的行次。这样，编号 0534 表示第 5 页第 34 行的记录。所需使用的随机数的位数一般由总体项目数或编号位数决定。如前例中可采用 4 位随机数表，也可以使用 5 位随机数表的前 4 位数字或后 4 位数字。

② 确定连续选取随机数的方法，即从随机数表中选择一个随机起点和一个选号路线，随机起点和选号路线可以任意选择，但一经选定就不得改变。从随机数表中任选一行或任何一栏开始，按照一定的方向（上下左右均可）依次查找，符合总体项目编号要求的数字，即为选中的号码，与此号码相对应的总体项目即为选取的样本项目，一直到

选足所需的样本量为止。例如，从前述应收账款明细表的 2 000 个记录中选择 10 个样本，总体编号规则如前所述，即前两位数字不能超过 40，后两位数字不能超过 50。如从表 8-5 第一行第一列开始，使用前 4 位随机数，逐行向右查找，则选中的样本为编号 3 204、0 741、0 903、0 941、3 815、2 216、0 141、3 723、0 550、3 748 的 10 个记录。

（2）系统选样。系统选样也称为等距选样，是指按照相同的间隔从审计对象总体中等距离地选取样本的一种选样方法。采用系统选样法，首先要计算选样间距，确定选样起点，然后再根据间距顺序地选取样本。选样间距的计算公式如下：

选样间距 ＝ 总体规模 ÷ 样本规模

例如，如果销售发票的总体范围是 652～3151，设定的样本量是 125，那么选样间距为 20[（3152-652）÷ 125]。注册会计师必须从 0～19 中选取一个随机数作为抽样起点。如果随机选择的数码是 9，那么第一个样本项目是发票号码为 661（652＋9）的那一张，其余的 124 个项目是 681（661＋20），701（681＋20），…依此类推，直至第 3141 号。

（3）随意选样。随意选样也称为任意选样，是指注册会计师不带任何偏见地选取样本，即注册会计师不考虑样本项目的性质、大小、外观、位置或其他特征而选取总体项目。随意选样的主要缺点在于很难完全无偏见地选取样本项目，因而很可能使样本失去代表性。由于文化背景和所受训练等的不同，每个注册会计师都可能无意识地带有某种偏好。例如，从发票柜中取发票时，某些注册会计师可能倾向于抽取柜子中间位置的发票，这样就会使柜子上面部分和下面部分的发票缺乏相等的选取机会。

上述 3 种基本方法均可选出代表性样本。但随机数选样和系统选样属于随机基础选样方法，即对总体的所有项目按随机规则选取样本，因而可以在统计抽样中使用，当然也可以在非统计抽样中使用。而随意选样虽然也可以选出代表性样本，但它属于非随机基础选样方法，因而不能在统计抽样中使用，只能在非统计抽样中使用。

3. 对样本实施审计程序

注册会计师应当针对选取的每个项目，实施适合于具体审计目标的审计程序。对选取的样本项目实施审计程序旨在发现并记录样本中存在的误差。

如果选取的项目不适合实施审计程序，注册会计师通常使用替代项目。例如，注册会计师在测试付款是否得到授权时，选取的付款单据中可能包括一个空白的付款单。如果注册会计师确信该空白付款单是合理的且不构成误差，可以适当选择一个替代项目进行检查。

注册会计师通常对每一样本项目实施适合于特定审计目标的审计程序。有时，注册会计师可能无法对选取的抽样单元实施计划的审计程序（如由于原始单据丢失等原因）。注册会计师对未检查项目的处理取决于未检查项目对评价样本结果的影响。如果注册会计师对样本结果的评价不会因为未检查项目可能存在错报而改变，就无须对这些项目进行检查。如果未检查项目可能存在的错报会导致该类交易或账户余额存在重大错报，注册会计师就要考虑实施替代程序，为形成结论提供充分的证据。例如，对应收账款的积极式函证没有收到回函时，注册会计师必须审查期后收款的情况，以证实应收账款的余额。注册会计师也要考虑无法对这些项目实施检查的原因是否会影响计划的重大错报风险评估水平或对舞弊风险的评估。如果注册会计师无法或者没有执行替代审计程序，则应将该项目视为一项误差。

8.2.3 评价样本结果

1. 分析样本误差

注册会计师应当考虑样本的结果、已识别的所有误差的性质和原因，及其对具体审计目标和审计的其他方面可能产生的影响。

无论是统计抽样还是非统计抽样，对样本结果的定性评估和定量评估一样重要。即使样本的统计评价结果在可以接受的范围内，注册会计师也应对样本中的所有误差（包括控制测试中的控制偏差和细节测试中的金额错报）进行定性分析。

2. 推断总体误差

在实施控制测试时，注册会计师将样本中发现的偏差数量除以样本规模，就计算出样本偏差率。由于样本的误差率就是整个总体的推断误差率，注册会计师无须推断总体误差率。

在控制测试中，无论使用统计抽样或非统计抽样方法，样本偏差率都是注册会计师对总体偏差率的最佳估计，但注册会计师必须考虑抽样风险。

当实施细节测试时，注册会计师应当根据样本中发现的误差金额推断总体误差金额，并考虑推断误差对特定审计目标及审计的其他方面的影响。

3. 形成审计结论

注册会计师应当评价样本结果，以确定对总体相关特征的评估是否得到证实或需要修正。

（1）控制测试中的样本结果评价。在控制测试中，注册会计师应当将总体偏差率与可容忍偏差率比较，但必须考虑抽样风险。

① 统计抽样。在统计抽样中，注册会计师通常使用表格或计算机程序计算抽样风险。用以评价抽样结果的大多数计算机程序都能根据样本规模、样本结果，计算在注册会计师确定的信赖过度风险条件下可能发生的偏差率上限的估计值。该偏差率上限的估计值即总体偏差率与抽样风险允许限度之和。

如果估计的总体偏差率上限低于可容忍偏差率，则总体可以接受。这时注册会计师对总体做出结论，样本结果支持计划评估的控制有效性，从而支持计划的重大错报风险评估水平。

如果估计的总体偏差率上限大于或等于可容忍偏差率，则总体不能接受。这时注册会计师对总体做出结论，样本结果不支持计划评估的控制有效性，从而不支持计划的重大错报风险评估水平。此时注册会计师应当修正重大错报风险评估水平，并增加实质性程序的数量。注册会计师也可以对影响重大错报风险评估水平的其他控制进行测试，以支持计划的重大错报风险评估水平。

如果估计的总体偏差率上限低于但接近可容忍偏差率，注册会计师应当结合其他审计程序的结果，考虑是否接受总体，并考虑是否需要扩大测试范围，以进一步证实计划评估的控制有效性和重大错报风险水平。

② 非统计抽样。在非统计抽样中，抽样风险无法直接计量。注册会计师通常将样本偏差率（即估计的总体偏差率）与可容忍偏差率相比较，以判断总体是否可以接受。

如果样本偏差率大于可容忍偏差率，则总体不能接受。这时注册会计师对总体做出结论，样本结果不支持计划评估的控制有效性，从而不支持计划的重大错报风险评估水平。因此，注册会计师应当修正重大错报风险评估水平，并增加实质性程序的数量。注册会计师也可以对影响重大错报风险评估水平的其他控制进行测试，以支持计划的重大错报风险评估水平。

如果样本偏差率低于总体的可容忍偏差率，注册会计师要考虑即使总体实际偏差率高于可容忍偏差率时仍出现这种结果的风险。如果样本偏差率大大低于可容忍偏差率，注册会计师通常认为总体可以接受。如果样本偏差率虽然低于可容忍偏差率，但两者很接近，注册会计师通常认为总体实际偏差率高于可容忍偏差率的抽样风险很高，因而总体不可接受。如果样本偏差率与可容忍偏差率之间的差额不是很大也不是很小，以至于不能认定总体是否可以接受时，注册会计师则要考虑扩大样本规模，以进一步收集证据。

（2）细节测试中样本结果评价。在细节测试中，注册会计师首先必须根据样本中发现的实际错报，要求被审计单位调整账面记录金额。将被审计单位已更正的错报从推断的总体错报金额中减掉后，注册会计师应当将调整后的推断总体错报与该类交易或账户余额的可容忍错报相比较，但必须考虑抽样风险。

① 统计抽样。在统计抽样中，注册会计师利用计算机程序或数学公式计算出总体错报上限，并将计算的总体错报上限与可容忍错报比较。计算的总体错报上限等于推断的总体错报（调整后）与抽样风险允许限度之和。

如果计算的总体错报上限大于或等于可容忍错报，则总体不能接受。这时注册会计师对总体做出结论，所测试的交易或账户余额存在重大错报。在评价财务报表整体是否存在重大错报时，注册会计师应将该类交易或账户余额的错报与其他审计证据一起考虑。通常，注册会计师会建议被审计单位对错报进行调查，且在必要时调整账面记录。

② 非统计抽样。在非统计抽样中，注册会计师运用其经验和职业判断评价抽样结果。如果调整后的总体错报大于可容忍错报，或虽小于可容忍错报但两者很接近，注册会计师通常做出总体实际错报大于可容忍错报的结论。也就是说，该类交易或账

户余额存在重大错报，因而总体不能接受。如果对样本结果的评价显示，对总体相关特征的评估需要修正，注册会计师可以单独或综合采取下列措施：提请管理层对已识别的误差和存在更多误差的可能性进行调查，并在必要时予以调整；修改进一步审计程序的性质、时间和范围；考虑对审计报告的影响。

如果调整后的总体错报远远小于可容忍错报，注册会计师可以做出总体实际错报小于可容忍错报的结论，即该类交易或账户余额不存在重大错报，因而总体可以接受。

如果调整后的总体错报虽然小于可容忍错报，但两者之间的差距很接近（既不很小又不很大），注册会计师必须特别仔细地考虑总体实际错报超过可容忍错报的风险是否能够接受，并考虑是否需要扩大细节测试的范围，以获取进一步的证据。

实训与练习

一、单项选择题

1. 下列对统计抽样与非统计抽样方法的说法，错误的是（   ）。

    A. 统计抽样的优点在于能够客观地计量抽样风险，并通过调整样本规模精确地控制风险

    B. 统计抽样有助于注册会计师高效地设计样本，计量所获取证据的充分性，以及定量评价样本结果

    C. 非统计抽样如果设计适当，也能提供与设计适当的统计抽样方法同样有效的结果

    D. 注册会计师使用非统计抽样时，也必须考虑抽样风险并将其降至可接受水平，同样也能精确地测定出抽样风险

2. 在控制测试中使用统计抽样，如果样本结果不支持注册会计师对控制运行有效性的估计和评估的重大错报风险水平，注册会计师应采取的措施不正确的是（   ）。

    A. 扩大控制测试范围，以证实初步评估结果

    B. 提高重大错报风险评估水平，并增加实质性程序的数量

    C. 对影响重大错报风险评估水平的其他控制进行测试，以支持计划的重大错报风险评估水平

    D. 改变实质性程序的性质答案

3. 注册会计师在审计抽样运用过程中，关于对抽样风险量化的理解不恰当的是（   ）。

    A. 在统计抽样中可以量化抽样风险

    B. 在非统计抽样中可以量化抽样风险

    C. 在 PPS 抽样中可以量化抽样风险

D. 在控制测试中无法量化非统计抽样风险

4. 审计抽样并非在所有程序中都可以使用。下列对审计抽样的表述，不正确的是（　　）。

A. 风险评估程序通常不涉及审计抽样

B. 如果注册会计师在了解控制的设计和确定控制是否得到执行的同时计划和实施控制测试，则可能涉及审计抽样，但此时审计抽样仅适用于控制测试

C. 当控制的运行留下轨迹时，注册会计师可以考虑使用审计抽样实施控制测试，对于未留下运行轨迹的控制，注册会计师通常实施询问、观察等审计程序，以获取有关控制运行有效性的审计证据，此时不宜使用审计抽样

D. 在实施实质性分析程序时，注册会计师可以使用审计抽样

5. 注册会计师在控制测试确定样本规模时，没有必要考虑的因素是（　　）。

A. 可接受的信赖过度风险　　　　　B. 预计总体偏差率

C. 总体变异性　　　　　　　　　　D. 可容忍偏差率

6. 下列各项风险中，对审计工作的效率和效果都产生影响的是（　　）。

A. 信赖过度风险　　　　　　　　　B. 信赖不足风险

C. 误受风险　　　　　　　　　　　D. 非抽样风险

7. 注册会计师运用分层抽样方法的主要目的是为了（　　）。

A. 减少样本的非抽样风险

B. 决定审计对象总体特征的正确发生率

C. 重点审计比较重大的项目，并减少样本量

D. 无偏见地选取样本项目

8. 注册会计师希望从 2000 张编号为 0001～2000 的支票中抽取 100 张进行审计，随机确定的抽样起点为 1955，采用系统抽样法下，抽取到的第 4 个样本号为（　　）。

A. 2015　　　　　B. 0015　　　　　C. 2005　　　　　D. 1995

9. 下列属于信赖不足风险的是（　　）。

A. 根据抽样结果对实际存在重大错报的账户余额得出不存在重大错报的结论

B. 根据抽样结果对实际不存在重大错报的账户余额得出存在重大错报的结论

C. 根据抽样结果对内控制度的信赖程度高于其实际应信赖的程度

D. 根据抽样结果对内控制度的信赖程度低于其实际应信赖的程度

10. 在控制测试中，信赖过度风险与样本数量之间是（　　）变动关系。

A. 同向　　　　　B. 反向　　　　　C. 比例变动关系　　　　　D. 不变

二、多项选择题

1. 注册会计师在控制测试和细节测试中既可运用统计抽样也可运用非统计抽样，以下表述恰当的有（　　）。

    A. 注册会计师选用统计抽样比非统计抽样更能获取充分、适当的审计证据

    B. 统计抽样是以概率论和数理统计为理论基础的现代抽样方法，因此，采用统计抽样有助于注册会计师高效地设计样本

    C. 审计抽样是指注册会计师对某类交易或账户余额中低于百分之百的项目实施审计程序，使所有抽样单元都有被选取的机会

    D. 只要设计得当，不论是统计抽样还是非统计抽样均能达到获取有效审计证据的目的

2. 当存在下列（　　）情形时，注册会计师应当考虑选取全部项目进行测试。

    A. 总体有少量的大额项目构成

    B. 存在特别风险且其他方法未提供充分、适当的审计证据

    C. 由于信息系统自动执行的计算或其他程序具有重复性，对全部项目进行检查符合成本效益原则

    D. 总体由大量的大额项目构成

3. 有关审计抽样的下列表述中，注册会计师不能认同的有（　　）。

    A. 审计抽样适用于财务报表审计的所有审计程序

    B. 统计抽样的产生并不意味着非统计抽样的消亡

    C. 统计抽样能够减少审计过程中的专业判断

    D. 对可信赖程度要求越高，需选取的样本量就应越大

4. 在以下关于误受风险与误拒风险的各种说法中，正确的有（　　）。

    A. 误受风险影响审计的效果，误拒风险影响审计的效率

    B. 在变量抽样中既要考虑控制误拒风险也要考虑控制误受风险

    C. 在传统变量抽样中注册会计师只需控制误受风险

    D. 采用 PPS 抽样时既要考虑控制误拒风险也要考虑控制误受风险

5. 审计抽样应当具备的特征有（　　）。

    A. 对某类交易或账户余额中低于百分之百的项目实施审计程序

    B. 审计测试的目的是为了评价该账户余额或交易类型的某一特征

    C. 抽样风险应控制在可接受的低水平

    D. 所有抽样单元都有被选取的机会

6. 注册会计师在定义抽样单元时，下列表述恰当的有（　　）。

    A. 在控制测试中，抽样单元通常指控制活动流程

B. 抽样单元可能是一个账户余额、一笔交易或交易中的一项记录

C. 抽样单元可能为每个货币单元

D. 在细节测试中，抽样单元就是指认定层次的错报金额单位

7. 在抽样风险中，导致注册会计师执行额外的审计程序，降低审计效率的风险有（　　）。

A. 信赖不足风险　　　　　　　　B. 信赖过度风险

C. 误受风险　　　　　　　　　　D. 误拒风险

8. 在进行控制测试时，注册会计师如认为抽样结果无法达到其对所测试的内部控制的预期信赖程度时，应当考虑（　　）。

A. 增加样本量　　　　　　　　　B. 执行替代审计程序

C. 修改实质性测试程序　　　　　D. 发表保留意见或否定意见

9. 注册会计师必须事先准确定义构成误差的条件，下列对误差的描述正确的有（　　）。

A. 在控制测试中，误差是指控制偏差

B. 在控制测试中，误差是指内部控制的缺陷

C. 在细节测试中，误差就是可容忍错报

D. 在细节测试中，误差是指错报

10. 注册会计师在细节测试中确定样本规模时需要考虑的因素中与样本规模同向变动的有（　　）。

A. 预计总体错报　　　　　　　　B. 可容忍错报

C. 总体变异性　　　　　　　　　D. 可接受的误差风险

第 9 章

风险评估与应对

学习目标

- 掌握风险评估的含义及程序
- 理解内部控制的含义及其要素
- 了解被审单位及其环境
- 熟悉风险评估程序的含义和内容
- 熟练掌握重大错报风险的评估过程
- 掌握财务报表层次重大错报风险的总体应对措施

案例导入

假定你是甲公司 2010 年度财务报表审计的外勤审计负责人，助理审计人员对认定层次重大错报风险的评估有下列疑问，请回答助理人员问题：

（1）应当根据什么评价对认定层次重大错报风险的评估是否适当？

（2）在风险评估时，存在有重大差异，注册会计师如何应对？

（3）在实施控制测试时，存在重大偏差，注册会计师如何应对？

（4）在完成审计工作前，如何考虑重大错报风险？

（5）在形成审计意见时，如何考虑重大错报风险？

9.1　风险评估

注册会计师应当了解被审计单位及其环境，以充分识别和评估财务报表重大错报风险，设计和实施进一步审计程序。

评价对被审计单位及其环境了解的程度是否恰当，关键是看注册会计师对被审计单位及其环境的了解是否足以识别和评估财务报表的重大错报风险。如果了解被审计单位及其环境获得的信息足以识别和评估财务报表的重大错报风险，设计和实施进一步审计程序，那么，了解的程度就是恰当的。当然，要求注册会计师对被审计单位及其环境了解的程度，要低于管理层为经营管理企业而对被审计单位及其环境需要了解的程度。

9.1.1　风险评估程序、信息来源以及项目组内部的讨论

1. 风险评估程序和信息来源

注册会计师了解被审计单位及其环境，目的是为了识别和评估财务报表重大错报风险。为了了解被审计单位及其环境而实施的程序称为"风险评估程序"。注册会计师应当依据实施这些程序所获取的信息，评估重大错报风险。

注册会计师为了了解被审计单位及其环境，应当实施下列风险评估程序。

（1）询问被审计单位管理层和内部其他相关人员。询问被审计单位管理层和内部其他相关人员是注册会计师了解被审计单位及其环境的一个重要信息来源。注册会计师可以考虑向管理层和财务负责人询问下列事项。

① 管理层所关注的主要问题，如新的竞争对手、主要客户和供应商的流失、新的税收法规的实施，以及经营目标或战略的变化等。

② 被审计单位最近的财务状况、经营成果和现金流量。

③ 可能影响财务报告的交易和事项，或者目前发生的重大会计处理问题，如重大的购并事宜等。

④ 被审计单位发生的其他重要变化，如所有权结构、组织结构的变化，以及内部控制的变化等。

尽管注册会计师通过询问管理层和财务负责人可获取大部分信息，但是询问被审计单位内部的其他相关人士可能为注册会计师提供不同的信息，有助于识别重大错报风险。因此，注册会计师还应当考虑询问内部审计人员、采购人员、生产人员、销售人员等其他相关人员，并考虑询问不同级别的员工，以获取对识别重大错报风险有用的信息。

（2）实施分析程序。分析程序是指注册会计师通过研究不同财务数据之间以及财务数据与非财务数据之间的内在关系，对财务信息作出评价。分析程序还包括调查识别出的、与其他相关信息不一致或与预期数据严重偏离的波动和关系。如果使用了高

度汇总的数据，实施分析程序的结果仅可能初步显示财务报表存在重大错报风险，注册会计师应当将分析结果连同识别重大错报风险时获取的其他信息一并考虑。例如，被审计单位存在很多产品系列，各个产品系列的毛利率存在一定差异。对总体毛利率实施分析程序的结果仅可能初步显示销售成本存在重大错报风险，注册会计师需要实施更为详细的分析程序，如对每一产品系列进行毛利率分析，或者将总体毛利率分析的结果连同其他信息一并考虑。

（3）观察和检查。观察和检查程序可以印证对管理层和其他相关人员询问的结果，并可提供有关被审计单位及其环境的信息，注册会计师应当实施下列观察和检查程序。

① 观察被审计单位的生产经营活动。例如，观察被审计单位人员正在从事的生产活动和内部控制活动，增加注册会计师对被审计单位人员如何进行生产经营活动及实施内部控制的了解。

② 检查文件、记录和内部控制手册。例如，检查被审计单位的章程，与其他单位签订的合同、协议，各业务流程操作指引、内部控制手册等；了解被审计单位组织结构和内部控制制度的建立健全情况。

③ 阅读由管理层和治理层编制的报告。例如，阅读被审计单位年度和中期财务报告，股东大会、董事会会议、高级管理层会议的会议记录或纪要，管理层的讨论和分析资料，经营计划和战略，对重要经营环节和外部因素的评价等；了解自上一期审计结束至本期审计期间被审计单位发生的重大事项。

④ 实地察看被审计单位的生产经营场所和设备。通过现场访问和实地察看被审计单位的生产经营场所和设备，注册会计师有机会与被审计单位管理层和担任不同职责的员工进行交流，可以增强注册会计师对被审计单位的经营活动及其重大影响因素的了解。

⑤追踪交易在财务报告信息系统中的处理过程（穿行测试）。通过追踪某笔或某几笔交易在业务流程中如何生成、记录、处理和报告，以及相关控制如何执行，注册会计师可以确定被审计单位的交易流程和相关控制是否与之前通过其他程序所获得的了解一致，并确定相关控制是否得到执行。

2. 其他审计程序和信息来源

（1）其他审计程序。除了采用上述程序从被审计单位内部获取信息以外，如果根据职业判断认为从被审计单位外部获取的信息有助于识别重大错报风险，注册会计师应当实施其他审计程序以获取这些信息。例如，询问被审计单位聘请的外部法律顾问、专业评估师、投资顾问、财务顾问等。

阅读外部信息也可能有助于注册会计师了解被审计单位及其环境。外部信息包括证券分析师、银行、评级机构出具的有关被审计单位及其所处行业的经济或市场环境等状况的报告，贸易与经济方面的报纸期刊，法规或金融出版物，以及政府部门或民间组织发布的行业报告、统计数据等。

（2）其他信息来源。注册会计师应当考虑在承接客户或续约过程中获取的信息，以及向被审计单位提供其他服务所获得的经验是否有助于识别重大错报风险。通常，对新的审计业务，注册会计师应在业务承接阶段对被审计单位及其环境有一个初步的了解，以确定是否承接该业务。而对连续审计业务，也应在每年的续约过程中对上年审计作总体评价，并更新对被审计单位的了解和风险评估结果，以确定是否续约。注册会计师还应当考虑向被审计单位提供其他服务（如执行中期财务报表审阅业务）所获得的经验是否有助于识别重大错报风险。

对于连续审计业务，如果拟利用在以前期间获取的信息，注册会计师应当确定被审计单位及其环境是否已发生变化，以及该变化是否可能影响以前期间获取的信息在本期审计中的相关性。例如，通过前期审计获取的有关被审计单位组织结构、生产经营活动和内部控制的审计证据，以及有关以往的错报是否得到及时更正的信息，可以帮助注册会计师评估本期财务报表的重大错报风险。

3. 项目组内部的讨论

项目组内部的讨论在所有业务阶段都非常必要，可以保证所有事项得到恰当的考虑。具有较多经验的成员，如项目负责人，其他成员可以分享其见解和以往获取的被审计单位的经验。审计准则要求项目组成员对财务报表存在重大错报的可能性进行讨论。

（1）讨论的目标。项目组内部的讨论为项目组成员提供了交流信息和分享见解的机会。项目组通过讨论可以使成员更好地了解在各自负责的领域中，由于舞弊或错误导致财务报表重大错报的可能性，并了解各自实施审计程序的结果如何影响审计的其他方面，包括对确定进一步审计程序的性质、时间和范围的影响。

（2）讨论的内容。项目组应当讨论被审计单位面临的经营风险、财务报表容易发生错报的领域以及发生错报的方式，特别是由于舞弊导致重大错报的可能性。讨论的内容和范围受项目组成员的职位、经验和所需要的信息的影响。

（3）参与讨论的人员。注册会计师应当运用职业判断确定项目组内部参与讨论的成员。项目组的关键成员应当参与讨论，如果项目组需要拥有信息技术或其他特殊技能的专家，这些专家也应参与讨论。参与讨论人员的范围受项目组成员的职责经验和信息需要的影响，如在跨地区审计中，每个重要地区项目组的关键成员应该参加讨论，但不要求所有成员每次都参与项目组的讨论。

（4）讨论的时间和方式。项目组应当根据审计的具体情况，在整个审计过程中持续交换有关财务报表发生重大错报可能性的信息。注册会计师应当在计划和实施审计工作时保持职业怀疑态度，充分考虑可能存在导致财务报表发生重大错报的情形。项目组在讨论时应当强调在整个审计过程中保持职业怀疑态度，警惕可能发生重大错报的迹象，并对这些迹象进行严格追踪。通过讨论，项目组成员可以交流和分享在整个审计过程中获得的信息，包括可能对重大错报风险评估产生影响的信息或针对这些风险实施审计程序的信息。

9.1.2 了解被审计单位及其环境

1. 总体要求

注册会计师应当从下列几方面了解被审计单位及其环境：①行业状况、法律环境与监管环境以及其他外部因素；②被审计单位的性质；③被审计单位对会计政策的选择和运用；④被审计单位的目标、战略以及相关经营风险；⑤被审计单位财务业绩的衡量和评价；⑥被审计单位的内部控制。

被审计单位及其环境的各个方面可能会互相影响。例如，被审计单位的行业状况、法律环境与监管环境以及其他外部因素可能影响到被审计单位的目标、战略以及相关经营风险，而被审计单位的性质、目标、战略以及相关经营风险可能影响到被审计单位对会计政策的选择和运用，以及内部控制的设计和执行。因此，注册会计师在对被审计单位及其环境的各个方面进行了解和评估时，应当考虑各因素之间的相互关系。

2. 行业状况、法律环境与监管环境以及其他外部因素

（1）行业状况。了解行业状况有助于注册会计师识别与被审计单位所处行业有关的重大错报风险。注册会计师应当了解被审计单位的行业状况，主要包括：①所处行业的市场供求与竞争；②生产经营的季节性和周期性；③产品生产技术的变化；④能源供应与成本；⑤行业的关键指标和统计数据。

（2）法律环境与监管环境。了解法律环境与监管环境的主要原因在于：某些法律法规或监管要求可能对被审计单位经营活动有重大影响，如不遵守将导致停业等严重后果；某些法律法规或监管要求规定了被审计单位某些方面的责任和义务，以及需要遵循的行业惯例和核算要求。

注册会计师应当了解被审计单位所处的法律环境与监管环境，主要包括：①适用的会计准则、会计制度和行业特定惯例；②对经营活动产生重大影响的法律法规及监管活动；③对开展业务产生重大影响的政府政策，包括货币、财政、税收和贸易等政策；④与被审计单位所处行业和所从事经营活动相关的环保要求。

（3）其他外部因素。注册会计师应当了解影响被审计单位经营的其他外部因素，主要包括：①宏观经济的景气度；②利率和资金供求状况；③通货膨胀水平及币值变动；④国际经济环境和汇率变动。

（4）了解的重点和程度。注册会计师对行业状况、法律环境与监管环境以及其他外部因素了解的范围和程度，会因被审计单位所处行业、规模以及其他因素（如在市场中的地位）的不同而不同。例如，对从事计算机硬件制造的被审计单位，注册会计师可能更关心市场和竞争以及技术进步的情况；对金融机构，注册会计师可能更关心宏观经济走势以及货币、财政等方面的宏观经济政策；对化工等产生污染的行业，注册会计师可能更关心相关环保法规。注册会计师应当考虑将了解的重点放在对被审计单位的经

营活动可能产生重要影响的关键外部因素以及与前期相比发生的重大变化上。

3.　被审计单位的性质

（1）所有权结构。对被审计单位所有权结构的了解有助于注册会计师识别关联方关系并了解被审计单位的决策过程。注册会计师应当了解所有权结构以及所有者与其他人员或单位之间的关系，考虑关联方关系是否已经得到识别，以及关联方交易是否得到恰当核算。

同时，注册会计师可能需要对其控股母公司（股东）的情况作进一步的了解，包括控股母公司的所有权性质、管理风格及其对被审计单位经营活动及财务报表可能产生的影响；控股母公司与被审计单位在资产、业务、人员、机构、财务等方面是否分开，是否存在占用资金等情况；控股母公司是否施加压力，要求被审计单位达到其设定的财务业绩目标。

（2）治理结构。良好的治理结构可以对被审计单位的经营和财务运作实施有效的监督，从而降低财务报表发生重大错报的风险。注册会计师应当了解被审计单位的治理结构。例如，董事会的构成情况、董事会内部是否有独立董事；治理结构中是否设有审计委员会或监事会及其运作情况。注册会计师应当考虑治理层是否能够在独立于管理层的情况下对被审计单位事务（包括财务报告）作出客观判断。

（3）组织结构。复杂的组织结构可能导致某些特定的重大错报风险。注册会计师应当了解被审计单位的组织结构，考虑复杂的组织结构可能导致的重大错报风险，包括财务报表合并、商誉减值以及长期股权投资核算等问题。

（4）经营活动。了解被审计单位经营活动有助于注册会计师识别预期在财务报表中反映的主要交易类别、重要账户余额和列报。注册会计师应当了解被审计单位的经营活动，主要包括：①主营业务的性质；②与生产产品或提供劳务相关的市场信息；③业务的开展情况；④联盟、合营与外包情况；⑤地区与行业分布；⑥生产设施、仓库的地理位置及办公地点；⑦关键客户；⑧重要供应商；⑨劳动用工情况；⑩研究与开发活动及其支出等。

（5）投资活动。了解被审计单位投资活动有助于注册会计师关注被审计单位在经营策略和方向上的重大变化。注册会计师应当了解被审计单位的投资活动，主要包括：①近期拟实施或已实施的并购活动与资产处置情况，包括业务重组或某些业务的终止，注册会计师应当了解并购活动如何与被审计单位目前的经营业务相协调，并考虑它们是否会引发进一步的经营风险；②证券投资、委托贷款的发生与处置；③资本性投资活动，包括固定资产和无形资产投资，近期或计划发生的变动，以及重大的资本承诺等；④不纳入合并范围的投资，如联营、合营或其他投资，包括近期计划的投资项目。

（6）筹资活动。了解被审计单位筹资活动有助于注册会计师评估被审计单位在融资方面的压力，并进一步考虑被审计单位在可预见未来的持续经营能力。注册会计师应当了解被审计单位的筹资活动，主要包括：①债务结构和相关条款，包括担保情况及表外融资；②固定资产的租赁，包括通过融资租赁方式进行的筹资活动；③关联方

167

融资，如关联方融资的特殊条款；④实际受益股东，如实际受益股东是国内的还是国外的，其商业声誉和经验可能对被审计单位产生的影响；⑤衍生金融工具的运用，如衍生金融工具是用于交易目的还是套期目的，以及运用的种类、范围、交易对手等。

4. 被审计单位对会计政策的选择和运用

（1）重要项目的会计政策和行业惯例。重要项目的会计政策包括收入确认方法，存货的计价方法，投资的核算，固定资产的折旧方法，坏账准备、存货跌价准备和其他资产减值准备的确定，借款费用资本化方法，合并财务报表的编制方法等。除会计政策以外，某些行业可能还存在一些行业惯例，注册会计师应当熟悉这些行业惯例。当被审计单位采用与行业惯例不同的会计处理方法时，注册会计师应当了解其原因，并考虑采用与行业惯例不同的会计处理方法是否适当。

（2）重大和异常交易的会计处理方法。例如，本期发生的企业合并的会计处理方法。某些被审计单位可能存在与其所处行业相关的重大交易。例如，银行向客户发放贷款，证券公司对外投资，医药企业的研究与开发活动等。注册会计师应当考虑对重大的和不经常发生的交易的会计处理方法是否适当。

（3）在新领域和缺乏权威性标准或共识的领域，采用重要会计政策产生的影响。在新领域和缺乏权威性标准或共识的领域，注册会计师应当关注被审计单位选用了哪些会计政策，为什么选用这些会计政策，以及选用这些会计政策产生的影响。

（4）会计政策的变更。如果被审计单位变更了重要的会计政策，注册会计师应当考虑变更的原因及其适当性，即考虑：会计政策的变更是否是法律、行政法规或者适用的会计准则和相关会计制度要求的变更；会计政策变更是否能够提供更可靠、更相关的会计信息。

除此之外，注册会计师还应当关注会计政策的变更是否得到充分披露。

（5）被审计单位何时采用以及如何采用新颁布的会计准则和相关会计制度。注册会计师应当考虑，被审计单位是否按照适用的会计准则和相关会计制度的规定恰当地进行了列报，并披露了重要事项。列报和披露的主要内容包括：财务报表及其附注的格式、结构安排和内容，财务报表项目使用的术语，披露信息的明细程度，项目在财务报表中的分类以及列报信息的来源等。注册会计师应当考虑被审计单位是否已对特定事项做了适当的列报和披露。

5. 被审计单位的目标、战略以及相关经营风险

（1）目标、战略与经营风险。目标是企业经营活动的指针。企业管理层或治理层一般会根据企业经营面临的外部环境和内部各种因素，制定合理可行的经营目标。战略是企业管理层为实现经营目标采用的总体层面的策略和方法。为了实现某一既定的经营目标，企业可能有多个可行战略。经营风险源于对被审计单位实现目标和战略产生不利影响的重大情况、事项、环境和行动，或源于不恰当的目标和战略。不同的企

业可能面临不同的经营风险，这取决于企业经营的性质、所处行业、外部监管环境、企业的规模和复杂程度。管理层有责任识别和应对这些风险。

注册会计师应当了解被审计单位是否存在与下列几方面有关的目标和战略，并考虑相应的经营风险：①行业发展及其可能导致的被审计单位不具备足以应对行业变化的人力资源和业务专长等风险；②开发新产品或提供新服务及其可能导致的被审计单位产品责任增加等风险；③业务扩张及其可能导致的被审计单位对市场需求的估计不准确等风险；④新颁布的会计法规及其可能导致的被审计单位执行法规不当或不完整，或会计处理成本增加等风险；⑤监管要求及其可能导致的被审计单位法律责任增加等风险；⑥本期及未来的融资条件及其可能导致的被审计单位由于无法满足融资条件而失去融资机会等风险；⑦信息技术的运用及其可能导致的被审计单位信息系统与业务流程难以融合等风险。

（2）经营风险对重大错报风险的影响。经营风险与财务报表重大错报风险是既有联系又相互区别的两个概念，前者比后者范围更广。注册会计师了解被审计单位的经营风险有助于其识别财务报表重大错报风险，但并非所有的经营风险都与财务报表相关，注册会计师没有责任识别或评估对财务报表没有影响的经营风险。

多数经营风险最终都会产生财务后果，从而影响财务报表，但并非所有经营风险都会导致重大错报风险。经营风险可能对各类交易、账户余额以及列报认定层次或财务报表层次产生直接影响。例如，企业合并导致银行客户群减少，使银行信贷风险集中，由此产生的经营风险可能增加与贷款计价认定有关的重大错报风险。同样的风险，在经济紧缩时，可能具有更为长期的后果，注册会计师在评估持续经营假设的适当性时需要考虑这一问题。注册会计师应当根据被审计单位的具体情况考虑经营风险是否可能导致财务报表发生重大错报。

（3）被审计单位的风险评估过程。管理层通常制定识别和应对经营风险的策略，注册会计师应当了解被审计单位的风险评估过程。此类风险评估过程是被审计单位内部控制的组成部分。

6. 被审计单位财务业绩的衡量和评价

被审计单位管理层经常会衡量和评价关键业绩指标（包括财务和非财务的）、预算及差异分析、分部信息和分支机构、部门或其他层次的业绩报告以及与竞争对手的业绩比较。此外，外部机构也会衡量和评价被审计单位的财务业绩，如分析师的报告和信用评级机构的报告。

（1）了解的主要方面。在了解被审计单位财务业绩衡量和评价情况时，注册会计师应当关注下列信息：①关键业绩指标；②业绩趋势；③预测、预算和差异分析；④管理层和员工业绩考核与激励性报酬政策；⑤分部信息与不同层次部门的业绩报告；⑥与竞争对手的业绩比较；⑦外部机构提出的报告。

（2）关注内部财务业绩衡量的结果。内部财务业绩衡量可能显示未预期到的结果或趋势。在这种情况下，管理层通常会进行调查并采取纠正措施。与内部财务业绩衡量相关的信息可能显示财务报表存在错报风险。例如，内部财务业绩衡量可能显示被审计单位与同行业其他单位相比具有异常快的增长率或盈利水平，此类信息如果与业绩奖金或激励性报酬等因素结合起来考虑，可能显示管理层在编制财务报表时存在某种倾向的错报风险。

（3）考虑财务业绩衡量指标的可靠性。如果拟利用被审计单位内部信息系统生成的财务业绩衡量指标，注册会计师应当考虑相关信息是否可靠，以及利用这些信息是否足以实现审计目标。许多财务业绩衡量中使用的信息可能由被审计单位的信息系统生成。如果被审计单位管理层在没有合理基础的情况下，认为内部生成的衡量财务业绩的信息是准确的，而实际上信息有误，那么根据有误的信息得出的结论也可能是错误的。如果注册会计师计划在审计中（如在实施分析程序时）利用财务业绩指标，应当考虑相关信息是否可靠，以及在实施审计程序时利用这些信息是否足以发现重大错报。

9.1.3　了解被审计单位的内部控制

1. 内部控制的含义和要素

内部控制是被审计单位为了合理保证财务报告的可靠性、经营的效率和效果以及对法律法规的遵守，由治理层、管理层和其他人员设计与执行的政策及程序。

可以从以下几方面理解内部控制。

（1）内部控制的目标是合理保证以下方面：①财务报告的可靠性，这一目标与管理层履行财务报告编制责任密切相关；②经营的效率和效果，即经济有效地使用企业资源，以最优方式实现企业的目标；③在所有经营活动中遵守法律法规的要求，即在法律法规的框架下从事经营活动。

（2）设计和实施内部控制的责任主体是治理层、管理层和其他人员，组织中的每一个人都对内部控制负有责任。

（3）实现内部控制目标的手段是设计和执行控制政策及程序。

内部控制包括下列要素：①控制环境；②风险评估过程；③信息系统与沟通；④控制活动；⑤对控制的监督。内部控制包括上述 5 项要素；控制包括上述一项或多项要素，或要素表现出的各个方面。

2. 与审计相关的控制

内部控制的目标旨在合理保证财务报告的可靠性、经营的效率和效果以及对法律法规的遵守。注册会计师审计的目标是对财务报表是否不存在重大错报发表审计意见，注册会计师需要了解和评价的内部控制只是与财务报表审计相关的内部控制，并非被审计单位所有的内部控制。

（1）为实现财务报告可靠性目标设计和实施的控制。与审计相关的控制，包括被审计单位为实现财务报告可靠性目标设计和实施的控制。注册会计师应当运用职业判断，考虑一项控制单独或连同其他控制是否与评估重大错报风险以及针对评估的风险设计和实施进一步审计程序有关。

在运用职业判断时，注册会计师应当考虑下列因素：①注册会计师确定的重要性水平；②被审计单位的性质，包括组织结构和所有制性质；③被审计单位的规模；④被审计单位经营的多样性和复杂性；⑤法律法规和监管要求；⑥作为内部控制组成部分的系统（包括利用服务机构）的性质和复杂性。

（2）其他与审计相关的控制。如果在设计和实施进一步审计程序时拟利用被审计单位内部生成的信息，注册会计师应当考虑用以保证该信息完整性和准确性的控制可能与审计相关。注册会计师以前的经验以及在了解被审计单位及其环境过程中获得的信息，可以帮助注册会计师识别与审计相关的控制。

如果用以保证经营效率、效果的控制以及对法律法规遵守的控制与实施审计程序时评价或使用的数据相关，注册会计师应当考虑这些控制可能与审计相关。例如，对于某些非财务数据（如生产统计数据）的控制，如果注册会计师在实施分析程序时使用这些数据，这些控制就可能与审计相关。又如，某些法规（如税法）对财务报表存在直接和重大的影响（影响应交税费和所得税费用），为了遵守这些法规，被审计单位可能设计和执行相应的控制，这些控制也与注册会计师的审计相关。

用以保护资产的内部控制可能包括与实现财务报告可靠性和经营效率、效果目标相关的控制。注册会计师在了解保护资产的内部控制各项要素时，可仅考虑其中与财务报告可靠性目标相关的控制。例如，保护存货安全的控制可能与审计相关，但在生产中防止材料浪费的控制通常与审计不相关，只有所用材料的成本没有在财务报表中如实反映，才会影响财务报表的可靠性。

3. 内部控制的局限性

内部控制存在固有局限性，无论如何设计和执行，只能对财务报告的可靠性提供合理的保证。内部控制存在的固有局限性包括以下两个方面。

（1）在决策时人为判断可能出现错误和由于人为失误而导致内部控制失效。例如，被审计单位信息技术工作人员没有完全理解系统如何处理销售交易，为使系统能够处理新型产品的销售，可能错误地对系统进行更改；或者对系统的更改是正确的，但是程序员没能把此次更改转化为正确的程序代码。

（2）可能由于两个或更多的人员进行串通或管理层凌驾于内部控制之上而被规避。例如，管理层可能与客户签订背后协议，对标准的销售合同做出变动，从而导致收入确认发生错误。再如，软件中的编辑控制旨在发现和报告超过赊销信用额度的交易，但这一控制可能被逾越或规避。

此外，如果被审计单位内部行使控制职能的人员素质不适应岗位要求，也会影响内部控制功能的正常发挥。被审计单位实施内部控制的成本效益问题也会影响其效能，当实施某项控制成本大于控制效果而发生损失时，就没有必要设置控制环节或控制措施。

4. 控制环境

（1）控制环境的含义。控制环境包括治理职能和管理职能，以及治理层和管理层对内部控制及其重要性的态度、认识和措施。良好的控制环境是实施有效内部控制的基础，防止或发现并纠正舞弊和错误是被审计单位治理层和管理层的责任。在评价控制环境的设计和实施情况时，注册会计师应当了解管理层在治理层的监督下，是否营造并保持了诚实守信和合乎道德的文化，以及是否建立了防止或发现并纠正舞弊和错误的恰当控制。

（2）控制环境的要素。在评价控制环境设计和实施情况时，注册会计师应考虑构成环境的下列因素，以及这些因素如何被纳入被审计单位业务流程。①诚信和道德价值观念。内部控制的有效性直接依赖于负责创建、管理和监控内部控制的人员的诚信和道德价值观念。②对胜任能力的重视。管理层对胜任能力的重视包括对于特定工作所需的胜任能力水平的设定，以及对达到该水平所必需的知识和能力的要求。③治理层的参与程度。被审计单位的控制环境在很大程度上受治理层的影响。④管理层的理念和经营风格。管理层负责企业的运作以及经营策略和程序的制定、执行与监督，在有效的控制环境中，管理层的理念和经营风格可以创造一个积极的氛围，促进业务流程和内部控制的有效运行，同时创造一个减少错报发生可能性的环境。⑤组织结构及职权与责任的分配。组织结构将影响权利、责任和工作任务在组织成员中的分配。被审计单位的组织结构在一定程度上取决于被审计单位的规模和经营活动的性质。⑥人力资源政策与实务。被审计单位员工的能力与诚信是控制环境中不可缺少的因素。被审计单位是否有能力雇用并保留一定数量既有能力又有责任心的员工在很大程度上取决于其人力资源政策与实务。

综上所述，注册会计师应当对控制环境的构成要素获取足够的了解，并考虑内部控制的实质及其综合效果，以了解管理层和治理层对内部控制及其重要性的态度、认识以及所采取的措施。

5. 被审计单位的风险评估过程

（1）被审计单位风险评估过程的含义。任何经济组织在经营活动中都会面临各种各样的风险，风险对其生存和竞争能力产生影响。很多风险并不为经济组织所控制，但管理层应当确定可以承受的风险水平，识别这些风险并采取一定的应对措施。

被审计单位的风险评估过程包括识别与财务报告相关的经营风险，以及针对这些风险所采取的措施。注册会计师应当了解被审计单位的风险评估过程和结果。

（2）对风险评估过程的了解。在评价被审计单位风险评估过程的设计和执行时，注册会计师应当确定管理层如何识别与财务报告相关的经营风险，如何估计该风险的重要性，如何评估风险发生的可能性，以及如何采取措施管理这些风险。如果被审计单位的风险评估过程符合其具体情况，了解被审计单位的风险评估过程和结果有助于注册会计师识别财务报表的重大错报风险。

注册会计师在对被审计单位整体层面的风险评估过程进行了解和评估时，考虑的主要因素可能包括如下几点。

① 被审计单位是否已建立并沟通其整体目标，并辅以具体策略和业务流程层面的计划。

② 被审计单位是否已建立风险评估过程，包括识别风险、估计风险的重大性、评估风险发生的可能性以及确定需要采取的应对措施。

③ 被审计单位是否已建立某种机制，识别和应对可能对被审计单位产生重大且普遍影响的变化，如在金融机构中建立资产负债管理委员会，在制造型企业中建立期货交易风险管理组等。

④ 会计部门是否建立了某种流程，以识别会计准则的重大变化。

⑤ 当被审计单位业务操作发生变化并影响交易记录的流程时，是否存在沟通渠道以通知会计部门。

⑥ 风险管理部门是否建立了某种流程，以识别经营环境包括监管环境发生的重大变化。

在审计过程中，如果发现与财务报表有关的风险因素，注册会计师可通过向管理层询问和检查有关文件确定被审计单位的风险评估过程是否也发现了该风险；如果识别出管理层未能识别的重大错报风险，注册会计师应当考虑被审计单位的风险评估过程为何没有识别出这些风险，以及评估过程是否适合于具体环境。

6. 信息系统与沟通

（1）与财务报告相关的信息系统的含义。与财务报告相关的信息系统，包括用以生成、记录、处理和报告交易、事项和情况，对相关资产、负债和所有者权益履行经营管理责任的程序和记录。

与财务报告相关的信息系统应当与业务流程相适应。与财务报告相关的信息系统所生成信息的质量，对管理层能否作出恰当的经营管理决策以及编制可靠的财务报告具有重大影响。

（2）对与财务报告相关的信息系统的了解。注册会计师应当从下列方面了解与财务报告相关的信息系统：①在被审计单位经营过程中，对财务报表具有重大影响的各类交易；②在信息技术和人工系统中，交易生成、记录、处理和报告的程序；③与交易生成、记录、处理和报告有关的会计记录、支持性信息和财务报表中的特定项目；④信息系统如何获取除各类交易之外的对财务报表具有重大影响的事项和情况的信息，如对固定资产和长期资产计提折旧或摊销，对应收账款计提坏账准备等；⑤被审计单位编制财务报告的过程，包括作出的重大会计估计和披露；⑥管理层凌驾于账户记录控制之上的风险。

（3）与财务报告相关的沟通的含义。与财务报告相关的沟通包括使员工了解各自在与财务报告有关的内部控制方面的角色和职责，员工之间的工作联系，以及向适当级别的管理层报告例外事项的方式。

公开的沟通渠道有助于确保例外情况得到报告和处理。沟通可以采用政策手册、会计和财务报告手册及备忘录等形式进行，也可以通过发送电子邮件、口头沟通和管理层的行动来进行。

（4）对与财务报告相关的沟通的了解。注册会计师应当了解被审计单位内部如何对财务报告的岗位职责以及与财务报告相关的重大事项进行沟通。注册会计师还应当了解管理层与治理层（特别是审计委员会）之间的沟通，以及被审计单位与外部（包括与监管部门）的沟通。具体包括：①管理层就员工的职责和控制责任是否进行了有效沟通；②针对可疑的不恰当事项和行为是否建立了沟通渠道；③组织内部沟通的充分性是否能够使员工有效地履行职责；④对于与客户、供应商、监管者和其他外部人士的沟通，管理层是否及时采取适当的进一步行动；⑤被审计单位是否受到某些监管机构发布的监管要求的约束；⑥外部人士如客户和供应商在多大程度上获知被审计单位的行为守则。

7. 控制活动

（1）相关的控制活动的含义。控制活动是指有助于确保管理层的指令得以执行的政策和程序，包括与授权、业绩评价、信息处理、实物控制、职责分离等相关的活动。

① 授权。注册会计师应当了解与授权有关的控制活动，包括一般授权和特别授权。一般授权是指管理层制定的要求组织内部遵守的普遍适用于某类交易或活动的政策。特别授权是指管理层针对特定类别的交易或活动逐一设置的授权，如重大资本支出、股票发行等。

② 业绩评价。注册会计师应当了解与业绩评价有关的控制活动，主要包括被审计单位分析评价实际业绩与预算（或预测、前期业绩）的差异，综合分析财务数据与经营数据的内在关系，将内部数据与外部信息来源相比较，评价职能部门、分支机构或项目活动的业绩（如银行客户信贷经理复核各分行、地区和各种贷款类型的审批和收回），以及对发现的异常差异或关系采取必要的调查与纠正措施。

174

③ 信息处理。注册会计师应当了解与信息处理有关的控制活动，包括信息技术一般控制和信息技术应用控制。

被审计单位通常执行各种措施，检查各种类型信息处理环境下交易的准确性、完整性和授权。信息处理控制可以是人工的、自动化的，或是基于自动流程的人工控制。信息处理控制分为两类，即信息技术一般控制和信息技术应用控制。

信息技术一般控制是指与多个应用系统有关的政策和程序，有助于保证信息系统持续恰当地运行；信息技术应用控制是指主要在业务流程层面运行的人工或自动化程序，与用于生成、记录、处理、报告交易或其他财务数据的程序相关。

④ 实物控制。注册会计师应当了解实物控制，主要包括了解对资产和记录采取适当的安全保护措施，对访问计算机程序和数据文件设置授权，以及定期盘点并将盘点记录与会计记录相核对。例如，现金、有价证券和存货的定期盘点控制。实物控制的效果影响资产的安全，从而对财务报表的可靠性及审计产生影响。

⑤ 职责分离。注册会计师应当了解职责分离，主要包括了解被审计单位如何将交易授权、交易记录以及资产保管等职责分配给不同员工，以防范同一员工在履行多项职责时可能发生的舞弊或错误。当信息技术运用于信息系统时，职责分离可以通过设置安全控制来实现。

（2）对控制活动的了解。在了解控制活动时，注册会计师应当重点考虑一项控制活动单独或连同其他控制活动，是否能够以及如何防止或发现并纠正各类交易、账户余额、列报存在的重大错报。注册会计师的工作重点是识别和了解针对重大错报可能发生的领域的控制活动。

注册会计师对被审计单位整体层面的控制活动进行的了解和评估，主要是针对被审计单位的一般控制活动，特别是信息技术的一般控制。在了解和评估一般控制活动时考虑的主要因素可能包括：①被审计单位的主要经营活动是否都有必要的控制政策和程序；②管理层在预算、利润和其他财务及经营业绩方面是否都有清晰的目标，在被审计单位内部，是否对这些目标都加以清晰的记录和沟通，并且积极地对其进行监控；③是否存在计划和报告系统，以识别与目标业绩的差异，并向适当层次的管理层报告该差异；④是否由适当层次的管理层对差异进行调查，并及时采取适当的纠正措施；⑤不同人员的职责应在何种程度上相分离，以降低舞弊和不当行为发生的风险；⑥会计系统中的数据是否与实物资产定期核对；⑦是否建立了适当的保护措施，以防止未经授权接触文件、记录和资产；⑧是否存在信息安全职能部门负责监控信息安全政策和程序。

8. 对控制的监督

（1）对控制的监督的含义。对控制的监督是指被审计单位评价内部控制在一段时间内运行有效性的过程，该过程包括及时评价控制的设计和运行，以及根据情况的变化采取必要的纠正措施。

通常，被审计单位通过持续的监督活动、专门的评价活动或两者相结合，实现对控制的监督。持续的监督活动通常贯穿于被审计单位的日常经营活动与常规管理工作中。例如，管理层在履行其日常管理活动时，取得内部控制持续发挥功能的信息。当业务报告、财务报告与他们获取的信息有较大差异时，会对有重大差异的报告提出疑问，并作必要的追踪调查和处理。

（2）了解对内部控制的监督。注册会计师在对被审计单位整体层面的监督进行了解和评估时，考虑的主要因素可能包括：①被审计单位是否定期评价内部控制；②被审计单位人员在履行正常职责时，能够在多大程度上获得内部控制是否有效运行的证据；③与外部的沟通能够在多大程度上证实内部产生的信息或者指出存在的问题；④管理层是否采纳内部审计人员和注册会计师有关内部控制的建议；⑤管理层是否及时纠正控制运行中的偏差；⑥管理层根据监管机构的报告及建议是否及时采取纠正措施；⑦是否存在协助管理层监督内部控制的职能部门（如内部审计部门）。

9. 在整体层面了解内部控制

在整体层面对被审计单位内部控制的了解和评估，通常由项目组中对被审计单位情况比较了解且较有经验的成员负责，同时需要项目组其他成员的参与，他们可能更多地参与日常经营管理活动和财务报告活动，但这些并不一定会影响注册会计师对于被审计单位整体层面的内部控制是否有效的判断。注册会计师应当考虑管理层本身的理念和态度、实际设计和执行的控制，以及对经营活动的密切参与是否能够实现控制的目标。

注册会计师应当将对被审计单位整体层面内部控制各要素的了解要点和实施的风险评估程序及其结果等形成审计工作记录，并对影响注册会计师对整体层面内部控制有效性进行判断的因素加以详细记录。

财务报表层次的重大错报风险很可能源于薄弱的控制环境，因此，注册会计师在评估财务报表层次的重大错报风险时，应当将被审计单位整体层面的内部控制状况和了解到的被审计单位及其环境其他方面的情况结合起来考虑。

10. 在业务流程层面了解内部控制

在初步计划审计工作时，注册会计师需要确定在被审计单位财务报表中可能存在重大错报风险的重大账户及其相关认定。为实现此目的，通常采取下列步骤。

（1）确定被审计单位的重要业务流程和重要交易类别；

（2）了解重要交易流程，并记录获得的了解；

（3）确定可能发生错报的环节；

（4）识别和了解相关控制；

（5）执行穿行测试，证实对交易流程和相关控制的了解；

（6）进行初步评价和风险评估。

9.1.4　评估重大错报风险

评估重大错报风险是风险评估的最后一个步骤。获取的关于风险因素和抵消控制风险的信息（通过实施风险评估程序），将全部用于对财务报表层次以及各类交易、账户余额和列报认定层次的评估重大错报风险。评估将作为确定进一步审计程序的性质、范围和时间的基础，以应对识别风险。

1. 评估财务报表层次和认定层次的重大错报风险

（1）评估重大错报风险的审计程序。

① 在了解被审计单位及其环境的整个过程中识别风险，并考虑各类交易、账户余额、列报。注册会计师应当运用各项风险评估程序，在了解被审计单位及其环境的整个过程中识别风险，并将识别的风险与各类交易、账户余额和列报相联系。例如，被审计单位因相关环境法规的实施需要更新设备，可能面临原有设备闲置或贬值的风险；宏观经济的低迷可能预示应收账款的回收存在问题。

② 将识别的风险与认定层次可能发生错报的领域相联系。注册会计师应当将识别的风险与认定层次可能发生错报的领域相联系。例如，销售困难使产品的市场价格下降，可能导致年末存货成本高于其可变现净值而需要计提存货跌价准备，这显示存货的计价认定可能发生错报。

③ 考虑识别的风险是否重大。风险是否重大是指风险造成后果的严重程度。上例中，除考虑产品市场价格下降因素外，注册会计师还应当考虑产品市场价格下降的幅度、该产品在被审计单位产品中的比重等，以确定识别的风险对财务报表的影响是否重大。

④ 考虑识别的风险导致财务报表发生重大错报的可能性。注册会计师还需要考虑上述识别的风险是否会导致财务报表发生重大错报。例如，考虑存货的账面余额是否重大，是否已适当计提存货跌价准备等。

（2）识别两个层次的重大错报风险。在对重大错报风险进行识别和评估后，注册会计师应当确定，识别的重大错报风险是与特定的某类交易、账户余额、列报的认定相关，还是与财务报表整体广泛相关，进而影响多项认定。

某些重大错报风险可能与特定的某类交易、账户余额、列报的认定相关。例如，被审计单位存在复杂的联营或合资，这一事项表明，长期股权投资账户的认定可能存在重大错报风险。又如，被审计单位存在重大的关联方交易，该事项表明，关联方及关联方交易的披露认定可能存在重大错报风险。

某些重大错报风险可能与财务报表整体广泛相关，进而影响多项认定。例如，在经济不稳定的国家和地区开展业务、资产的流动性出现问题、重要客户流失、融资能力受到限制等，可能导致注册会计师对被审计单位的持续经营能力产生重大疑虑。又如，管理层缺乏诚信或承受异常的压力可能引发舞弊风险，这些风险与财务报表整体相关。

（3）控制环境对评估财务报表层次重大错报风险的影响。财务报表层次的重大错报风险很可能源于薄弱的控制环境。薄弱的控制环境带来的风险可能对财务报表产生广泛影响，难以限于某类交易、账户余额、列报，注册会计师应当采取总体应对措施。

例如，被审计单位治理层、管理层对内部控制的重要性缺乏认识，没有建立必要的制度和程序；或管理层经营理念偏于激进，又缺乏实现激进目标的人力资源等。这些缺陷源于薄弱的控制环境，可能对财务报表产生广泛影响，需要注册会计师采取总体应对措施。

（4）控制对评估认定层次重大错报风险的影响。在评估重大错报风险时，注册会计师应当将所了解的控制与特定认定相联系。这是由于控制有助于防止或发现并纠正认定层次的重大错报。在评估重大错报发生的可能性时，除了考虑可能的风险外，还要考虑控制对风险的抵消和遏制作用。有效的控制会减少错报发生的可能性，而控制不当或缺乏控制，错报就会由可能变成现实。

控制可能与某一认定直接相关，也可能与某一认定间接相关。关系越间接，控制在防止或发现并纠正认定中错报的作用越小。例如，销售经理对分地区的销售网点的销售情况进行复核，与销售收入完整性的认定只是间接相关。相应的，该项控制在降低销售收入完整性认定中的错报风险方面的效果，要比与该认定直接相关的控制（例如，将发货单与开具的销售发票相核对）的效果差。

当然，也有某些控制活动可能专门针对某类交易或账户余额的个别认定。例如，被审计单位建立的、以确保盘点工作人员能够正确地盘点和记录存货的控制活动，直接与存货账户余额的存在性和完整性认定相关。注册会计师只需要对盘点过程和程序进行了解，就可以确定控制是否能够实现目标。

注册会计师应当考虑对识别的各类交易、账户余额和列报认定层次的重大错报风险予以汇总和评估，以确定进一步审计程序的性质、时间和范围。

（5）考虑财务报表的可审计性。注册会计师在了解被审计单位内部控制后，可能对被审计单位财务报表的可审计性产生怀疑。例如，对被审计单位会计记录的可靠性和状况的担心可能会使注册会计师认为可能很难获取充分、适当的审计证据，以支持对财务报表发表意见。如果通过对内部控制的了解发现下列情况，并对财务报表局部或整体的可审计性产生疑问，注册会计师应当考虑出具保留意见或无法表示意见的审计报告：①被审计单位会计记录的状况和可靠性存在重大问题，不能获取充分、适当的审计证据以发表无保留意见；②对管理层的诚信存在严重疑虑。必要时，注册会计师应当考虑解除业务约定。

2. 需要特别考虑的重大错报风险

（1）特别风险的含义。作为风险评估的一部分，注册会计师应当运用职业判断，确定识别的风险哪些是需要特别考虑的重大错报风险（以下简称特别风险）。

（2）确定特别风险时应考虑的事项。在确定哪些风险是特别风险时，注册会计师应当在考虑识别出的控制对相关风险的抵消效果前，根据风险的性质、潜在错报的重要程度（包括该风险是否可能导致多项错报）和发生的可能性，判断风险是否属于特别风险。

在确定风险的性质时，注册会计师应当考虑下列事项：①风险是否属于舞弊风险；②风险是否与近期经济环境、会计处理方法和其他方面的重大变化有关；③交易的复杂程度；④风险是否涉及重大的关联方交易；⑤财务信息计量的主观程度，特别是对不确定事项的计量存在较大区间；⑥风险是否涉及异常或超出正常经营过程的重大交易。

（3）非常规交易和判断事项导致的特别风险。非常规交易是指由于金额或性质异常而不经常发生的交易。例如，企业购并、债务重组、重大或有事项等。由于非常规交易具有下列特征，与重大非常规交易相关的特别风险可能导致更高的重大错报风险：①管理层更多地介入会计处理；②数据收集和处理涉及更多的人工成分；③复杂的计算或会计处理方法；④非常规交易的性质可能使被审计单位难以对由此产生的特别风险实施有效控制。

判断事项通常包括作出的会计估计，如资产减值准备金额的估计、需要运用复杂估值技术确定的公允价值计量等。由于下列原因，与重大判断事项相关的特别风险可能导致更高的重大错报风险：①对涉及会计估计、收入确认等方面的会计原则存在不同的理解；②所要求的判断可能是主观和复杂的，或需要对未来事项作出假设。

（4）考虑与特别风险相关的控制。了解与特别风险相关的控制，有助于注册会计师制定有效的审计方案予以应对。对特别风险，注册会计师应当评价相关控制的设计情况，并确定其是否已经得到执行。由于与重大非常规交易或判断事项相关的风险很少受到日常控制的约束，注册会计师应当了解被审计单位是否针对该特别风险设计和实施了控制。

如果管理层未能实施控制以恰当应对特别风险，注册会计师应当认为内部控制存在重大缺陷，并考虑其对风险评估的影响。在此情况下，注册会计师应当就此类事项与治理层沟通。

此外，如果计划测试旨在减轻特别风险的控制运行的有效性，注册会计师不应依赖以前审计获取的关于内部控制运行有效性的审计证据。注册会计师应当专门针对识别的风险实施实质性程序，由于实质性分析程序单独并不足以应对特别风险，注册会计师应当实施细节测试，或将实质性分析程序与细节测试结合运用。

3. 仅通过实质性程序无法应对的重大错报风险

作为风险评估的一部分，如果认为仅通过实质性程序获取的审计证据无法将认定层次的重大错报风险降至可接受的低水平，注册会计师应当评价被审计单位针对这些风险设计的控制，并确定其执行情况。

在被审计单位对日常交易采用高度自动化处理的情况下，审计证据可能仅以电子形式存在，其充分性和适当性通常取决于自动化信息系统相关控制的有效性，注册会计师应当考虑仅通过实施实质性程序不能获取充分、适当审计证据的可能性。

4. 对风险评估的修正

注册会计师对认定层次重大错报风险的评估应以获取的审计证据为基础，并可能随着不断获取审计证据而做出相应的变化。

例如，注册会计师对重大错报风险的评估可能基于预期控制运行有效这一判断，即相关控制可以防止或发现并纠正认定层次的重大错报。但在测试控制运行的有效性时，注册会计师获取的证据可能表明相关控制在被审计期间并未有效运行。同样，在实施实质性程序后，注册会计师可能发现错报的金额和频率比在风险评估时预计的金额和频率要高。因此，如果通过实施进一步审计程序获取的审计证据与初始评估获取的审计证据相矛盾，注册会计师应当修正风险评估结果，并相应修改原计划实施的进一步审计程序。

因此，评估重大错报风险与了解被审计单位及其环境一样，也是一个连续和动态地收集、更新与分析信息的过程，贯穿于整个审计过程的始终。

9.2　风险应对

9.2.1　针对财务报表层次重大错报风险的总体应对措施

1. 财务报表层次重大错报风险与总体应对措施

在财务报表重大错报风险的评估过程中，注册会计师应当确定，识别的重大错报风险是与特定的某类交易、账户余额、列报的认定相关，还是与财务报表整体广泛相关，进而影响多项认定。如果是后者，则属于财务报表层次的重大错报风险。

注册会计师应当针对评估的财务报表层次重大错报风险确定下列总体应对措施。

（1）向审计项目组强调在收集和评价审计证据过程中保持职业怀疑态度的必要性。

（2）分派更有经验或具有特殊技能的注册会计师，或利用专家的工作。审计项目组成员中应有一定比例的人员曾经参与过被审计单位以前年度的审计，或具有被审计单位所处特定行业的相关审计经验。

（3）提供更多的督导。对于财务报表层次重大错报风险较高的审计项目，审计项目组的高级别成员，如项目负责人、项目经理等经验较丰富的人员，要对其他成员提供更详细、更经常、更及时的指导和监督，并加强项目质量复核。

（4）在选择进一步审计程序时，应当注意使某些程序不被管理层预见或事先了解。

在设计拟实施审计程序的性质、时间和范围时，为了避免既定思维对审计方案的限制，避免对审计效果的人为干涉，从而使得针对重大错报风险的进一步审计程序更加有效，注册会计师要考虑使某些程序不被审计单位管理层预见或事先了解。

在实务中，注册会计师可以通过以下方式提高审计程序的不可预见性：①对某些未测试过的低于设定的重要性水平或风险较小的账户余额和认定实施实质性程序；②调整实施审计程序的时间，使被审计单位不可预期；③采取不同的审计抽样方法，使当期抽取的测试样本与以前有所不同；④选取不同的地点实施审计程序，或预先不告知被审计单位所选定的测试地点。

（5）对拟实施审计程序的性质、时间和范围做出总体修改。财务报表层次的重大错报风险很可能源于薄弱的控制环境。有效的控制环境可以使注册会计师增强对内部控制和被审计单位内部产生的证据的信赖程度。如果控制环境存在缺陷，注册会计师在对拟实施审计程序的性质、时间和范围做出总体修改时应当考虑：

① 在期末而非期中实施更多的审计程序。控制环境的缺陷通常会削弱期中获得的审计证据的可信赖程度。

② 主要依赖实质性程序获取审计证据。良好的控制环境是其他控制要素发挥作用的基础。控制环境存在缺陷通常会削弱其他控制要素的作用，导致注册会计师可能无法信赖内部控制，而主要依赖实施实质性程序获取审计证据。

③ 修改审计程序的性质，获取更具说服力的审计证据。修改审计程序的性质主要是指调整拟实施审计程序的类别及组合，比如原先可能主要限于检查某项资产的账面记录或相关文件，而调整审计程序的性质后可能意味着更加重视实地检查该项资产。

④ 扩大审计程序的范围。例如，扩大样本规模，或采用更详细的数据实施分析程序。

2. 增加审计程序不可预见性的方法

（1）增加审计程序不可预见性的思路。注册会计师可以通过增加审计程序提高审计程序的不可预见性，例如：

① 对某些以前未测试的低于设定的重要性水平或风险较小的账户余额和认定实施实质性程序；

② 调整实施审计程序的时间，使其超出被审计单位的预期；

③ 采取不同的审计抽样方法，使当年抽取的测试样本与以前有所不同；

④ 选取不同的地点实施审计程序，或预先不告知被审计单位所选定的测试地点。

（2）增加审计程序不可预见性的实施要点。

① 注册会计师需要与被审计单位的高层管理人员事先沟通，要求实施具有不可预见性的审计程序，但不能告知其具体内容。注册会计师可以在签订审计业务约定书时明确提出这一要求。

② 虽然对于不可预见性程度没有量化的规定，但审计项目组可根据对舞弊风险的评估等确定具有不可预见性的审计程序。审计项目组可以汇总那些具有不可预见性的审计程序，并记录在审计工作底稿中。

③ 项目负责人需要安排项目组成员有效地实施具有不可预见性的审计程序，但同时要避免使项目组成员处于困难境地。

3. 总体应对措施对拟实施进一步审计程序的总体方案的影响

财务报表层次重大错报风险难以限于某类交易、账户余额、列报的特点，意味着此类风险可能对财务报表的多项认定产生广泛影响，并相应增加注册会计师对认定层次重大错报风险的评估难度。因此，注册会计师评估的财务报表层次重大错报风险以及采取的总体应对措施，对拟实施进一步审计程序的总体方案具有重大影响。

拟实施进一步审计程序的总体方案包括实质性方案和综合性方案。其中，实质性方案是指注册会计师实施的进一步审计程序以实质性程序为主；综合性方案是指注册会计师在实施进一步审计程序时，将控制测试与实质性程序结合使用。当评估的财务报表层次重大错报风险属于高风险水平（并相应采取更强调审计程序不可预见性以及重视调整审计程序的性质、时间、范围等总体应对措施）时，拟实施进一步审计程序的总体方案往往更倾向于实质性方案。

9.2.2 针对认定层次重大错报风险的进一步审计程序

1. 进一步审计程序的含义和要求

（1）进一步审计程序的含义。进一步审计程序相对于风险评估程序而言，是指注册会计师针对评估的各类交易、账户余额、列报认定层次重大错报风险实施的审计程序，包括控制测试和实质性程序。

注册会计师应当针对评估的认定层次重大错报风险设计和实施进一步审计程序，包括审计程序的性质、时间和范围。注册会计师设计和实施的进一步审计程序的性质、时间和范围，应当与评估的认定层次重大错报风险具备明确的对应关系。注册会计师实施的审计程序应具有目的性和针对性，有的放矢地配置审计资源，有利于提高审计效率和效果。

（2）设计进一步审计程序时考虑的因素。在设计进一步审计程序时，注册会计师应当考虑下列因素。

① 风险的重要性。风险的重要性是指风险造成的后果的严重程度。风险的后果越严重，就越需要注册会计师关注和重视，越需要精心设计有针对性的进一步审计程序。

② 重大错报发生的可能性。重大错报发生的可能性越大，同样越需要注册会计师精心设计进一步审计程序。

③ 涉及的各类交易、账户余额和列报的特征。不同的交易、账户余额和列报，产生的认定层次的重大错报风险也会存在差异，适用的审计程序也有差别，需要注册

会计师区别对待，并设计有针对性的进一步审计程序予以应对。

④ 被审计单位采用的特定控制的性质。不同性质的控制（无论是人工控制还是自动化控制）对注册会计师设计进一步审计程序具有重要影响。

⑤ 注册会计师是否拟获取审计证据，以确定内部控制在防止或发现并纠正重大错报方面的有效性。如果注册会计师在风险评估时预期内部控制运行有效，随后拟实施的进一步审计程序就必须包括控制测试，且实质性程序自然会受到之前控制测试结果的影响。

2. 进一步审计程序的性质

（1）进一步审计程序的性质的含义。进一步审计程序的性质是指进一步审计程序的目的和类型。其中，进一步审计程序的目的包括通过实施控制测试以确定内部控制运行的有效性，通过实施实质性程序以发现认定层次的重大错报；进一步审计程序的类型包括检查、观察、询问、函证、重新计算、重新执行和分析程序。

（2）进一步审计程序的性质的选择。在确定进一步审计程序的性质时，注册会计师首先需要考虑的是认定层次重大错报风险的评估结果。因此，注册会计师应当根据认定层次重大错报风险的评估结果选择审计程序。评估的认定层次重大错报风险越高，对通过实质性程序获取的审计证据的相关性和可靠性的要求就越高，从而可能影响进一步审计程序的类型及其综合运用。

除了从总体上把握认定层次重大错报风险的评估结果对选择进一步审计程序的影响外，在确定拟实施的审计程序时，注册会计师接下来应当考虑评估的认定层次重大错报风险产生的原因，包括考虑各类交易、账户余额、列报的具体特征以及内部控制。

3. 进一步审计程序的时间

（1）进一步审计程序的时间的含义。进一步审计程序的时间是指注册会计师何时实施进一步审计程序，或审计证据适用的期间或时点。因此，当提及进一步审计程序的时间时，在某些情况下指的是审计程序的实施时间，在另一些情况下是指需要获取的审计证据适用的期间或时点。

（2）进一步审计程序的时间的选择。有关进一步审计程序的时间的选择问题，第一个层面是注册会计师选择在何时实施进一步审计程序的问题；第二个层面是选择获取什么期间或时点的审计证据的问题。第一个层面的选择问题主要集中在如何权衡期中与期末实施审计程序的关系；第二个层面的选择问题分别集中在如何权衡期中审计证据与期末审计证据的关系、如何权衡以前审计获取的审计证据与本期审计获取的审计证据的关系。这两个层面的最终落脚点都是如何确保获取审计证据的效率和效果。

注册会计师在确定何时实施审计程序时应当考虑如下几项重要因素。

① 控制环境。良好的控制环境可以抵消在期中实施进一步审计程序的局限性，

使注册会计师在确定实施进一步审计程序的时间时有更大的灵活度。

② 何时能得到相关信息。例如,某些控制活动可能仅在期中(或期中以前)发生,而之后可能难以再被观察到,在这种情况下,注册会计师如果希望获取相关信息,则需要考虑能够获取相关信息的时间。

③ 错报风险的性质。例如,被审计单位可能为了保证盈利目标的实现,而在会计期末以后伪造销售合同以虚增收入,此时注册会计师需要考虑在期末(即资产负债表日)这个特定时点获取被审计单位截至期末所能提供的所有销售合同及相关资料,以防范被审计单位在资产负债表日后伪造销售合同虚增收入的做法。

④ 审计证据适用的期间或时点。注册会计师应当根据需要获取的特定审计证据确定何时实施进一步审计程序。例如,为了获取资产负债表日的存货余额证据,显然不宜在与资产负债表日间隔过长的期中时点或期末以后时点实施存货监盘等相关审计程序。

4. 进一步审计程序的范围

(1)进一步审计程序的范围的含义。进一步审计程序的范围是指实施进一步审计程序的数量,包括抽取的样本量、对某项控制活动的观察次数等。

(2)确定进一步审计程序的范围时考虑的因素。在确定进一步审计程序的范围时,注册会计师应当考虑下列因素。

① 确定的重要性水平。确定的重要性水平越低,注册会计师实施进一步审计程序的范围越广。

② 评估的重大错报风险。评估的重大错报风险越高,对拟获取审计证据的相关性、可靠性的要求越高,因此,注册会计师实施的进一步审计程序的范围也越广。

③ 计划获取的保证程度。计划获取的保证程度,是指注册会计师计划通过所实施的审计程序对测试结果可靠性所获取的信心。计划获取的保证程度越高,对测试结果可靠性要求越高,注册会计师实施的进一步审计程序的范围越广。

9.2.3 控制测试

控制测试是为了获取关于控制防止或发现并纠正认定层次重大错报的有效性而实施的测试。注册会计师应当选择为相关认定提供证据的控制进行测试。

1. 控制测试的含义和要求

(1)控制测试的含义。控制测试指的是测试控制运行的有效性。在实施风险评估程序以获取控制是否得到执行的审计证据时,注册会计师应当确定某项控制是否存在,被审计单位是否正在使用。

在测试控制运行的有效性时,注册会计师应当从下列方面获取关于控制是否有效运行的审计证据:

① 控制在所审计期间的不同时点是如何运行的;

② 控制是否得到一贯执行;

③ 控制由谁执行;

④ 控制以何种方式运行(如人工控制或自动化控制)。

从这4个方面来看,控制运行的有效性强调的是控制能够在各个不同时点按照既定设计得以一贯执行。因此,在了解控制是否得到执行时,注册会计师只需抽取少量的交易进行检查或观察某几个时点。但在测试控制运行的有效性时,注册会计师需要抽取足够数量的交易进行检查或对多个不同时点进行观察。

(2)控制测试的要求。作为进一步审计程序的类型之一,控制测试并非在任何情况下都需要实施。当存在下列情形之一时,注册会计师应当实施控制测试:①在评估认定层次重大错报风险时,预期控制的运行是有效的;②仅实施实质性程序不足以提供认定层次充分、适当的审计证据。

如果在评估认定层次重大错报风险时预期控制的运行是有效的,注册会计师应当实施控制测试,就控制在相关期间或时点的运行有效性获取充分、适当的审计证据。

注册会计师通过实施风险评估程序,可能发现某项控制的设计是存在的,也是合理的,同时得到了执行。在这种情况下,出于成本效益的考虑,注册会计师可能预期,如果相关控制在不同时点都得到了一贯执行,与该项控制有关的财务报表认定发生重大错报的可能性就不会很大,也就不需要实施很多的实质性程序。为此,注册会计师可能会认为值得对相关控制在不同时点是否得到了一贯执行进行测试,即实施控制测试。这种测试主要是出于成本效益的考虑,其前提是注册会计师通过了解内部控制以后认为某项控制存在着被信赖和利用的可能。因此,只有认为控制设计合理、能够防止或发现和纠正认定层次的重大错报,注册会计师才有必要对控制运行的有效性实施测试。

如果认为仅实施实质性程序获取的审计证据无法将认定层次重大错报风险降至可接受的低水平,注册会计师应当实施相关的控制测试,以获取控制运行有效性的审计证据。

有时,对有些重大错报风险,注册会计师仅通过实质性程序无法予以应对。例如,在被审计单位对日常交易或与财务报表相关的其他数据(包括信息的生成、记录、处理、报告)采用高度自动化处理的情况下,审计证据可能仅以电子形式存在,此时审计证据是否充分和适当通常取决于自动化信息系统相关控制的有效性。如果信息的生成、记录、处理和报告均通过电子格式进行而没有适当有效的控制,则生成不正确信息或信息被不恰当修改的可能性就会大大增加。在认为仅通过实施实质性程序不能获取充分、适当的审计证据的情况下,注册会计师必须实施控制测试,且这种测试已经不再是单纯出于成本效益的考虑,而是必须获取的一类审计证据。

2. 控制测试的性质

(1)控制测试的性质的含义。控制测试的性质是指控制测试所使用的审计程序的

185

类型及其组合。控制测试采用审计程序的类型包括询问、观察、检查和重新执行。

① 询问。注册会计师可以向被审计单位适当员工询问，获取与内部控制运行情况相关的信息。例如，询问信息系统管理人员有无未经授权接触计算机硬件和软件等。然而，仅仅通过询问不能为控制运行的有效性提供充分的证据，注册会计师通常需要印证被询问者的答复，如向其他人员询问和检查执行控制时所使用的报告、手册或其他文件等。

② 观察。观察是测试不留下书面记录的控制（如职责分离）的运行情况的有效方法。例如，观察存货盘点控制的执行情况。通常情况下，注册会计师通过观察直接获取的证据比间接获取的证据更可靠。

③ 检查。对运行情况留有书面证据的控制，检查非常适用。书面说明、复核时留下的记号，或其他记录在偏差报告中的标志，都可以被当作控制运行情况的证据。例如，检查销售发票是否有复核人员签字等。

④ 重新执行。通常只有当询问、观察和检查程序结合在一起仍无法获得充分的证据时，注册会计师才考虑通过重新执行来证实控制是否有效运行。例如，为了合理保证计价认定的准确性，被审计单位的一项控制是由复核人员核对销售发票上的价格与统一价格单上的价格是否一致。但是，要检查复核人员有没有认真执行核对，仅仅检查复核人员是否在相关文件上签字是不够的，注册会计师还需要自己选取一部分销售发票进行核对，这就是重新执行程序。如果需要进行大量的重新执行，注册会计师就要考虑通过实施控制测试以缩小实质性程序的范围是否有效率。

（2）确定控制测试的性质时的要求。

① 考虑特定控制的性质。注册会计师应当根据特定控制的性质选择所需实施审计程序的类型。例如，某些控制可能存在反映控制运行有效性的文件记录，在这种情况下，注册会计师可以检查这些文件记录以获取控制运行有效的审计证据；某些控制可能不存在文件记录，或文件记录与能否证实控制运行有效性不相关，注册会计师应当考虑实施检查以外的其他审计程序（如询问和观察）或借助计算机辅助审计技术，以获取有关控制运行有效性的审计证据。

② 考虑测试与认定直接相关和间接相关的控制。在设计控制测试时，注册会计师不仅应当考虑与认定直接相关的控制，还应当考虑这些控制所依赖的与认定间接相关的控制，以获取支持控制运行有效性的审计证据。例如，被审计单位可能针对超出信用额度的例外赊销交易设置报告和审核制度（与认定直接相关的控制）；在测试该项制度的运行有效性时，注册会计师不仅应当考虑审核的有效性，还应当考虑与例外赊销报告中信息准确性有关的控制（与认定间接相关的控制）是否有效运行。

③ 如何对一项自动化的应用控制实施控制测试。对于一项自动化的应用控制，由于信息技术处理过程的内在一贯性，注册会计师可以利用该项控制得以执行的审计

证据和信息技术一般控制（特别是对系统变动的控制）运行有效性的审计证据，作为支持该项控制在相关期间运行有效性的重要审计证据。

（3）实施控制测试时对双重目的的实现。控制测试的目的是评价控制是否有效运行，细节测试的目的是发现认定层次的重大错报。尽管两者目的不同，但注册会计师可以考虑针对同一交易同时实施控制测试和细节测试，以实现双重目的。例如，注册会计师通过检查某笔交易的发票可以确定其是否经过适当的授权，也可以获取关于该交易的金额、发生时间等细节证据。当然，如果拟实施双重目的的测试，注册会计师应当仔细设计和评价测试程序。

（4）实施实质性程序的结果对控制测试结果的影响。如果通过实施实质性程序未发现某项认定存在错报，这本身并不能说明与该认定有关的控制是有效运行的；但如果通过实施实质性程序发现某项认定存在错报，注册会计师应当在评价相关控制的运行有效性时予以考虑。因此，注册会计师应当考虑实施实质性程序发现的错报对评价相关控制运行有效性的影响。如果实施实质性程序发现被审计单位没有识别出的重大错报，通常表明内部控制存在重大缺陷，注册会计师应当就这些缺陷与管理层和治理层进行沟通。

3. 控制测试的时间

（1）控制测试的时间的含义。如前所述，控制测试的时间包含两层含义：一是何时实施控制测试；二是测试所针对的控制适用的时点或期间。一个基本的原理是：如果测试特定时点的控制，注册会计师仅得到该时点控制运行有效性的审计证据；如果测试某一期间的控制，注册会计师可获取控制在该期间有效运行的审计证据。因此，注册会计师应当根据控制测试的目的确定控制测试的时间，并确定拟信赖的相关控制的时点或期间。

（2）如何考虑期中审计证据。注册会计师可能在期中实施进一步审计程序。对于控制测试，即使注册会计师已获取有关控制在期中运行有效性的审计证据，仍然需要考虑如何能够将控制在期中运行有效性的审计证据合理延伸至期末，一个基本的考虑是针对期中至期末这段剩余期间获取充分、适当的审计证据。因此，如果已获取有关控制在期中运行有效性的审计证据，并拟利用该证据，注册会计师应当实施下列审计程序：①获取这些控制在剩余期间变化情况的审计证据；②确定针对剩余期间还需获取的补充审计证据。

（3）如何考虑以前审计获取的审计证据。注册会计师考虑以前审计获取的有关控制运行有效性的审计证据，其意义在于：一方面，内部控制中的诸多要素对于被审计单位往往是相对稳定的；另一方面，内部控制在不同期间可能发生重大变化，注册会计师在利用以前审计获取的有关控制运行有效性的审计证据时需要格外慎重，充分考虑各种因素。

① 基本思路：考虑拟信赖的以前审计中测试的控制在本期是否发生变化。如果拟信赖以前审计获取的有关控制运行有效性的审计证据，注册会计师应当通过实施询问并结合观察或检查程序，获取这些控制是否已经发生变化的审计证据。注册会计师可能面临两种结果，即控制在本期发生变化和控制在本期没有发生变化。

② 如果控制在本期发生变化，注册会计师应当考虑以前审计获取的有关控制运行有效性的审计证据是否与本期审计相关；如果拟信赖的控制自上次测试后未发生变化，且不属于旨在减轻特别风险的控制，注册会计师应当运用职业判断确定是否在本期审计中测试其运行有效性，以及本次测试与上次测试的时间间隔，但两次测试的时间间隔不得超过两年；如果确定评估的认定层次重大错报风险是特别风险，并拟信赖旨在减轻特别风险的控制，注册会计师不应依赖以前审计获取的审计证据，而应在本期审计中测试这些控制的运行有效性，所有关于该控制运行有效性的审计证据必须来自当年的控制测试。相应的，注册会计师应当在每次审计中都测试这类控制。

4. 控制测试的范围

对于控制测试的范围，其含义主要是指某项控制活动的测试次数。注册会计师应当设计控制测试，以获取控制在整个拟信赖的期间有效运行的充分、适当的审计证据。

（1）确定控制测试范围的考虑因素。注册会计师在确定某项控制的测试范围时通常考虑下列因素。

① 在整个拟信赖的期间，被审计单位执行控制的频率。控制执行的频率越高，控制测试的范围越大。

② 在所审计期间，注册会计师拟信赖控制运行有效性的时间长度。拟信赖控制运行有效性的时间长度不同，在该时间长度内发生的控制活动次数也不同。拟信赖期间越长，控制测试的范围越大。

③ 为证实控制能够防止或发现并纠正认定层次重大错报，所需获取审计证据的相关性和可靠性。对审计证据的相关性和可靠性要求越高，控制测试的范围越大。

④ 通过测试与认定相关的其他控制获取的审计证据的范围。针对同一认定，可能存在不同的控制。当针对其他控制获取审计证据的充分性和适当性较高时，测试该控制的范围可适当缩小。

⑤ 在风险评估时拟信赖控制运行有效性的程度。注册会计师在风险评估时对控制运行有效性的拟信赖程度越高，需要实施控制测试的范围越大。

⑥ 控制的预期偏差。预期偏差可以用控制未得到执行的预期次数占控制应当得到执行次数的比率加以衡量（也可称为预期偏差率）。控制的预期偏差率越高，需要实施控制测试的范围越大。

（2）对自动化控制的测试范围的特别考虑。信息技术处理具有内在一贯性，除非系统发生变动，一项自动化应用控制应当一贯运行。对于一项自动化应用控制，一旦确定被审计单位正在执行该控制，注册会计师通常无须扩大控制测试的范围，但需要考虑执行下列测试以确定该控制持续有效运行。

① 测试与该应用控制有关的一般控制的运行有效性；

② 确定系统是否发生变动，如果发生变动，是否存在适当的系统变动控制；

③ 确定对交易的处理是否使用授权批准的软件版本。

（3）测试两个层次控制时注意的问题。控制测试可用于被审计单位每个层次的内部控制。整体层次控制测试通常更加主观（如管理层对胜任能力的重视），对整体层次控制进行测试，通常比业务流程层次控制（如检查付款是否得到授权）更难以记录。因此，整体层次控制和信息技术一般控制的评价通常记录的文件备忘录和支持性文件。注册会计师最好是在审计的早期测试整体层次控制。原因在于对这些控制测试的结果会影响其他计划审计程序的性质和范围。

9.2.4　实质性程序

1. 实质性程序的含义和要求

（1）实质性程序的含义。实质性程序是指注册会计师针对评估的重大错报风险实施的直接用以发现认定层次重大错报的审计程序。因此，注册会计师应当针对评估的重大错报风险设计和实施实质性程序，以发现认定层次的重大错报。实质性程序包括对各类交易、账户余额、列报的细节测试以及实质性分析程序。

注册会计师实施的实质性程序应当包括下列与财务报表编制完成阶段相关的审计程序。

① 将财务报表与其所依据的会计记录相核对；

② 检查财务报表编制过程中做出的重大会计分录和其他会计调整。注册会计师对会计分录和其他会计调整检查的性质和范围，取决于被审计单位财务报告过程的性质和复杂程度以及由此产生的重大错报风险。

（2）针对特别风险实施的实质性程序。如果认为评估的认定层次重大错报风险是特别风险，注册会计师应当专门针对该风险实施实质性程序。例如，如果认为管理层面临实现盈利指标的压力而可能提前确认收入，注册会计师在设计询证函时不仅应当考虑函证应收账款的账户余额，还应当考虑询证销售协议的细节条款（如交货、结算及退货条款）；注册会计师还可考虑在实施函证的基础上针对销售协议及其变动情况询问被审计单位的非财务人员。如果针对特别风险仅实施实质性程序，注册会计师应当使用细节测试，或将细节测试和实质性分析程序结合使用，以获取充分、适当的审计证据。作此规定的考虑是，为应对特别风险需要获取具有高度相关性和可靠性的审计证据，仅实施实质性分析程序不足以获取有关特别风险的充分、适当的审计证据。

2. 实质性程序的性质

（1）实质性程序的性质的含义。实质性程序的性质是指实质性程序的类型及其组合。实质性程序有两种基本类型，即细节测试和实质性分析程序。

细节测试是对各类交易、账户余额、列报的具体细节进行测试，目的在于直接识别财务报表认定是否存在错报。

实质性分析程序从技术特征上讲仍然是分析程序，主要是通过研究数据间关系评价信息，只是将该技术方法用做实质性程序，即用以识别各类交易、账户余额、列报及相关认定是否存在错报。

（2）细节测试和实质性分析程序的适用性。由于细节测试和实质性分析程序的目的和技术手段存在一定差异，因此，各自有不同的适用领域。细节测试适用于对各类交易、账户余额、列报认定的测试，尤其是对存在或发生计价认定的测试；对在一段时期内存在可预期关系的大量交易，注册会计师可以考虑实施实质性分析程序。

（3）细节测试的方向。对于细节测试，注册会计师应当针对评估的风险设计细节测试，获取充分、适当的审计证据，以达到认定层次所计划的保证水平。注册会计师需要根据不同的认定层次的重大错报风险，设计有针对性的细节测试。例如，在针对完整性认定设计细节测试时，注册会计师应当选择有证据表明应包含在财务报表金额中的项目，并调查这些项目是否确实包括在内。如为应对被审计单位漏记本期应付账款的风险，注册会计师可以检查期后付款记录。

（4）设计实质性分析程序时考虑的因素。注册会计师在设计实质性分析程序时应当考虑的因素包括：①对特定认定使用实质性分析程序的适当性；②对已记录的金额或比率做出预期时，所依据的内部或外部数据的可靠性；③做出预期的准确程度是否足以在计划的保证水平上识别重大错报；④已记录金额与预期值之间可接受的差异额。当实施实质性分析程序时，如果使用被审计单位编制的信息，注册会计师应当考虑测试与信息编制相关的控制，以及这些信息是否在本期或前期经过审计。

3. 实质性程序的时间

实质性程序的时间选择与控制测试的时间选择有共同点，也有很大差异。共同点在于，两类程序都面临着对期中审计证据和对以前审计获取的审计证据的考虑。两者的差异在于：①在控制测试中，期中实施控制测试并获取期中关于控制运行有效性审计证据的做法更具有一种"常态"；而由于实质性程序的目的在于更直接地发现重大错报，在期中实施实质性程序时更需要考虑其成本效益的权衡。②在本期控制测试中拟信赖以前审计获取的有关控制运行有效性的审计证据，已经受到了很大的限制；而对于以前审计中通过实质性程序获取的审计证据，则采取了更加慎重的态度和更严格的限制。

（1）如何考虑是否在期中实施实质性程序。注册会计师在考虑是否在期中实施实质性程序时应当考虑以下因素。

① 控制环境和其他相关的控制。控制环境和其他相关的控制越薄弱，注册会计师越不宜在期中实施实质性程序。

② 实施审计程序所需信息在期中之后的可获得性。如果实施实质性程序所需信息在期中之后可能难以获取（如系统变动导致某类交易记录难以获取），注册会计师应考虑在期中实施实质性程序。

③ 实质性程序的目标。如果针对某项认定实施实质性程序的目标就包括获取该认定的期中审计证据（从而与期末比较），注册会计师应在期中实施实质性程序。

④ 评估的重大错报风险。注册会计师评估的某项认定的重大错报风险越高，针对该认定所需获取的审计证据的相关性和可靠性要求也就越高，注册会计师越应当考虑将实质性程序集中于期末（或接近期末）实施。

⑤ 各类交易或账户余额以及相关认定的性质。例如，某些交易或账户余额以及相关认定的特殊性质（如收入截止认定、未决诉讼）决定了注册会计师必须在期末（或接近期末）实施实质性程序。

⑥ 针对剩余期间，能否通过实施实质性程序或将实质性程序与控制测试相结合，降低期末存在错报而未被发现的风险。如果针对剩余期间注册会计师可以通过实施实质性程序或将实质性程序与控制测试相结合，较有把握地降低期末存在错报而未被发现的风险，注册会计师可以考虑在期中实施实质性程序。

（2）如何考虑期中审计证据。如果在期中实施了实质性程序，注册会计师应当针对剩余期间实施进一步的实质性程序，或将实质性程序和控制测试结合使用，以将期中测试得出的结论合理延伸至期末。在如何将期中实施的实质性程序得出的结论合理延伸至期末时，注册会计师有两种选择，一是针对剩余期间实施进一步的实质性程序，二是将实质性程序和控制测试结合使用。

如果拟将期中测试得出的结论延伸至期末，注册会计师应当考虑针对剩余期间仅实施实质性程序是否足够。如果认为实施实质性程序本身不充分，注册会计师还应测试剩余期间相关控制运行的有效性或针对期末实施实质性程序。

对于舞弊导致的重大错报风险（作为一类重要的特别风险），被审计单位存在故意错报或操纵的可能性，那么注册会计师更应慎重考虑能否将期中测试得出的结论延伸至期末。因此，如果已识别出由于舞弊导致的重大错报风险，为将期中得出的结论延伸至期末而实施的审计程序通常是无效的，注册会计师应当考虑在期末或者接近期末实施实质性程序。

（3）如何考虑以前审计获取的审计证据。只有当以前获取的审计证据及其相关事项未发生重大变动时，以前获取的审计证据才可能用做本期的有效审计证据。但即便如此，如果拟利用以前审计中实施实质性程序获取的审计证据，注册会计师应当在本期实施审计程序，以确定这些审计证据是否具有持续相关性。

4. 实质性程序的范围

评估的认定层次重大错报风险和实施控制测试的结果是注册会计师在确定实质性程序的范围时的重要考虑因素。因此，注册会计师评估的认定层次的重大错报风险越高，需要实施实质性程序的范围越广。如果对控制测试结果不满意，注册会计师应当考虑扩大实质性程序的范围。

在设计细节测试时，注册会计师除了从样本量的角度考虑测试范围外，还要考虑选样方法的有效性等因素。例如，从总体中选取大额或异常项目，而不是进行代表性抽样或分层抽样。

实质性分析程序的范围有两层含义：第一层含义是对什么层次上的数据进行分析，注册会计师可以选择在高度汇总的财务数据层次进行分析，也可以根据重大错报风险的性质和水平调整分析层次；第二层含义是需要对什么幅度或性质的偏差展开进一步调查。实施分析程序可能发现偏差，但并非所有的偏差都值得展开进一步调查。可容忍或可接受的偏差（即预期偏差）越大，作为实质性分析程序一部分的进一步调查的范围就越小。确定适当的预期偏差幅度同样属于实质性分析程序的范畴。

实训与练习

一、单项选择题

1. 下列（　　）事项影响认定层次的重大错报风险。

   A. 被审计单位存在复杂的联营或合资

   B. 在经济不稳定的国家和地区开展业务

   C. 资产的流动性出现问题

   D. 管理层缺乏诚信或承受异常的压力可能引发舞弊风险

2. 如果通过实施进一步审计程序获取的审计证据与初始评估获取的审计证据相矛盾，注册会计师应当（　　）。

   A. 修正风险评估结果，并相应修改原计划实施的进一步审计程序

   B. 与相应的管理层沟通

   C. 获取管理层的声明

   D. 以进一步审计程序获取的审计证据为准

3. 下列针对风险评估准则的说法，不正确的是（　　）。

A. 要求注册会计师加强对被审计单位及其环境的了解

B. 注册会计师应当将识别的风险与认定层次可能发生错报的领域相联系，实施更为严格的风险评估程序，而不能直接将风险设定为高水平

C. 要求注册会计师将识别和评估的风险与实施的审计程序挂钩

D. 评估的重大错报风险为低水平，注册会计师可以不针对重大的各类交易、账户余额、列报和披露实施实质性程序

4. 甲公司存在的下列事项中，最可能导致 A 注册会计师解除业务约定的是（　　）。

A. 甲公司没有书面的内部控制

B. 管理层诚信存在严重问题

C. 管理层凌驾于内部控制之上

D. 管理层没有及时完善内部控制存在的缺陷

5. 下列了解被审计单位及其环境中既有外部因素又有内部因素的是（　　）。

A. 被审计单位的性质

B. 被审计单位对会计政策的选择和运用

C. 被审计单位的目标、战略以及相关经营风险

D. 被审计单位财务业绩的衡量和评价

6. 某公司下列控制活动中，不属于财务业绩评价方面的是（　　）。

A. 与竞争对手的业绩比较　　　B. 分部信息与不同层次部门的业绩报告

C. 预测、预算和差异分析　　　D. 针对顾客满意度的评价

7. 在下列各项中，不属于内部控制要素的是（　　）。

A. 检查风险　　　B. 控制活动　　　C. 对控制的监督　　　D. 控制环境

8. 下列属于被审计单位筹资活动的是（　　）。

A. 证券投资、委托贷款　　　B. 固定资产、无形资产的投资

C. 研究与开发活动　　　D. 融资租赁固定资产

9. 注册会计师了解被审计单位及其环境时，需要将了解的情况不定期地进行项目组内部的讨论，使项目组成员交流信息和分享见解，从而更好地评估重大错报风险。下列不属于项目组讨论的内容的是（　　）。

A. 实质性程序无法应对的重大错报风险

B. 财务报表容易发生错报的领域以及发生错报的方式

C. 由于舞弊导致重大错报的可能性

D. 被审计单位面临的经营风险

10. 下列针对内部控制的了解，说法错误的是（　　）。

A. 在了解被审计单位及其环境时，对内部控制的了解程度，包括评价控制的设计，并确定其是否得到执行，但并不包括对控制是否得到一贯执行的测试

B. 评价控制的设计是指考虑一项控制单独或连同其他控制是否能够有效防止或发现并纠正重大错报

C. 如果控制设计不当，还是需要再考虑控制是否得到执行

D. 除非存在某些可以使控制得到一贯运行的自动化控制，注册会计师对控制的了解并不能够代替对控制运行有效性的测试

11. 下列各项中，与甲公司财务报表层次重大错报风险评估最相关的是（　　）。

A. 甲公司应收账款周转率呈明显下降趋势

B. 甲公司持有大量高价值且易被盗窃的资产

C. 甲公司的生产成本计算过程相当复杂

D. 甲公司控制环境薄弱

12. 在实务中，注册会计师可以通过以下方式提高审计程序的不可预见性，下列说法不正确的是（　　）。

A. 对某些未测试过的低于设定的重要性水平或风险较高的账户余额和认定实施实质性程序

B. 调整实施审计程序的时间，使被审计单位不可预期

C. 采取不同的审计抽样方法，使当期抽取的测试样本与以前有所不同

D. 选取不同的地点实施审计程序，或预先不告知被审计单位所选定的测试时间

13. 如果控制环境存在缺陷，注册会计师在对拟实施审计程序的性质、时间和范围做出总体修改。下列（　　）属于针对审计范围做出的修改。

A. 在期末而非期中实施更多的审计程序

B. 主要依赖实质性程序获取审计证据

C. 原先可能主要限于检查某项资产的账面记录或相关文件，而调整审计程序的性质后可能意味着更加重视实地检查该项资产

D. 扩大样本规模，或采用更详细的数据实施分析程序

14. 对采购和应付账款采取的不可预见性的审计程序不包括（　　）。

A. 如果以前未曾对应付账款余额普遍进行函证，可考虑直接向供应商函证确认余额。如果经常采用函证方式，可考虑改变函证的范围或者时间

B. 对以前由于低于设定的重要性水平而未曾测试过的采购项目进行细节测试

C. 使用计算机辅助审计技术审阅采购和付款账户，以发现一些特殊项目，如是否有不同的供应商使用相同的银行账户

D. 改变实施实质性分析程序的对象，如对收入按细类进行分析

15. 注册会计师从成本效益的角度往往考虑采用的进一步审计程序方案是（　　）。

A. 实质性方案　　　B. 综合性方案　　　C. 控制测试　　　D. 实质性程序

16. 如果注册会计师认为管理层面临实现盈利指标的压力而可能提前确认收入，

则应实施以下（　　　），专门应对这种特别风险的实质性程序。

    A. 向客户函证应收账款的账户余额

    B. 向客户询证交货、结算及退货条款

    C. 从主营业务收入明细账追查到顾客订货单

    D. 从发货凭证追查到主营业务收入明细账

17. 针对评估的财务报表层次的重大错报风险，注册会计师应当恰当选择拟实施的进一步审计程序的总体应对方案。在下列（　　　）情况下，注册会计师最应当选择综合性方案作为总体应对方案。

    A. 被审计单位采用高度自动化系统处理和记录重要交易

    B. 注册会计师认为实施控制测试不符合成本效益的原则

    C. 注册会计师认为被审计单位不存在与特定认定相关的内部控制

    D. 被审计单位广泛存在管理层凌驾于主要的内部控制的情况

18. 下列关于审计程序的说法中，不正确的是（　　　）。

    A. 在评估认定层次重大错报风险时，预期控制的运行是有效的，注册会计师应当实施控制测试以支持评估结果

    B. 仅实施实质性程序不足以提供认定层次充分、适当的审计证据，注册会计师应当实施控制测试，以获取内部控制运行有效性的审计证据

    C. 注册会计师可以通过实施风险评估程序获取充分、适当的审计证据，作为发表审计意见的基础

    D. 无论评估的重大错报风险结果如何，注册会计师均应当针对所有重大的各类交易、账户余额、列报实施实质性程序，以获取充分、适当的审计证据

19. 下列针对进一步审计程序的含义和要求，说法错误的是（　　　）。

    A. 注册会计师应当针对所评估的认定层次重大错报风险来设计和实施进一步审计程序

    B. 注册会计师设计和实施的进一步审计程序的性质、时间和范围，应当与评估的认定层次重大错报风险具备明确的对应关系

    C. 进一步审计程序的性质是最重要的

    D. 进一步审计程序的范围是最重要的

20. 注册会计师设计和实施的进一步审计程序的性质、时间和范围，应当与下列评估的（　　　）层次的重大错报风险具备明确的对应关系。

    A. 财务报表层次　　　B. 认定层次　　　C. 账户余额　　　D. 交易或事项

二、多项选择题

1. 风险评估程序的作用有（　　　）。

195

A. 确定重要性水平

B. 考虑会计政策的选择和运用是否恰当

C. 确定实施分析程序时所使用的预期值

D. 评价所获取审计证据的充分性和适当性

2. 注册会计师应当实施（　　）风险评估程序，以了解被审计单位及其环境。

A. 询问被审计单位管理层和内部其他相关人员

B. 分析程序

C. 观察和检查

D. 执行控制测试

3. 按照《中国注册会计师审计准则第 1211 号——了解被审计单位及其环境并评估重大错报风险》的规定，注册会计师应当了解被审计单位及其环境，以便（　　）。

A. 了解被审计单位法律与监管环境　　B. 了解被审计单位的内部控制

C. 充分识别和评估财务报表重大错报风险　　D. 设计和实施进一步审计程序

4. 了解行业状况有助于注册会计师识别与被审计单位所处行业有关的重大错报风险。注册会计师应当了解被审计单位的行业状况，主要包括（　　）。

A. 汇率的变动幅度　　B. 生产经营的季节性和周期性

C. 产品生产技术的变化能源供应与成本　　D. 行业的关键指标和统计数据

5. 注册会计师可以从（　　）方面了解被审计单位的法律环境及监管环境。

A. 与被审计单位相关的税务法规是否发生变化

B. 国家货币、财政、税收、贸易等方面政策的变化是否会对被审计单位的经营活动产生影响

C. 是否存在新出台的法律法规

D. 国家对某一行业的企业是否有特殊的监管要求

6. 观察和检查程序可以印证对管理层和其他相关人员的询问结果，并可提供有关被审计单位及其环境的信息，注册会计师应当实施（　　），观察和检查程序。

A. 观察被审计单位的生产经营活动

B. 检查文件、记录和内部控制手册

C. 阅读由管理层和治理层编制的报告

D. 实地察看被审计单位的生产经营场所和设备

7. 注册会计师对行业状况、法律环境与监管环境以及其他外部因素了解的范围和程度会因被审计单位所处行业、规模以及其他因素的不同而不同。下列所述的情形，正确的有（　　）。

A. 针对计算机硬件制造的被审计单位，注册会计师更关心宏观经济的走势以及货币、财政等方面的内容

  B. 对化工等产生污染的行业，注册会计师可能更关心相关的环保法规

  C. 针对银行，注册会计师更关心宏观经济的走势

  D. 针对电子制造企业，注册会计师不太关心宏观经济的走势以及货币、财政等方面的内容

 8. 询问被审计单位管理层和内部其他相关人员是注册会计师了解被审计单位及其环境的一个重要信息来源。注册会计师可以考虑向管理层和财务负责人询问（ ）事项。

  A. 管理层所关注的主要问题

  B. 被审计单位最近的财务状况、经营成果和现金流量

  C. 询问采购人员和生产人员，有助于注册会计师了解被审计单位的原材料采购和产品生产等情况

  D. 可能影响财务报告的交易和事项，或者目前发生的重大会计处理问题

 9. 在了解被审计单位及其环境时，注册会计师可能实施的风险评估程序有（ ）。

  A. 询问甲公司管理层和内部其他人员

  B. 实地查看甲公司生产经营场所和设备

  C. 检查文件、记录和内部控制手册

  D. 重新执行内部控制

 10. 下列属于应当了解的被审计单位经营活动的内容有（ ）。

  A. 是否有超过被审计单位销售总额 10% 以上的客户

  B. 是否存在关联方交易

  C. 是否存在融资租赁的资产

  D. 是否签订长期供应合同，原材料供应的可靠性和稳定性，付款条件，以及原材料是否受重大价格变动的影响

 11. 下列属于针对财务报表层次重大错报风险的总体应对措施的有（ ）。

  A. 提供更多的督导

  B. 向项目组强调在收集和评价审计过程中保持职业怀疑态度

  C. 选择实质性方案实施进一步审计程序

  D. 只在期末实施实质性程序

 12. 注册会计师通过实施风险评估，察觉到被审计单位管理层因面临实现盈利指标的压力而可能提前确认营业收入，并认为这方面的风险属于特别风险，则在设计针对这一特别风险的实质性程序时，应当满足以下（ ）观点或要求。

  A. 在实施函证程序时考虑询证销售协议的细节条款

  B. 针对销售协议上的变动情况询问被审计单位的非财务人员

  C. 在实施实质性程序时，必须使用细节测试程序

  D. 在实施实质性程序时，必须使用实质性分析程序

13. 在确定特别风险时，C 注册会计师的下列做法正确的有（　　）。
    A. 直接假定丙公司收入确认存在特别风险
    B. 将丙公司管理层舞弊导致的重大错报风险确定为特别风险
    C. 直接假定丙公司存货存在特别风险
    D. 将丙公司管理层凌驾于控制之上的风险确定为特别风险

14. 注册会计师应当针对评估的认定层次重大错报风险设计和实施进一步审计程序。下列属于进一步审计程序的有（　　）。
    A. 细节测试　　B. 控制测试　　C. 风险评估程序　　D. 实质性分析程序

15. 在针对特别风险计划和实施进一步审计程序时，C 注册会计师可能采取的做法有（　　）。
    A. 实施控制测试和实质性程序
    B. 实施细节测试和实质性分析程序
    C. 仅实施控制测试
    D. 仅实施实质性分析程序

16. 在确定进一步审计程序的性质时，A 注册会计师应当考虑的主要因素有（　　）。
    A. 不同的审计程序应对特定认定错报风险的效力
    B. 认定层次重大错报风险的评估结果
    C. 认定层次重大错报风险产生的原因
    D. 各类交易、账户余额、列报的特征

17. 注册会计师进一步审计程序的类型包括（　　）。
    A. 分析程序　　B. 风险评估程序　C. 重新计算　　　D. 重新执行

18. 注册会计师在确定何时实施进一步审计程序时应当考虑以下重要因素（　　）。
    A. 控制环境　　　　　　　　B. 何时能得到相关信息
    C. 错报风险的性质　　　　　D. 审计证据适用的期间或时点

19. 在确定进一步审计程序的时间时，A 注册会计师应当考虑的主要因素有（　　）。
    A. 评估的认定层次重大错报风险　B. 审计意见的类型
    C. 错报风险的性质　　　　　　　D. 审计证据适用的期间或时点

三、简答题

1. 简述评估重大错报风险的审计程序。

2. 简述注册会计师应当针对评估的财务报表层次重大错报风险确定的总体应对措施。

第10章

审 计 报 告

➡ 学习目标

- 掌握审计报告的类型和基本内容
- 掌握出具标准审计报告和各种非标准审计报告的情形

➡ 案例导入

A 注册会计师作为 ABC 会计师事务所审计项目负责人，在审计甲、乙、丙、丁 4 个单位 2009 年度财务报表时分别遇到以下情况。

（1）甲公司拥有一项长期股权投资，账面价值 500 万元，持股比例 30%。2009 年 12 月 31 日，甲公司与 K 公司签署投资转让协议，拟以 350 万元的价格转让该项长期股权投资，已收到价款 300 万元，但尚未办理产权过户手续，甲公司以该项长期股权投资正在转让之中为由，不再计提减值准备。

（2）乙公司于 2008 年 5 月为 L 公司 1 年期银行借款 1 000 万元提供担保，因 L 公司不能及时偿还，银行于 2009 年 11 月向法院提起诉讼，要求乙公司承担连带清偿责任。2009 年 12 月 31 日，乙公司在咨询律师后，根据 L 公司的财务状况，计提了 500 万元的预计负债。对上述预计负债，乙公司已在财务报表附注中进行了适当披露。截至审计工作完成日，法院未对该项诉讼作出判决。

（3）丙公司于 2009 年 11 月 20 日发现，2007 年漏记固定资产折旧费用 200 万元。丙公司在编制 2009 年度财务报表时，对此项会计差错予以更正，追溯重述了相关财务报表项目，并在财务报表附注中进行了适当披露。

（4）丁公司于 2009 年末更换了大股东，并成立了新的董事会，继任法定代表人以刚上任不了解以前年度情况为由，拒绝签署 2009 年度已审财务报表和提供管理层声明书。原法定代表人以不再继续履行职责为由，也拒绝签署 2009 年度已审计财务报表和提供的管理层声明书。

要求：假定上述情况对各被审计单位 2009 年度财务报表的影响都是重要的，且各被审计单位均拒绝接受 A 注册会计师提出的审计处理建议（如有）。在不考虑其他因素影响的前提下，请分别针对上述 4 种情况，判断 A 注册会计师应对 2009 年度财务报表出具何种类型的审计报告，并简要说明理由。

10.1　审计报告概述

10.1.1　审计报告的含义及特征

审计报告是指注册会计师根据中国注册会计师审计准则的规定，在实施审计工作的基础上对被审计单位财务报表发表审计意见的书面文件。

审计报告是注册会计师在完成审计工作后向委托人提交的最终产品，具有以下特征。

（1）注册会计师应当按照审计准则的规定执行审计工作。审计准则是用以规范注册会计师执行审计业务的标准，涵盖了注册会计师执行审计业务的整个过程和各个环节。

（2）注册会计师在实施审计工作的基础上才能出具审计报告。注册会计师应当实施风险评估程序，以此作为评估财务报表层次和认定层次重大错报风险的基础。注册会计师还应当实施进一步审计程序，获取充分、适当的审计证据，得出合理的审计结论，作为形成审计意见的基础。

（3）注册会计师通过对财务报表发表意见履行业务约定书约定的责任。财务报表审计的目标是注册会计师通过执行审计工作，对财务报表的合法性和公允性发表审计意见。注册会计师需要对财务报表形成审计意见，并向委托人提交审计报告。

（4）注册会计师应当以书面形式出具审计报告。审计报告具有特定的要素和格式，注册会计师只有以书面形式出具报告，才能清楚表达对财务报表发表的审计意见。

注册会计师应当根据由审计证据得出的结论，清楚表达对财务报表的意见。无论是出具标准审计报告，还是非标准审计报告，注册会计师一旦在审计报告上签名并盖章，就表明对其出具的审计报告负责。

审计报告是注册会计师对财务报表合法性和公允性发表审计意见的书面文件，因此，注册会计师应当将已审计的财务报表附于审计报告之后，以便于财务报表使用者正确理解和使用审计报告，并防止被审计单位替换、更改已审计的财务报表。

10.1.2　审计报告的作用

注册会计师签发的审计报告，主要具有鉴证、保护和证明三方面的作用。

1. 鉴证作用

注册会计师签发的审计报告，不同于政府审计和内部审计的审计报告，是以超然独立的第三者身份，对被审计单位财务报表合法性、公允性发表意见。这种意见，具有鉴证作用。政府有关部门以及股东等了解、掌握企业的财务状况和经营成果的主要依据是企业提供的财务报表。财务报表是否合法、公允，主要依据注册会计师的审计报告作出判断。

2. 保护作用

注册会计师通过审计，可以对被审计单位财务报表出具不同类型审计意见的审计报告，以提高或降低财务报表信息使用者对财务报表的信赖程度，能够在一定程度上对被审计单位的财产、债权人和股东的权益及企业利害关系人的利益起到保护作用。如投资者为了减少投资风险，在进行投资之前，必须要查阅被投资企业的财务报表和注册会计师的审计报告，了解被投资企业的经营情况和财务状况。

3. 证明作用

审计报告是对注册会计师审计任务完成情况及其结果所做的总结，它可以对审计工作质量和注册会计师的审计责任起证明作用。通过审计报告，可以证明注册会计师在审计过程中是否实施了必要的审计程序，是否以审计工作底稿为依据发表审计意见，发表的审计意见是否与被审计单位的实际情况相一致，审计工作的质量是否符合要求。通过审计报告还可以证明注册会计师审计责任的履行情况。

10.1.3　审计报告类型

审计报告分为标准审计报告和非标准审计报告。当注册会计师出具的无保留意见的审计报告不附加说明段、强调事项段或任何修饰性用语时，该报告称为标准审计报告。标准审计报告包含的审计报告要素齐全，属于无保留意见，且不附加说明段、强调事项段或任何修饰性用语。否则，不能称为标准审计报告。

非标准审计报告，是指标准审计报告以外的其他审计报告，包括带强调事项段的无保留意见的审计报告和非无保留意见的审计报告。非无保留意见的审计报告包括保留意见的审计报告、否定意见的审计报告和无法表示意见的审计报告。

10.2 审计报告的基本内容及编制

10.2.1 标准审计报告的基本要素

1. 标题

审计报告的标题应当统一规范为"审计报告"。

考虑到这一标题已广为社会公众所接受，因此，我国注册会计师出具的审计报告中标题没有包含"独立"两个字，但注册会计师在执行财务报表审计业务时，应当遵守独立性的要求。

2. 收件人

审计报告的收件人是指注册会计师按照业务约定书的要求致送审计报告的对象，一般是指审计业务的委托人。审计报告应当载明收件人的全称。

注册会计师应当与委托人在业务约定书中约定致送审计报告的对象，以防止在此问题上发生分歧或审计报告被委托人滥用。针对整套通用目的财务报表出具的审计报告，审计报告的致送对象通常为被审计单位的全体股东或董事会。

3. 引言段

审计报告的引言段应当说明被审计单位的名称和财务报表已经过审计，并包括下列内容：

（1）指出构成整套财务报表的每张财务报表的名称；

（2）提及财务报表附注；

（3）指明财务报表的日期和涵盖的期间。

根据企业会计准则规定，整套财务报表的每张财务报表的名称分别为资产负债表、利润表，所有者（股东）权益变动表和现金流量表。此外，由于附注是财务报表不可或缺的重要组成部分，因此，也应提及财务报表附注。财务报表有反映时点的，有反映期间的，注册会计师应在引言段中指明财务报表的日期或涵盖的期间。

引言段举例如下。

"我们审计了后附的 ABC 股份有限公司（以下简称 ABC 公司）财务报表，包括 20×1 年 12 月 31 日的资产负债表，20×1 年度的利润表、股东权益变动表和现金流量表以及财务报表附注。"

4. 管理层对财务报表的责任段

管理层对财务报表的责任段应当说明，按照适用的会计准则和相关会计制度的规定编制财务报表是管理层的责任，这种责任包括：

（1）设计、实施和维护与财务报表编制相关的内部控制，以使财务报表不存在由于舞弊或错误而导致的重大错报；

（2）选择和运用恰当的会计政策；

（3）作出合理的会计估计。

在审计报告中指明管理层的责任，有利于区分管理层和注册会计师的责任，降低财务报表使用者误解注册会计师责任的可能性。

管理层对财务报表的责任段举例如下：

"一、管理层对财务报表的责任

按照企业会计准则和《××会计制度》的规定编制财务报表是 ABC 公司管理层的责任。这种责任包括：（1）设计、实施和维护与财务报表编制相关的内部控制，以使财务报表不存在由于舞弊或错误而导致的重大错报；（2）选择和运用恰当的会计政策；（3）作出合理的会计估计。"

5. 注册会计师的责任段

注册会计师的责任段应当说明下列内容。

（1）注册会计师的责任是在实施审计工作的基础上对财务报表发表审计意见。注册会计师按照中国注册会计师审计准则的规定执行了审计工作。审计准则要求注册会计师遵守职业道德规范，计划和实施审计工作以对财务报表是否不存在重大错报获取合理保证。

（2）审计工作涉及实施审计程序，以获取有关财务报表金额和披露的审计证据。选择的审计程序取决于注册会计师的判断，包括对由于舞弊或错误导致的财务报表重大错报风险的评估。在进行风险评估时，注册会计师考虑与财务报表编制相关的内部控制，以设计恰当的审计程序，但目的并非对内部控制的有效性发表意见。审计工作还包括评价管理层选用会计政策的恰当性和作出会计估计的合理性，以及评价财务报表的总体列报。

（3）注册会计师相信已获取的审计证据是充分、适当的，为其发表审计意见提供了基础。

如果接受委托，结合财务报表审计对内部控制有效性发表意见，注册会计师应当省略本条第 2 项中"但目的并非对内部控制的有效性发表意见"的术语。

注册会计师的责任段举例如下：

"二、注册会计师的责任

我们的责任是在实施审计工作的基础上对财务报表发表审计意见。我们按照中国注册会计师审计准则的规定执行了审计工作。中国注册会计师审计准则要求我们遵守职业道德规范，计划和实施审计工作以对财务报表是否不存在重大错报获取合理保证。

审计工作涉及实施审计程序，以获取有关财务报表金额和披露的审计证据。选择的审计程序取决于注册会计师的判断，包括对由于舞弊或错误导致的财务报表重大错报风险的评估。在进行风险评估时，我们考虑与财务报表编制相关的内部控制，以设计恰当的审计程序，但目的并非对内部控制的有效性发表意见。审计工作还包括评价管理层选用会计政策的恰当性和作出会计估计的合理性，以及评价财务报表的总体列报。

我们相信，我们获取的审计证据是充分、适当的，为发表审计意见提供了基础。"

6. 审计意见段

审计意见段应当说明，财务报表是否按照适用的会计准则和相关会计制度的规定编制，是否在所有重大方面公允反映了被审计单位的财务状况、经营成果和现金流量。

财务报表审计的目标是注册会计师通过执行审计工作，对财务报表的下列方面发表审计意见。

（1）财务报表是否按照适用的会计准则和相关会计制度的规定编制；

（2）财务报表是否在所有重大方面公允反映了被审计单位的财务状况、经营成果和现金流量。

因此，当注册会计师完成审计工作，获取了充分、适当的审计证据，应当就上述内容对财务报表发表审计意见。

如果认为财务报表符合下列所有条件，注册会计师应当出具无保留意见的审计报告。

（1）财务报表已经按照适用的会计准则和相关会计制度的规定编制，在所有重大方面公允反映了被审计单位的财务状况、经营成果和现金流量。

（2）注册会计师已经按照中国注册会计师审计准则的规定计划和实施审计工作，在审计过程中未受到限制。

当出具无保留意见的审计报告时，注册会计师应当以"我们认为"作为意见段的开头，并使用"在所有重大方面"、"公允反映"等术语。

无保留意见的审计报告意味着，注册会计师通过实施审计工作，认为被审计单位财务报表的编制符合合法性和公允性的要求，合理保证财务报表不存在重大错报。

无保留意见的审计报告的意见段举例如下：

"三、审计意见

我们认为，ABC公司财务报表已经按照企业会计准则和《××会计制度》的规定编制，在所有重大方面公允反映了ABC公司20×1年12月31日的财务状况以及20×1年度的经营成果和现金流量。"

7. 注册会计师的签名和盖章

审计报告应当由注册会计师签名并盖章。

注册会计师在审计报告上签名并盖章，有利于明确法律责任。《财政部关于注册会计师在审计报告上签名盖章有关问题的通知》（财会〔2001〕1035号）明确规定：

"一、会计师事务所应当建立健全全面质量控制政策与程序以及各审计项目的质量控制程序，严格按照有关规定和本通知的要求在审计报告上签名盖章。

二、审计报告应当由两名具备相关业务资格的注册会计师签名盖章并经会计师事务所盖章方为有效。

（一）合伙会计师事务所出具的审计报告，应当由一名对审计项目负最终复核责任的合伙人和一名负责该项目的注册会计师签名盖章。

（二）有限责任会计师事务所出具的审计报告，应当由会计师事务所主任会计师或其授权的副主任会计师和一名负责该项目的注册会计师签名盖章。"

8. 会计师事务所的名称、地址及盖章

审计报告应当载明会计师事务所的名称和地址，并加盖会计师事务所公章。

根据《中华人民共和国注册会计师法》的规定，注册会计师承办业务，由其所在的会计师事务所统一受理并与委托人签订委托合同。因此，审计报告除了应由注册会计师签名并盖章外，还应载明会计师事务所的名称和地址，并加盖会计师事务所公章。

注册会计师在审计报告中载明会计师事务所地址时，标明会计师事务所所在的城市即可。在实务中，审计报告通常载于会计师事务所统一印刷的、标有该所详细通信地址的信笺上，因此，无须在审计报告中注明详细地址。此外，根据国家工商行政管理部门的有关规定，在主管登记机关管辖区内，已登记注册的企业名称不得相同。因此，在同一地区内不会出现重名的会计师事务所。

9. 报告日期

审计报告应当注明报告日期。审计报告的日期不应早于注册会计师获取充分、适当的审计证据，并在此基础上对财务报表形成审计意见的日期。

注册会计师在确定审计报告日期时，应当考虑：

（1）应当实施的审计程序已经完成；

（2）应当提请被审计单位调整的事项已经提出，被审计单位已经作出调整或拒绝作出调整；

（3）管理层已经正式签署财务报表。

审计报告的日期非常重要，注册会计师对不同时段的资产负债表日后事项有着不同的责任，而审计报告的日期是划分时段的关键时点。在实务中，注册会计师在正式签署审计报告前，通常把审计报告草稿和已审计财务报表草稿一同提交给管理层。如果管理层批准并签署已审计财务报表，注册会计师即可签署审计报告。注册会计师签署审计报告的日期通常与管理层签署已审计财务报表的日期为同一天，或晚于管理层签署已审计财务报表的日期。在审计报告日期晚于管理层签署已审计财务报表日期时，注册会计师应当获取自管理层声明书日到审计报告日期之间的进一步审计证据，如补充的管理层声明书。

标准审计报告参考格式：

审　计　报　告

ABC 股份有限公司全体股东：

我们审计了后附的 ABC 股份有限公司（以下简称 ABC 公司）财务报表，包括

20×1年12月31日的资产负债表、20×1年度的利润表、股东权益变动表和现金流量表以及财务报表附注。

一、管理层对财务报表的责任

按照企业会计准则和《××会计制度》的规定编制财务报表是ABC公司管理层的责任。这种责任包括、（1）设计、实施和维护与财务报表编制相关的内部控制，以使财务报表不存在由于舞弊或错误而导致的重大错报；（2）选择和运用恰当的会计政策；（3）作出合理的会计估计。

二、注册会计师的责任

我们的责任是在实施审计工作的基础上对财务报表发表审计意见。我们按照中国注册会计师审计准则的规定执行了审计工作。中国注册会计师审计准则要求我们遵守职业道德规范，计划和实施审计工作以对财务报表是否不存在重大错报获取合理保证。

审计工作涉及实施审计程序，以获取有关财务报表金额和披露的审计证据。选择的审计程序取决于注册会计师的判断，包括对由于舞弊或错误导致的财务报表重大错报风险的评估。在进行风险评估时，我们考虑与财务报表编制相关的内部控制，以设计恰当的审计程序，但目的并非对内部控制的有效性发表意见。审计工作还包括评价管理层选用会计政策的恰当性和作出会计估计的合理性，以及评价财务报表的总体列报。

我们相信，我们获取的审计证据是充分、适当的，为发表审计意见提供了基础。

三、审计意见

我们认为，ABC公司财务报表已经按照企业会计准则和《××会计制度》的规定编制，在所有重大方面公允反映了ABC公司20×1年12月31日的财务状况以及20×1年度的经营成果和现金流量。

××会计师事务所 　　　　　　　　　中国注册会计师：×××
　（盖章）　　　　　　　　　　　　　　（签名并盖章）
　　　　　　　　　　　　　　　　　中国注册会计师：×××
　　　　　　　　　　　　　　　　　　（签名并盖章）

中国××市 　　　　　　　　　　　二○×二年×月×日

10.2.2 非标准审计报告的内容及编制

1. 带强调事项段的无保留意见的审计报告

（1）强调事项段的含义。审计报告的强调事项段是指注册会计师在审计意见段之后增加的对重大事项予以强调的段落。

强调事项应当同时符合下列条件。

① 可能对财务报表产生重大影响，但被审计单位进行了恰当的会计处理，且在财务报表中作出充分披露。

②　不影响注册会计师发表的审计意见。从审计理论上讲，注册会计师在审计意见段之前增加说明段，用来说明发表保留意见、否定意见和无法表示意见的理由；而在意见段之后增加强调事项段，只是增加审计报告的信息含量，提高审计报告的有用性，不影响发表的审计意见。如果以强调事项段代替发表审计意见，就会导致审计报告类型出现混乱。

（2）增加强调事项段的情形。

①　对持续经营能力产生重大疑虑。当存在可能导致对持续经营能力产生重大疑虑的事项或情况，但不影响已发表的审计意见时，注册会计师应当在审计意见段之后增加强调事项段对此予以强调。

如果认为被审计单位在编制财务报表时运用持续经营假设是适当的，但可能导致对持续经营能力产生重大疑虑的事项或情况存在重大不确定性，注册会计师应当考虑：

a.　财务报表是否已充分描述导致对持续经营能力产生重大疑虑的主要事项或情况，以及管理层针对这些事项或情况提出的应对计划；

b.　财务报表是否已清楚指明可能导致对持续经营能力产生重大疑虑的事项或情况存在重大不确定性，被审计单位可能无法在正常的经营过程中变现资产、清偿债务。

如果财务报表已作出充分披露，注册会计师应当出具无保留意见的审计报告，并在审计意见段之后增加强调事项段，强调可能导致对持续经营能力产生重大疑虑的事项或情况存在重大不确定性的事实，并提醒财务报表使用者注意财务报表附注中对有关事项的披露。

②　重大不确定事项。当存在可能对财务报表产生重大影响的不确定事项（持续经营问题除外），但不影响已发表的审计意见时，注册会计师应当考虑在审计意见段之后增加强调事项段对此予以强调。

不确定事项是指其结果依赖于未来行动或事项，不受被审计单位的直接控制，但可能影响财务报表的事项。

注册会计师在理解不确定事项时，应当把握以下特征：

a.　不确定事项的结果依赖于未来行动或事项；

b.　不确定事项不受被审计单位的直接控制，在管理层批准财务报表日，不可能获得更多信息消除该不确定事项；

c.　不确定事项可能影响财务报表，并且影响并不遥远，可以预计在未来时日得到解决。

例如，被审计单位受到其他单位起诉，指控其侵犯专利权，要求其停止侵权行为并赔偿造成的损失，法院已经受理但尚未审理。该诉讼事项是一种不确定事项。因为诉讼事项的结果依赖于法院的判决或原告采取的行动，不受被审计单位直接控制，也不以被审计单位的意志为转移。但该诉讼事项一旦被法院审理判决，可能给被审计单位带来损失。

③　其他审计准则规定增加强调事项段的情形。如果认为管理层选用的其他编制基础是适当的，且财务报表已作出充分披露，注册会计师可以出具无保留意见的审计报告，并考虑在审计意见段之后增加强调事项段，提醒财务报表使用者关注管理层选用的其他编制基础。

除上述两种情形以及其他审计准则规定的增加强调事项段的情形外，注册会计师不应在审计报告的审计意见段之后增加强调事项段或任何解释性段落，以免财务报表使用者产生误解。

由于增加强调事项段是为了提醒财务报表使用者关注某些事项，并不影响注册会计师的审计意见，为了使财务报表使用者明确这一点，注册会计师应当在强调事项段中指明，该段内容仅用于提醒财务报表使用者关注，并不影响已发表的审计意见。

2. 非无保留意见的审计报告

（1）影响出具非无保留意见的情形。

① 注册会计师与管理层的分歧。主要是指注册会计师与管理层在被审计单位会计政策的选用、会计估计的作出和财务报表的披露方面存在分歧。

注册会计师与管理层在会计政策选用方面的分歧，主要体现在以下方面：一是管理层选用的会计政策不符合适用的会计准则和相关会计制度的规定；二是管理层选用的会计政策不符合具体情况的需要；三是由于管理层选用了不适当的会计政策，导致财务报表在所有重大方面未能公允反映被审计单位的财务状况、经营成果和现金流量；四是管理层选用的会计政策没有按照适用的会计准则和相关会计制度的要求得到一贯运用，即没有一贯地运用于不同期间相同的或者相似的交易和事项。

注册会计师与管理层在会计估计方面的分歧，主要体现在以下方面：一是管理层没有对所有应当进行会计估计的项目作出会计估计；二是管理层没有识别出可能影响作出会计估计的相关因素；三是管理层没有充分收集作出会计估计所依赖的相关数据；四是没有正确提出会计估计依据的假设；五是管理层没有依据数据、假设和其他因素对事项的金额作出正确估计；六是管理层没有按照适用的会计准则和相关会计制度的规定作出充分披露。

注册会计师与管理层在财务报表披露方面的分歧，主要体现在管理层没有按照适用的会计准则和相关会计制度的要求披露所有的信息，或者没有充分、清晰地披露所有信息，使财务报表使用者不能了解重大交易和事项对被审计单位财务状况、经营成果和现金流量的影响。

② 审计范围受到限制。审计范围可能受到下列两方面的限制。

a. 客观环境造成的限制。例如，由于被审计单位存货的性质或位置特殊等原因导致注册会计师无法实施存货监盘等。在客观环境造成限制的情况下，注册会计师应当考虑是否可能实施替代审计程序，以获取充分、适当的审计证据。

b. 管理层造成的限制。例如，管理层不允许注册会计师观察存货盘点，或者不允许对特定账户余额实施函证等。在管理层造成限制的情况下，注册会计师应当提请管理层放弃限制。如果管理层不配合，注册会计师应当考虑这一事项对风险评估的影响以及是否可能实施替代审计程序，以获取充分、适当的审计证据。

（2）保留意见的审计报告。如果认为财务报表整体是公允的，但还存在下列情形之一，注册会计师应当出具保留意见的审计报告。

① 会计政策的选用、会计估计的作出或财务报表的披露不符合适用的会计准则和相关会计制度的规定，虽影响重大，但不至于出具否定意见的审计报告。

② 因审计范围受到限制，不能获取充分、适当的审计证据，虽影响重大，但不至于出具无法表示意见的审计报告。

当出具保留意见的审计报告时，注册会计师应当在审计意见段中使用"除……的影响外"等术语。如果因审计范围受到限制，注册会计师还应当在注册会计师的责任段中提及这一情况。

应当指出的是，只有当注册会计师认为财务报表就其整体而言是公允的，但还存在对财务报表产生重大影响的情形，才能出具保留意见的审计报告。如果注册会计师认为所报告的情形对财务报表产生的影响极为严重，则应出具否定意见的审计报告或无法表示意见的审计报告。因此，保留意见的审计报告被视为注册会计师在不能出具无保留意见的审计报告情况下最不严厉的审计报告。

（3）否定意见的审计报告。如果认为财务报表没有按照适用的会计准则和相关会计制度的规定编制，未能在所有重大方面公允反映被审计单位的财务状况、经营成果和现金流量，注册会计师应当出具否定意见的审计报告。

当出具否定意见的审计报告时，注册会计师应当在审计意见段中使用"由于上述问题造成的重大影响"、"由于受到前段所述事项的重大影响"等术语。

应当指出的是，只有当注册会计师认为财务报表存在重大错报会误导使用者，以至财务报表的编制不符合适用的会计准则和相关会计制度的规定，未能从整体上公允反映被审计单位的财务状况、经营成果和现金流量，注册会计师才出具否定意见的审计报告。

（4）无法表示意见的审计报告。如果审计范围受到限制可能产生的影响非常重大和广泛，不能获取充分、适当的审计证据，以至于无法对财务报表发表审计意见，注册会计师应当出具无法表示意见的审计报告。

当出具无法表示意见的审计报告时，注册会计师应当删除注册会计师的责任段，并在审计意见段中使用"由于审计范围受到限制可能产生的影响非常重大和广泛"、"我们无法对上述财务报表发表意见"等术语。

只有当审计范围受到限制可能产生的影响非常重大和广泛，不能获取充分、适当的审计证据，以至于无法确定财务报表的合法性与公允性时，注册会计师才应当出具无法表示意见的审计报告。无法表示意见不同于否定意见，它通常仅仅适用于注册会计师不能获取充分、适当的审计证据。如果注册会计师发表否定意见，必须获得充分、适当的审计证据。无论是无法表示意见还是否定意见，都只有在非常严重的情形下采用。

（5）审计报告的说明段。审计报告的说明段是指审计报告中位于审计意见段之前用于描述注册会计师对财务报表发表保留意见、否定意见或无法表示意见理由的段落。

当出具非无保留意见的审计报告时，注册会计师应当在注册会计师的责任段之后、审计意见段之前增加说明段，清楚地说明导致所发表意见或无法发表意见的所有原因，并在可能情况下，指出其对财务报表的影响程度。

（6）对确定审计报告类型进一步讨论。如前所述，注册会计师在出具保留意见、否定意见和无法表示意见的审计报告时，要判断财务报表错报金额或因审计范围受到限制的影响是否重大，往往离不开重要性水平。在其他条件相同的情况下，重要性水平是考虑审计报告类型的重要依据。如果某项错报金额或审计范围受到限制对被审计单位财务报表并不重要，预计也不会对未来各期财务报表产生重要影响，注册会计师就可出具无保留意见的审计报告。

① 错报金额与重要性水平的比较。重要性取决于在具体环境下对错报金额和性质的判断，如果一项错报单独或连同其他错报可能影响财务报表使用者依据财务报表作出的经济决策，则该项错报是重大的。注册会计师对重要性水平的评估取决于被审计单位及其环境、财务报表项目的性质和自身的职业判断。重要性水平的判断基础通常包括资产总额、净资产、营业收入、净利润等。例如，注册会计师可以采用资产总额的 0.5%～1%、净资产的 1%、营业收入的 0.5%～1%或净利润的 5%～10%等来确定重要性水平。验证重要性水平是否合适的方法是将其纳入财务指标体系的计算中，观察其对财务指标的影响。测试时，运用的财务指标既涉及资产负债表又涉及利润表和其他财务资料，如净资产收益率。

下面将错报金额或审计范围受到限制的影响与重要性水平进行比较，以判断出具审计报告的类型。

a. 错报金额或审计范围受到限制的影响不重要。当被审计单位会计政策的选用、会计估计的作出或财务报表的披露不符合适用的会计准则和相关会计制度的规定，或因审计范围受到限制，无法获取充分、适当的审计证据，但所涉金额不大，远远低于重要性水平，不至于影响财务报表使用者的决策，因而注册会计师认为该金额是不重要的，就可以出具无保留意见的审计报告。例如，被审计单位办公用品直接作为制造费用，因其金额很小，错报就不重要，可以出具无保留意见的审计报告。

b. 错报金额或审计范围受到限制的影响重要，但就财务报表整体而言是公允的。当被审计单位会计政策的选用、会计估计的作出或财务报表的披露不符合适用的会计准则和相关会计制度的规定，或因审计范围受到限制，无法获取充分、适当的审计证据，所涉金额超过重要性水平，在某些方面影响财务报表使用者的决策，但对财务报表整体仍然是公允的，注册会计师可以出具保留意见的审计报告。

c. 错报金额重要或审计范围受到重要限制且影响广泛，以至财务报表整体公允性存在问题。当被审计单位会计政策的选用、会计估计的作出或财务报表的披露不符合适用的会计准则和相关会计制度的规定，或因审计范围受到限制，无法获取充分、适当的审计证据，金额超过重要性水平且影响广泛，将会全面影响财务报表使用者的决策，注册会计师应当出具否定意见或无法表示意见的审计报告。

错报金额或审计范围受到限制与审计报告类型的关系如表 10-1 所示。

表 10-1　　　　　　　　　　　　审计意见决策表

意见类型 导致非无保留意见的事项 对财务报表的影响程度	重　要	重要且广泛
错报金额	保留意见	否定意见
审计范围受到限制	保留意见	无法表示意见

② 错报的性质。错报性质的不同对财务报表使用人的决策产生的影响也不一样，对注册会计师出具审计报告类型的影响也不一样。从性质上看，以下列举的错报通常认为是严重的：

a. 非法交易或舞弊；

b. 对当期影响不大，但对将来各期影响重大；

c. 具有心理效应（如小额利润相对于小额亏损，存款结余相对于透支）；

d. 根据合同责任判断影响重大（违反合同某一条款导致银行收回贷款）；

e. 对遵守国家有关法律、法规和规章影响重大（如商业银行的资本充足率、首次发行股票公司的净资产收益率）。

（7）非标准审计报告的格式见参考格式 1、参考格式 2、参考格式 3、参考格式 4。

★ 参考格式 1：带强调事项段的无保留意见的审计报告

审　计　报　告

ABC 股份有限公司全体股东：

我们审计了后附的 ABC 股份有限公司（以下简称 ABC 公司）财务报表，包括 20×1 年 12 月 31 日的资产负债表、20×1 年度的利润表、股东权益变动表和现金流量表以及财务报表附注。

一、管理层对财务报表的责任

按照企业会计准则和《××会计制度》的规定编制财务报表是 ABC 公司管理层的责任。这种责任包括：（1）设计、实施和维护与财务报表编制相关的内部控制，以使财务报表不存在由于舞弊或错误而导致的重大错报；（2）选择和运用恰当的会计政策；（3）作出合理的会计估计。

二、注册会计师的责任

我们的责任是在实施审计工作的基础上对财务报表发表审计意见。我们按照中国注册会计师审计准则的规定执行了审计工作。中国注册会计师审计准则要求我们遵守职业道德规范，计划和实施审计工作以对财务报表是否不存在重大错报获取合理保证。

审计工作涉及实施审计程序，以获取有关财务报表金额和披露的审计证据。选择的审计程序取决于注册会计师的判断,包括对由于舞弊或错误导致的财务报表重大错报风险的评估。在进行风险评估时,我们考虑与财务报表编制相关的内部控制,以设计恰当的审计程序,但目的并非对内部控制的有效性发表意见。审计工作还包括评价管理层选用会计政策的恰当性和作出会计估计的合理性,以及评价财务报表的总体列报。

我们相信,我们获取的审计证据是充分、适当的,为发表审计意见提供了基础。

三、审计意见

我们认为,ABC公司财务报表已经按照企业会计准则和《××会计制度》的规定编制,在所有重大方面公允反映了ABC公司20×1年12月31日的财务状况以及20×1年度的经营成果和现金流量。

四、强调事项

我们提醒财务报表使用者关注,如财务报表附注×所述,ABC公司在20×1年发生亏损×万元,在20×1年12月31日,流动负债高于资产总额×万元。ABC公司已在财务报表附注×充分披露了拟采取的改善措施,但其持续经营能力仍然存在重大不确定性。本段内容不影响已发表的审计意见。

<table>
<tr><td>××会计师事务所</td><td>中国注册会计师:×××</td></tr>
<tr><td>(盖章)</td><td>(签名并盖章)</td></tr>
<tr><td></td><td>中国注册会计师:×××</td></tr>
<tr><td></td><td>(签名并盖章)</td></tr>
<tr><td>中国××市</td><td>二○×二年×月×日</td></tr>
</table>

★ 参考格式2:保留意见的审计报告(审计范围受到限制)

审 计 报 告

ABC股份有限公司全体股东:

我们审计了后附的ABC股份有限公司(以下简称ABC公司)财务报表,包括20×1年12月31日的资产负债表,20×1年度的利润表、股东权益变动表和现金流量表以及财务报表附注。

一、管理层对财务报表的责任

按照企业会计准则和《××会计制度》的规定编制财务报表是ABC公司管理层的责任。这种责任包括:(1)设计、实施和维护与财务报表编制相关的内部控制,以使财务报表不存在由于舞弊或错误而导致的重大错报;(2)选择和运用恰当的会计政策;(3)作出合理的会计估计。

二、注册会计师的责任

我们的责任是在实施审计工作的基础上对财务报表发表审计意见。除本报告"三、导致保留意见的事项"所述事项外,我们按照中国注册会计师审计准则的规定执行了审计工作。中国注册会计师审计准则要求我们遵守职业道德规范，计划和实施审计工作以对财务报表是否不存在重大错报获取合理保证。

审计工作涉及实施审计程序，以获取有关财务报表金额和披露的审计证据。选择的审计程序取决于注册会计师的判断，包括对由于舞弊或错误导致的财务报表重大错报风险的评估。在进行风险评估时，我们考虑与财务报表编制相关的内部控制，以设计恰当的审计程序，但目的并非对内部控制的有效性发表意见。审计工作还包括评价管理层选用会计政策的恰当性和作出会计估计的合理性，以及评价财务报表的总体列报。

我们相信，我们获取的审计证据是充分、适当的，为发表审计意见提供了基础。

三、导致保留意见的事项

ABC 公司 20×1 年 12 月 31 日的应收账款余额 × 万元，占资产总额的 ×%。由于 ABC 公司未能提供债务人地址，我们无法实施函证以及其他替代审计程序，以获取充分、适当的审计证据。

四、审计意见

我们认为，除了前段所述未能实施函证可能产生的影响外，ABC 公司财务报表已经按照企业会计准则和《××会计制度》的规定编制，在所有重大方面公允反映了ABC 公司 20×1 年 12 月 31 日的财务状况以及 20×1 年度的经营成果和现金流量。

213

　　××会计师事务所　　　　　　　　　中国注册会计师：×××

　　　　（盖章）　　　　　　　　　　　　（签名并盖章）

　　　　　　　　　　　　　　　　　　中国注册会计师：×××

　　　　　　　　　　　　　　　　　　　　（签名并盖章）

中国××市　　　　　　　　　　　　　二〇×二年×月×日

★ 参考格式 3：列示了否定意见的审计报告

<h2 style="text-align:center">审 计 报 告</h2>

ABC 股份有限公司全体股东：

我们审计了后附的 ABC 股份有限公司（以下简称 ABC 公司）财务报表，包括 20×1 年 12 月 31 日的资产负债表，20×1 年度的利润表、股东权益变动表和现金流量表以及财务报表附注。

一、管理层对财务报表的责任

按照企业会计准则和《××会计制度》的规定编制财务报表是 ABC 公司管理层的责任。这种责任包括：（1）设计、实施和维护与财务报表编制相关的内部控制，以使财务报表不存在由于舞弊或错误而导致的重大错报；（2）选择和运用恰当的会计政策；（3）作出合理的会计估计。

二、注册会计师的责任

我们的责任是在实施审计工作的基础上对财务报表发表审计意见。我们按照中国注册会计师审计准则的规定执行了审计工作。中国注册会计师审计准则要求我们遵守职业道德规范，计划和实施审计工作以对财务报表是否不存在重大错报获取合理保证。

审计工作涉及实施审计程序，以获取有关财务报表金额和披露的审计证据。选择的审计程序取决于注册会计师的判断，包括对由于舞弊或错误导致的财务报表重大错报风险的评估。在进行风险评估时，我们考虑与财务报表编制相关的内部控制，以设计恰当的审计程序，但目的并非对内部控制的有效性发表意见。审计工作还包括评价管理层选用会计政策的恰当性和作出会计估计的合理性，以及评价财务报表的总体列报。

我们相信，我们获取的审计证据是充分、适当的，为发表审计意见提供了基础。

三、导致否定意见的事项

如财务报表附注×所述，ABC 公司的长期股权投资未按企业会计准则的规定采用权益法核算。如果按权益法核算，ABC 公司的长期投资账面价值将减少×万元，净利润将减少×万元，从而导致 ABC 公司由盈利×万元变为亏损×万元。

四、审计意见

我们认为，由于受到前段所述事项的重大影响，ABC 公司财务报表没有按照企业会计准则和《××会计制度》的规定编制，未能在所有重大方面公允反映 ABC 公司 20×1 年 12 月 31 日的财务状况以及 20×1 年度的经营成果和现金流量。

××会计师事务所　　　　　　　　　　　　　中国注册会计师：×××

（盖章）　　　　　　　　　　　　　　　　　　（签名并盖章）

　　　　　　　　　　　　　　　　　　　　　中国注册会计师：×××

　　　　　　　　　　　　　　　　　　　　　　（签名并盖章）

中国××市　　　　　　　　　　　　　　　二○×二年×月×日

★ 参考格式 4：列示了无法表示意见的审计报告

审 计 报 告

ABC 股份有限公司全体股东：

我们接受委托，审计后附的 ABC 股份有限公司（以下简称 ABC 公司）财务报表，包括 20×1 年 12 月 31 日的资产负债表，20×1 年度的利润表、股东权益变动表和现金流量表以及财务报表附注。

一、管理层对财务报表的责任

按照企业会计准则和《××会计制度》的规定编制财务报表是 ABC 公司管理层的责任。这种责任包括：（1）设计、实施和维护与财务报表编制相关的内部控制，以使财务报表不存在由于舞弊或错误而导致的重大错报；（2）选择和运用恰当的会计政策；（3）作出合理的会计估计。

二、导致无法表示意见的事项

ABC 公司未对 20×1 年 12 月 31 日的存货进行盘点，金额为×万元，占期末资产总额的 40%。我们无法实施存货监盘，也无法实施替代审计程序，以对期末存货的数量和状况获取充分、适当的审计证据。

三、审计意见

由于上述审计范围受到限制可能产生的影响非常重大和广泛，我们无法对 ABC 公司财务报表发表意见。

××会计师事务所	中国注册会计师：×××
（盖章）	（签名并盖章）
	中国注册会计师：×××
	（签名并盖章）
中国××市	二〇×二年×月×日

实训与练习

·◦◦◦◦◦◦◦◦◦·

一、单项选择题

1. 注册会计师应当按照审计准则的规定，根据实施审计程序所获取的充分适当审计证据形成审计结论，确定审计意见，并按规定编写审计报告。以下相关说法中，你认为正确的是（　　）。

A. 无保留意见、保留意见、否定意见审计报告的意见段是相同的

B. 因范围受限和拒绝调整重大错报而出具的保留意见审计报告的说明段是相同的

C. 带有强调事项段和不带强调事项段的审计报告的意见类型是相同的

D. 因范围受限而出具的保留意见与无法表示意见的引言段是不同的

2. 在分析 X 公司 2009 年末存在的与应收账款相关的错报对财务报表的影响时，A 注册会计师需要考虑错报的牵扯性大小。假定下列各笔错报的金额相等，则牵扯性最大的是（　　）。

A. 将收回的应收账款的现金记入银行存款

B. 将银行存款记入应收账款

C. 入账时多计应收账款金额

D. 坏账准备计提不充分

3. 下列错报涉及财务报表中的不同项目。A 注册会计师在比较这些错报对财务报表影响的牵扯性高低时，应当认为（　　）的牵扯性最大。

A. 确认销售收入后没有按规定结转营业成本

B. 年末存货余额没有按规定计提跌价准备

C. 生产设备（产品已销售）没有按规定计提折旧

D. 收款后本应贷记应收票据却贷记应收账款

4. 在确定了固定资产项目的下列审计差异后，A 注册会计师需要考虑这些错报的牵扯性。假定下列各笔错报的金额相等，则牵扯性最低的是（　　）。

A. X 产品供不应求，生产 X 产品的专用设备没有计提折旧

B. 融资租赁的办公大楼没有计提折旧

C. Y 产品大量积压，但市价未下跌，生产 Y 产品的专用设备没有计提折旧

D. 闲置不用的运输车辆没有计提折旧

5. 在确定了负债项目的下列审计差异后，A 注册会计师需要考虑这些错报的牵扯性。假定下列各笔错报的金额相等，则牵扯性最高的是（　　）。

A. 将属于长期借款项目的负债记入应付债券项目

B. 将属于应付票据项目的负债记入其他应付款项目

C. 将属于应付账款项目的负债记入预计负债项目

D. 将属于长期应付款的负债列示在短期借款项目

6. X 公司于 2009 年 11 月 20 日发现，2008 年漏记固定资产折旧费用 200 万元。X 公司在编制 2009 年度财务报表时，对此项会计差错予以更正，追溯调整了 2008 年度财务报表的相关项目，并在 2009 年度财务报表附注中进行了适当的披露，但上期财务报表未重新出具审计报告。假定该情况对 2009 年度财务报表的影响是重要的，A 注册会计师应发表的审计意见类型为（　　）。

A. 带强调事项段的无保留意见　　　　B. 保留意见

C. 标准的无保留意见　　　　　　　　D. 否定意见

7. 注册会计师通过检查被审计单位的账龄分析表，确认其账龄在 3 年以上的应收账款总金额超过了财务报表层重要性水平。对此，被审计单位采取了积极的措施加快催收力度，并在财务报表附注中进行了充分的披露。根据被审计单位的财务状况，注册会计师认为这部分应收账款的回收情况很可能对其持续经营假设产生重大影响，但没有迹象表明被审计单位运用持续经营假设是不合理的。假定被审计单位不存在其他情况，注册会计师应当（　　）。

A. 在审计报告意见段前增加说明段，发表保留意见

B. 以审计范围受限为由发表无法表示意见

C. 在审计报告意见段后增设强调事项段进行说明

D. 以持续经营假设受影响为由发表否定意见

8. 注册会计师通过实施审计程序，获取的审计证据表明被审计单位连续 3 年出现巨额营业亏损。在下列与此相关的各种观点中，注册会计师不能认同的是（　　）。

A. 提请被审计单位在财务报表附注中予以披露

B. 若被审计单位拒绝披露，发表保留意见或否定意见

  C. 若被审计单位充分披露，在意见段后增加强调事项项段

  D. 无论被审计单位是否披露，都不应在审计报告中反映

  9. 在执行财务报表审计业务的过程中，如果遇到被审计单位（ ）的情况，注册会计师应出具无保留意见审计报告。

  A. 拒绝向注册会计师提供应收账款明细表

  B. 拒绝向注册会计师提供应收账款明细账

  C. 拒绝注册然会计师向开户银行函证

  D. 拒绝注册会计师对存货进行监盘

  10. 在执行 2009 年度财务报表审计业务时，注册会计师通过检查销售明细账，发现由于受金融风暴的影响，被审计单位自 2009 年 1 月起失去了一家客户。以往资料表明，被审计单位向该客户的销售额占其每年销售总额的 55%。对此，被审计单位拒绝接受注册会计师提出的在财务报表的附注中进行披露的建议。以下观点中，你认为正确的是（ ）。

  A. 这属于期后事项，应出具带强调事项段的保留意见

  B. 这属于期后事项，应出具带强调事项段的无保留意见

  C. 这属于影响持续经营能力的事项，应出具保留意见

  D. 这属于或有事项，可出具带强调事项段的无保留意见

二、多项选择题

  1. 审计意见应当说明财务报表是否在所有重大方面公允反映了被审计单位的财务状况、经营成果和现金流量。这里公允的含义包括（ ）。

  A. 会计政策的选用和重大会计估计的作出符合国家颁布的企业会计准则和相关会计制度的规定，并符合被审计单位的实际情况

  B. 财务报表列报，结构和内容是否合理

  C. 经调整后的报表是否与注册会计师对被审计单位及其环境的了解一致

  D. 按照重要性原则，财务报表反映了事项和交易的经济实质

  2. 编写审计报告时，注册会计师应在审计报告的注册会计师责任段中说明（ ）等内容。

  A. 按审计准则计划和实施审计工作，以合理确信财务报表是否不存在重大错报

  B. 实施的审计工作为注册会计师发表意见提供了合理的基础

  C. 已审表报表的名称，反映的日期和期间

  D. 管理层的会计责任

  3. 假定注册会计师确定的 X 公司 2009 年度财务报表层次重要性水平为 100 万元，对于 X 公司 2009 年度发生的下列（ ）事项，如果 X 公司在财务报表中进行了适当处理，注册会计师无须在审计报告的意见段后增加强调事项段。

  A. 由于应收账款项目中有 300 万元的款项无法函证，也无法实施替代审计程

序，注册会计师认为应收账款项目的金额无法确定，且金额重大

B. X 公司 2009 年 10 月份发生火灾，损失严重。X 公司估计的损失金额为 200 万元，但保险公司估计的损失金额为 190 万元，双方无法协商一致

C. 2010 年 2 月起，X 公司持有 Z 公司价值 1 000 万元的股票市价下跌，虽然 X 公司做出了迅速反应，于下跌当天即予抛售，但仍然损失了 300 万元。如在外勤结束日 2 月 20 日抛售，损失的金额可能达到 800 万元

D. X 公司于 2009 年 10 月起诉 H 公司违反了合作协议，要求其赔偿 150 万元，法院将于 2010 年 5 月宣布裁决结果

4. 在（　　　）情况下，注册会计师应当在审计报告的意见段后增加强调事项段。

A. 存在可能导致对持续经营能力产生重大疑虑的事项或情况

B. 存在可能对财务报表产生重大影响的或有事项

C. 会计政策、会计估计发生变更且对财务报表产生重大影响

D. 强调重大的关联方交易、重大的期后事项及重大的会计差错更正

5. 注册会计师在其出具的审计报告的注册会计师责任段与意见段之间增加了对某个重要事项的说明段，则该审计报告的意见类型可能有（　　　）。

A. 无保留意见　　　B. 保留意见　　C. 否定意见　　D. 无法表示意见

6. 如果被审计单位管理层拒绝就对财务报表有重大影响的某类事项提供必要的书面声明，或拒绝就重要的口头声明予以书面确认，注册会计师应将其视为审计范围受到重要限制并出具（　　　）审计报告。

A. 带强调段的无保留意见　　　　　B. 保留意见

C. 否定意见　　　　　　　　　　　D. 无法表示意见

7. 对于以下（　　　）事项，注册会计师无须出具带强调事项段的无保留意见审计报告。

A. 被审计单位持有的大额交易性金融资产在财务报表日后市价严重下跌

B. 注册会计师委托当地会计师事务所监盘寄销在外的商品，并对结果满意

C. 注册会计师发现已审报表与其他信息不一致，但证实财务报表是正确的

D. 被审计单位将其重要会计政策和会计估计作了合理改变且作了适当披露

8. 在审计 X 公司 2009 年度财务报表时，注册会计师不应针对下列（　　　）事项出具带强调事项段的审计报告。

A. 2010 年初公布的 2009 年末职工人数高于 X 公司实际的期末人数

B. 由于董事会未能达成一致，难以确定 2010 年度是否增资扩股

C. X 公司存在可能导致对持续经营能力产生重大疑虑的事项或情况

D. 2008 年度报表的营业收入与 2009 年度比较报表的上期数存在重大差异

9. 注册会计师在确定对 X 公司 2009 年度财务报表的审计意见时，在与 X 公司

管理层沟通后，仍存在下列情况，则可能导致出具保留意见的情况包括（　　　）。

  A. 80%的存货未能监盘，存货占资产总额的 15%

  B. 绝大多数内部控制存在严重缺陷，无法依赖

  C. 虚增的收入虽然只有 10 万元，但掩饰了当年的亏损状况

  D. 抵押资产已达到净资产的 60%，但拒绝在附注中披露

三、综合题

  注册会计师 2010 年 3 月 18 日完成了对 ABC 公司 2009 年度财务报表审计工作，发现如下情况：假定注册会计师在计划阶段确定的报表层重要性水平是 100 万元，在审计报告阶段确定的报表层重要性水平是 120 万元，资产总额 500 万元，利润总额 100 万元。

  （1）2010 年 2 月 5 日经最高法院判决，ABC 公司 2009 年 10 月份涉及的侵权赔偿诉讼败诉，ABC 公司依据当时的情况确认预计负债 100 万元，2 月 5 日法院判决赔偿 250 万元，ABC 公司于实际支付时计入 2010 年 2 月份的账上，并未调整 2007 年的财务报表，注册会计师建议 ABC 公司调整 2007 年度财务报表遭到拒绝。

  （2）2010 年 2 月份 ABC 公司的某一仓库遭受到水灾，保险公司和 ABC 公司正在核定损失，该项存货经初步估计在 400 万元左右，ABC 公司拒绝在财务报表附注中披露该事项及其影响。

  （3）ABC 公司自 2009 年度改变了存货计价方法：由个别计价法改为加权平均法，经注册会计师审计取证，认为 ABC 公司会计政策的变更合理，建议 ABC 公司对此会计政策的变更及其对财务报表的影响在财务报表中披露，ABC 公司不接受注册会计师的建议。

  （4）审计中发现 ABC 公司少计资产 130 万元，占 XYZ 公司资产总额比重甚少，ABC 公司拒绝调整。

  （5）ABC 公司存货中有占资产总额 25％的部分，因存货的位置和性质特殊，注册会计师无法实施监盘。

  （6）ABC 公司因与 G 公司发生合同纠纷，被 G 公司于 2009 年 10 月起诉，要求 ABC 公司承担违约赔偿责任，赔偿金额为 320 万元，至 2009 年 12 月 31 日法院并未判决，A 和 B 注册会计师经向有关律师咨询，ABC 公司败诉的可能性为 50%，ABC 公司未对此事项确认预计负债，但已在财务报表附注中进行了详细地披露。

  （7）ABC 公司的应收账款总额为 400 万元，其中有 10 万元的应收账款，注册会计师没有收到函证回函，同时由于 ABC 公司缺乏相应的原始凭证，注册会计师也没有办法实施替代程序。

  要求：

  （1）注册会计师考虑发表审计意见类型时，应当使用哪个阶段的确定重要性水平？

  （2）试分析在单独考虑各种情形时，应当出具何种类型的审计报告，并简要说明原因。

参 考 文 献

［1］中国注册会计师协会. 中国注册会计师执业准则 2006. 北京：中国财政经济出版社，2006

［2］财政部会计准则委员会. 企业会计准则 2006. 北京：中国财政经济出版社，2006

［3］中华人民共和国审计法实施条例，2010

［4］中华人民共和国审计法，2006

［5］中国注册会计师协会. 注册会计师全国统一考试辅导教材《审计》. 北京：经济科学出版社，2010

［6］孙晓宁. 审计原理与实务. 北京：北京大学出版社，2006

［7］刘大贤. 审计学. 北京：首都经济贸易大学出版社，2003

［8］刘华. 审计案例研究. 上海：上海财经大学出版社，2009

［9］张超英. 数控车床. 北京：化学工业出版社，2003

［10］刘明辉. 审计. 大连：东北财经大学出版社，2004

［11］李凤鸣，审计学原理.北京：中国审计出版社，2008

［12］管劲松. 审计风险管理. 北京：中国对外经济贸易出版社，2003

［13］陈汉文. 审计. 厦门：厦门大学出版社，2004

［14］欧庚生，孙力. 审计原理与实务. 北京：中国对外经济贸易出版社，2006

［15］耿建新，宋常. 审计学. 北京：中国人民大学出版社，1999

［16］秦荣生，卢春泉. 审计学（第 4 版）. 北京：中国人民大学出版社，2005

［17］管锦康. 现代审计学原理. 上海：立信会计出版社，2004

［18］蒋武. 基础审计. 北京：高等教育出版社，2002